张伟 著

政策性农业保险的微观经济效应研究

Research on the Microeconomic Effects
of Policy-based Agricultural Insurance

中国财经出版传媒集团

经济科学出版社
Economic Science Press

图书在版编目（CIP）数据

政策性农业保险的微观经济效应研究／张伟著．—
北京：经济科学出版社，2021.12
ISBN 978 – 7 – 5218 – 3322 – 5

Ⅰ.①政…　Ⅱ.①张…　Ⅲ.①农业保险－研究－中国
Ⅳ.①F842.66

中国版本图书馆 CIP 数据核字（2021）第 261865 号

责任编辑：杜　鹏　胡真子
责任校对：郑淑艳
责任印制：邱　天

政策性农业保险的微观经济效应研究
张伟　著

经济科学出版社出版、发行　新华书店经销
社址：北京市海淀区阜成路甲 28 号　邮编：100142
编辑部电话：010 – 88191441　发行部电话：010 – 88191522
网址：www. esp. com. cn
电子邮箱：esp_bj@ 163. com
天猫网店：经济科学出版社旗舰店
网址：http://jjkxcbs. tmall. com
固安华明印业有限公司印装
710 × 1000　16 开　13.75 印张　230000 字
2021 年 12 月第 1 版　2021 年 12 月第 1 次印刷
ISBN 978 – 7 – 5218 – 3322 – 5　定价：76.00 元
（图书出现印装问题，本社负责调换。电话：010 – 88191510）
（版权所有　侵权必究　打击盗版　举报热线：010 – 88191661
QQ：2242791300　营销中心电话：010 – 88191537
电子邮箱：dbts@esp. com. cn）

项目资助

本书受国家自然科学基金面上项目"政策性农业保险减贫效应测度与扶贫机制优化研究"（项目编号：71973034）、广东省普通高校创新团队项目"农村普惠金融减贫与乡村振兴发展研究创新团队"（2021WCXTD011）、教育部人文社科研究规划项目"财政公平视域下政策性农业保险的收入分配效应研究"（项目编号：19YJA790116）、广东省属高校人文社科重点项目"生猪价格波动的时变特征与逆周期调控研究"（项目编号：2019WZDXM017）资助。

前　　言

　　中央和地方各级财政补贴下的政策性农业保险是当前中央政府针对"三农"发展实施的优惠政策，也是确保国家粮食安全和农民稳收增收的重要保障。长期以来，在整个农村金融体系中，政府部门和社会各界重点关注的是农业信贷的发展，忽视了农业保险在农村金融体系顺利运行过程中所起到的关键作用。以农村金融扶贫为例，在传统的农村金融扶贫体系中，信贷扶贫一直都是政府最为倚重的扶贫模式。我国自1986年开始实施扶贫贴息贷款政策，无论是以农业银行、农信社为代表的传统农业信贷扶贫，还是借鉴孟加拉乡村银行模式开展的扶贫小额信贷，虽然都取得了一定成绩，但整体扶贫效果并不理想，扶贫资金的使用效率也较低。究其原因，不外乎以下两点：第一，贫困农民大多数以农业生产为主要收入来源，而农业生产过程中容易受自然风险和市场风险的影响，收益的不确定性较大，贷款机构出于风险控制考虑不愿向他们发放贷款；第二，我国目前有20%的贫困人口是因灾致贫，对于这部分人而言，农业信贷并不能减轻自然灾害所造成的经济损失。可见，由于农业生产过程中的风险无法得到有效保障，导致形成了当前以信贷扶贫为主的农村金融扶贫模式，既不能使因灾致贫人口摆脱贫困束缚，也无法帮助低收入农民获得信贷支持以发展农业生产。笔者前期调研发现，农业保险的风险保障可以在很大程度上解决因灾致贫问题，此外农业保险还可以通过降低农业风险、提升贷款农民的信贷履约能力，进而提高低收入农民的信贷可得性。因此，笔者认为，如果对现行农村金融政策进行优化和调整，充分发挥农业保险和农业信贷对农民收入增长的协同效应，重构农村金融扶贫机制，将有助于进一步巩固当前农村金融扶贫成果，帮助广大农民早日实现共同富裕。

农村环境保护、国家粮食安全和农民精准扶贫是"三农"议题的核心和重点，也是农村金融发展需要关注的主要方向，作为一项享受各级财政补贴的惠农政策，农业保险的保费补贴和风险保障会改变农民的生产经营收益，进而会影响他们的农业生产决策，而农业生产决策的变化又会对农村生态环境、粮食产出水平和农民收入水平生产重要影响。基于上述分析逻辑，本书分别从生态环境效应、粮食增产效应和收入增长效应三个维度，探讨政策性农业保险的保费补贴比例和风险保障水平对农民微观决策的影响，并提出相关的政策建议。其中，有关农业保险生态环境效应的内容，主要来自笔者2012年主持的国家自然科学基金青年项目的研究主题；有关政策性农业保险粮食增产效应的内容，主要来自笔者2012年主持的教育部人文社科青年项目和主研的国家社科基金年度项目的研究主题；有关政策性农业保险收入增长效应的内容，主要来自笔者2019年主持的教育部人文社科规划项目和国家自然科学基金面上项目的研究主题。

从2009年研究生二年级开始接触农业保险到现在已经有13年了，在此期间得到了很多老师的帮助和指导，在此特别要感谢我的硕士生导师——广东金融学院郭颂平教授，正是她持续的鼓励和支持才让我走上了学术研究这条道路；感谢广东金融学院罗向明教授，要不是他在2008年拿到农业保险方向的广东省自然科学基金项目，我可能也没有机会从事这方面的研究工作；还要感谢广东金融学院的杨公齐教授、粟榆副教授、江正发副教授、岑敏华副教授、黄友爱副教授、丁继锋博士等长久以来对我的鼓励和支持！最后还要感谢我的妻子和女儿对我长期熬夜做科研的容忍！

张伟

2021年10月

目　　录

第一章

中国农业保险的需求特征

2007 年 4 月 13 日，财政部颁布了《中央财政农业保险保费补贴试点管理办法》（以下简称《试点管理办法》），标志着我国农业保险发展模式正式从商业保险跨入政策性保险发展阶段。《试点管理办法》提出，从 2007 年开始选择部分地区开展中央财政农业保险保费补贴试点工作，内蒙古、吉林、江苏、湖南、新疆和四川等被选为首批试点省份，玉米、水稻、大豆、小麦和棉花被列为首批试点农作物。在最初的试点方案中，中央确定的补贴险种以 "低保障、广覆盖" 为原则确定保障水平，保障金额原则上为农作物生长期内所发生的直接物化成本（以国家权威部门公开的数据为标准），包括种子成本、化肥成本、农药成本、灌溉成本、机耕成本和地膜成本。对于中央确定的补贴险种，在试点省份省级财政部门承担 25% 的保费后，财政部再承担 25% 的保费。其余部分由农民承担，或者由农民与龙头企业以及省、市、县级财政部门共同承担，具体比例由试点省份自主确定。

随着后续试点范围的逐渐扩大，中央财政对农业保险的财政支持力度也进一步提升。2016 年 12 月 19 日，财政部颁布了《中央财政农业保险保险费补贴管理办法》（以下简称《补贴管理办法》），将中央财政农业保险补贴险种扩大到 4 大类 16 种，其中，种植业包括玉米、水稻、小麦、棉花、马铃薯、油料作物、糖料作物 7 种，养殖业包括能繁母猪、奶牛、育肥猪 3 种，林木包括公益林和商品林 2 种，除此之外，还有青稞、牦牛、藏系羊（以下简称藏区品种）、天然橡胶，以及财政部根据党中央、国务院要求确定的其他品种。在上述《补贴管理办法》中，对于农业保险的保费补贴比例也有了进一步提高，种植业保险中规定，在省级财政至少补贴 25% 的基础上，中央财政对中西部地区补贴 40% 、对东部地区补贴 35% ；对纳入补贴范围的新疆生产建设兵团、中央直属垦区、中国储备粮管理总公司、中国农业发展集团有限公司等（以下统称中央单位），中央财政补贴 65% 。养殖业保险中规定，在省级及省级以下财政（以下简称地方财政）至少补贴 30% 的基础上，中央财政对中西部地区补贴 50% 、对东部地区补贴 40% ；对中央单位，中央财政补贴 80% 。森林保险中规定，公益林在地方财政至少补贴 40% 的基础上，中央财政补贴 50% ；对大兴安岭林业集团公司，中央财政补贴 90% 。商品林在省级财政至少补贴 25% 的基础上，中央财政补贴 30% ；对大兴安岭林业集团公司，中央财政补贴 55% 。藏区品种和天然橡胶保险中则规定，在省级财政至少补贴 25% 的基础上，中央财政补贴 40% ；对中央单位，中央财政补贴 65% 。在上述补贴政策基础上，中央财政对产粮大县三大粮食作物保险也进一步加大了支持力度。

得益于中央财政和地方各级财政的大力投入，我国农业保险近年来取得了飞速发展，根据历年《中国保险年鉴》和中国银保监会的数据，我国政策性农业保险的保费收入从 2006 年的 8.46 亿元增长到 2020 年的 815 亿元，增长幅度高达 9 533.57% ；为农民提供的风险保障从 2006 年的 733 亿元增长到 2020 年的 4.13 万亿元，同比增长高达 5 534.38% 。目前，我国已经超越美国成为全球农业保险保费规模最大的国家，中央和地方各级财政每年提供的保费补贴资金已经超过 600 亿元。在短短的十几年时间内，我国农业保险为何能够取得如此巨大的发展成就，现有的农业保险政策是否能够完全满足不同农民的差异化风险保障需求，都需要从我国农业保险的需求特征和演变规律中寻找答案。

第一节　中国农业保险的需求演变特征

始于 2007 年的中央财政农业保险保费补贴试点，严格意义上来说是中国实施的第一次农业保险供给侧改革，此次改革中引入了财政补贴机制，通过各级财政提供较高比例保费补贴的方式推动了中国农业保险的快速发展，使农业保险的覆盖率和风险保障得到显著提升，并取得了良好的政策效果。政策性农业保险实施的这十几年里，中国农村的发展环境发生了重大变化，原有保险政策与农业风险管理新需求出现了不匹配（钟甫宁，2016）。从供给层面来看，虽然农业保险的财政补贴体系日益完善，保费补贴水平稳步提升，风险覆盖率也在逐年增长，但保障水平一直维持在低位。在此期间，农业保险的市场需求正在悄然发生变化。随着近几年来农村土地流转制度的推行以及国家对规模化农业发展的支持，传统的小农经济生产模式正逐渐被以家庭农场、种养大户、农业合作社等为代表的新型农业经营主体所取代，从现代农业发展的自然规律以及政府的政策导向来看，未来中国农业生产将以规模化、集约化的新型农业经营主体为主，传统农业将慢慢退出历史舞台。农业经营主体的这种转变必然导致农业保险需求也随之发生变化，从供需平衡的角度考虑，如果农业保险的供给不能顺应市场需求的变化而进行相应的调整，势必将再次让农业保险市场陷入供需失衡的状况。当前中国农业保险已进入创新发展的新阶段，各相关部门应当加快制度改革和产品创新，建立健全农业保险政策体系，创新保险品种，进一步完善保费财政补贴办法（尹成杰，2015）。在此背景下，研究伴随农业现代化发展的农业保险需求演变，探讨顺应市场需求变化的农业保险供给侧改革方案，对于提高中国农业保险财政补贴效率、完善农业保险的风险保障职能、支持和鼓励新型农业经营主体发展无疑都具有积极意义。

中国人多地少的国情决定了其农业生产主要以小农经济为主，与国外集约化、产业化和规模化的现代农业生产方式存在重大差别，因此，国外有关农业保险的研究成果对中国的借鉴意义相当有限。国内学者有关农业保险需求的现有研究中，不管是基于福利经济学层面的理论研究还是基于入户调查数据的实证分析，都忽视了制约农业保险需求的两个重要因素：一是忽视了中国经济转型过程中农业风险的演变对农业保险需求的影响；二是忽视了中国工业化进程中农民收入来源多样化这一现实特点对农业保险需求的潜在影响。发展农业保险的目的在于防范农业自然风险，因此，农业自然风险对于农民日常生活的影响程度基本上决定了农民对农业保险需求的迫切程度。而在工业化的发展过程中，农民总体收入提高的同时其收入结构也将发生变化，部分地区农民的收入构成中来自农业经营的部分越来越少，这对农业保险的需求也将产生重要影响。在中国大范围推广政策性农业保险的背景下，研究农业风险演变和农民收入调整对农业保险需求的影响，正确认识地理和经济条件影响下不同区域农业保险的差异化需求，对于政府制定合理的政策性农业保险制度无疑具有重要的现实意义。下面我们将从政策性农业保险制度实施之初的农村风险排序变化、农民收入结构变化和区域地理环境特征等几个层面来分析农民对农业保险风险保障需求的演变轨迹。

一、农村风险及其排序演变对农业保险需求的影响

（一）中国农村居民面临的主要风险因素

风险的另一个含义是不确定性，本书所讲的风险是指未来现金流（流入或者流出）的不确定性，对于农民来说，这种不确定性包括收入的不确定性和支出的不确定性两种。

收入上的风险包括收入来源的不确定性和收入水平的不确定性，中国农民的收入来源固定，主要由农业经营性收入和工资性收入组成，在此情况下农民收入的不确定性将取决于下列因素：某年度农民耕种土地的面积、农产品的实际产量和市场价格、农民外出务工的时间和日工资水平等。一般而言，农民的耕种面积相对稳定，而农产品的产出水平在很大程度上取决于该年度的自然条件，在自然灾害多发的年份，农民的收成会受到很大影响，因此，自然灾害是影响农民收入水平的重要风险因素。农产品的市场价格是决定农业经营收入水平的另一个重要因素，由于作为农民主要收入来源的经济类作物的市场价格不像粮食类作物那样享有国家保护价，其波动幅度直接影响了农民当年的农业经营总收入。而随着社会经济的迅速发展以及工业化和城市化的不断推进，农民外出务工的机会越来越多，工资水平也呈不断上升的趋势，工资性收入占总收入的比重也逐年扩大，并且呈稳定增长。因此，农民来自收入方面的风险主要为自然风险和价格风险。

支出上的风险则来源于农民日常生活支出上的不确定性，除去衣、食、住、行等固定支出以外，如子女教育、疾病医疗、赡养老人、子女婚嫁、修缮房屋和生育等各方面支出中的任何一项对总体收入本来就不高的农民来说无疑都是一笔相当大的花费。以子女教育为例，在未实施义务教育之前，将一名子女从小学培养到大学毕业要花费数万元，一个农民辛辛苦苦十几年的收入才能供得起一名大学生，而在贫困地区则需要几十年的收入（张静，2006）。由于在当前的社会环境下，农民群体的社会地位和收入水平都处于

社会最底层，中国广大农村地区相当普遍地存在一种"知识改变命运"的观念，很多农民都希望自己的子女通过求学这条路来改变"面朝黄土背朝天"的境况，希望他们都能过上体面的城里人的生活。为此，在子女教育支出上，农民通常倾其所能，黄超英（2007）通过对河南某县农村家庭教育负担所做的实证研究发现，当地所有家庭的现金支出中平均有40%是用于教育支出，子女教育支出已经成为影响农民日常生活的一项重要风险因素。此外，尚未在农村广泛覆盖的医疗和养老保障体系，使得高昂的医药费用和赡养支出成为另一项压在农民身上的沉重负担，因病返贫和因病致贫的风险长期存在。虽然农民支出风险与农业保险需求并不直接相关，但支出风险中各风险项的变化情况会影响农业保险在农民生活总风险中的排序，进而影响农民的农业保险需求。

（二）风险排序演变下农业保险的需求演变

不同风险因素对农民日常生活有着不同程度的影响。根据学者张跃华等（2007）早期对河南农村所做的研究，农民日常所面临的风险因素按影响程度排序依次是子女就学、疾病医疗、老人负担、自然灾害、房屋建筑、市场价格、子女婚嫁和子女生育（见表1-1）。

表1-1　　2007年河南省农民生活中的主要风险及其排序调查（多选）　　单位:%

主要问题	子女就学	疾病医疗	老人负担	自然灾害	房屋建筑	市场价格	子女婚嫁	子女生育
总体	45.79	42.66	40.06	38.07	26.61	22.48	16.06	5.96

资料来源：张跃华，等. 农业保险需求问题的一个理论研究及实证分析 [J]. 数量经济技术经济研究，2007（4）.

上述八大风险因素中有六项（子女就学、疾病医疗、老人负担、房屋建筑、子女婚嫁、子女生育）属于支出性风险，只有两项（自然灾害和市场价格）属于收入风险，而且值得注意的是前三大风险因素全部都属于支出风险范畴，这说明对农民来说未来支出的不确定性对生活的影响要远远高于收入的不确定性对生活的影响。农业保险的主要目的在于防范农业自然风险、保障农民生产性收入的稳定性，而要获得这种收入的稳定性，农民必须以支付一定数量的保险费为代价。可以预见的是，在总体收入水平仍然较低的情况下，农民有限的收入会先用于满足对他们来说更为重要的支出需要，即用于子女就学、疾病医疗和老人负担方面。假定农民是一个追求效用最大化的"理性经济"人，只有当他们用于防范自然灾害的每一元钱所获得的效用大于（至少等于）他们用于上述三项支出上的边际效用时，才有可能购买农业保险。在收入水平较低的阶段，农民的收入所得主要用于衣、食、住、行等基本生活的需要，在教育、医疗和养老等方面的支出很少，这三种"商品"的购买量远未达到最优消费水平，其边际效用仍然高于农业保险。因此，在农村社会保障体系还不够完善、农民收入较低的情况下，农业保险的市场需求难以有效启动。

随着社会经济的发展，各类风险因素对农民日常生活影响程度的排序会逐步发生改变。近年来，国家对"三农"问题的关注程度日益提高，先是免除了农村学生义务教育阶段的学杂费，为寄宿生提供免费食宿，接下来又在全国范围内积极推行新型农村合作医疗，使农民"看病贵"的难题得到了很大改观，2009年开始推行的农村居民养老保险计划则使农村老年人的生活获得了更多保障，进一步减轻了农民的支出负担。这些措施的推出使农民用于子女教育支出、医疗支出和养老支出都显著减少。随着国家在农村地区推行的教育、医疗和养老保险政策的进一步完善，上述支出风险对农民日常生活的影响也将日益下降，最终将会改变农民心目中各种风险因素的排序。一个显而易见的结果是，随着其他风险因素对农民生活影响重要性的相对下降，自然灾害对农民生活的影响必将相对上升，其排序也将逐步靠前。本书作者借鉴张跃华（2007）的研究方法，于2012年8月对广东省中山市民众镇、南朗镇和沙溪镇216户农民进行了问卷调查，此次调查结果与张跃华针对河南农村的调查结果存在较大差异。针对中山市的调查结果显示，农业自然灾害是当前农民面临的主要风险因素，农产品价格风险则排在所有风险因素中的第二位，往后依次是疾病医疗、老人负担、子女教育、房屋建筑、子女婚嫁和子女生育（见表1-2）。

表1-2　2012年广东中山市农户生活中的主要风险及其排序调查（多选）　单位：%

主要问题	自然灾害	市场价格	疾病医疗	老人负担	子女教育	房屋建筑	子女婚嫁	子女生育
总体	43.5	40.6	38.7	37.2	25.4	17.9	14.5	4.8

表1-2的数据表明，随着农村社会经济的发展和社会保障的日益完善，不同类型的风险对农民生产、生活的影响程度将发生变化，特别是对于那些

主要以农业生产为主要收入来源的农民而言，其他支出风险的下降意味着不受人力控制的农业自然风险对农民生活的影响程度相对上升。农业保险的主要职能在于防范自然风险，随着自然灾害对农民生产影响程度的上升，在其他条件不变的情况下，农民对农业保险的需求也将上升。然而，在中国经济转型过程中，随着工业化和城市化的迅速推进，大量农村劳动力涌入城市成为产业工人，农村家庭的收入来源日益多样化，随着收入水平的提高和收入结构的变化，中国农村居民的农业保险需求也将必然发生改变。

二、城镇化进程中农民收入调整对农业保险需求的影响

（一）收入水平变化对农业保险需求影响的财富效应

根据经济学的基本常识，对于任何正常商品（非劣质品）来说，消费者财富水平的增长都会提高其对该种商品的需求，农业保险毫无疑义是一种正常商品，甚至有学者认为，在一定程度上讲，保险对于低收入的农民还是一种奢侈品，因此，农业保险的市场需求与农民的收入水平呈正相关关系。然而在很长一段时间内，农业保险的高费率和农民的低收入导致农民的购买力严重不足，在小农经济生产模式下的中国，这一点表现得更为明显。国内外农业保险的发展实践都证明，商业化模式下农业保险发展不利的一个主要原因是费率太高，一般财产保险的保险费率仅为 0.05% ~ 0.6%，农业保险的费率虽然根据各地风险条件不同存在地区差异，但通常高达普通财产保险的数十倍甚至数百倍（见表 1 - 3）。

表 1 - 3　　　　　　　　　国内外部分农业保险产品费率

地区	农业保险产品费率
加拿大曼尼托巴省	燕麦费率为 4.74%，冬小麦费率为 5.7%，粮用玉米费率为 9.5%
日本	水稻费率为 2.75%，陆稻费率为 18.66%，麦类费率为 11.6%，乳牛费率为 14.1%，生猪费率为 16.5%，柑橘费率为 11.4%，大豆费率为 10.2%，小豆费率为 16.2%
北京市	小麦费率为 7%，玉米费率为 8%，豆类费率为 7%，苹果、桃、梨等水果费率为 9%，露地蔬菜费率为 7%

地区	农业保险产品费率
辽宁大连庄河市	日光温室保险（设施农业）费率为4.2%，大田保险（粮油作物）费率为4%~6%，苹果雹灾费率为3%，能繁母猪费率为6%
新疆生产建设兵团	玉米和小麦费率为5%，棉花费率为6%，甜菜和蔬菜费率为10%

注：加拿大曼尼托巴省的数据来源于李军、段志煌《农业风险管理与政府的作用：中美农业保险交流与考察》，中国金融出版社2007年版。这本著作主要研究的是美国农业保险发展问题，但作者在美国考察期间，也曾赴加拿大曼尼托巴省考察过当地农业保险的发展情况。日本的数据来源于江尚《日本农业保险制度研究》，《经济与管理研究》2007年第9期。其他数据均来自各地政策性农业保险实施文件。此外，农业保险的费率主要取决于当地的灾害发生率，并不随时间变化和经济发展水平的变化而改变。

高费率降低了农业保险的需求，在收入水平较低的情况下，尽管农民亟须农业保险为其农业生产提供风险保障，但有限的收入仅够他们维持家庭基本的生存所需，在保费高昂的现实情况下，根本没有足够的经济实力购买农业保险。传统农业生产模式下的中国农民主要以农业生产为主要经济来源，但中国自然灾害多发的特征使得长期以来农民收入一直处于很低的水平。这一阶段的农民虽然很需要农业保险来防范自然风险，但贫困的生活使其根本没有购买保险的能力，而缺乏保险保障的风险暴露又使他们陷入更严重的贫困之中，从而形成一种恶性循环。可见，贫困状态下的低收入农民虽然具有购买农业保险的强烈意愿，但却缺乏必要的经济实力。进入21世纪以来，随着工业化和城市化的快速发展，国家经济实力迅速提升，中国已经初步具备了工业反哺农业的条件。在此背景下，中央政府对农业发展和农民收入问题日益重视，先后实施了减免农业税、良种补贴、粮食直补、农机具购置补贴和农业生产贴息贷款等惠农政策，有效降低了农民的农业生产成本。此外，国家对农产品的价格管制也开始放松，在逐步提高粮食作物最低收购价的同时，经济类作物的价格也基本回归市场，促使农民的经营性收入呈稳步增长态势。收入水平的上升让农民逐渐摆脱贫困状况，在满足衣、食、住、行等日常生活所需的同时，农民有更多的余钱用于购买包括农业保险在内的其他商品。因此，在其他条件不变的情况下，随着农村居民收入水平逐年上升，中国农业保险的市场需求也呈上升趋势。

（二）收入结构变化对农业保险需求影响的替代效应

当前中国农村居民的收入构成共有四个组成部分，即农业经营性收入、工资性收入、财产性收入和转移性收入。传统的农业社会中，从事农业经营活动是农民收入的主要来源，在某些地区甚至是农民收入的唯一来源，在此条件下出于风险防范动机的农业保险的需求强劲。但随着社会经济的快速发展和工业化进程的不断推进，一方面生产技术的革新带来了农业生产效率的迅速提高，农民有更多的时间从事非农生产活动；另一方面工业化的发展又为农民进城务工提供了足够多的工作机会。随着农民外出务工时间的增加，农业经营收入在农民总收入中的比重开始逐年下降，取而代之的是工资性收入比重的逐年上升，在部分经济发达地区工资性收入已经成为农民收入的主要来源。改革开放以来，中国农村居民经营性收入在总收入中的平均比重已经从 1978 年的 85% 下降到 2010 年的 47.86%，工资性收入占农民总收入的比重则从 1993 年的 21.11% 上升到 2010 年的 41.07%，[①] 如图 1 - 1 所示。

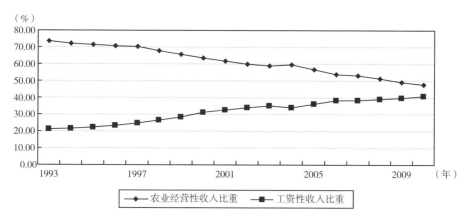

图 1 - 1　1993 ~ 2010 年中国农民收入比重变化

对农民而言，农业保险的主要作用在于减少农业生产损失，从而提高自己收入的稳定性。而在工业化进程中，农村居民外出务工的次数和务工时间越来越多，外出打工开始成为农民一项稳定的收入来源，伴随工资性收入增长而引起的农民收入结构变化将会产生两种结果：一方面，农业经营过程中由于自然灾害无法由人力控制，因而农民因灾害所导致的收入风险也无法控制，而工资性收入基本与农民的努力程度正相关——干得越多收入越多，这

---

① 资料来源：历年的《中国统计年鉴》，其中，农民的工资性收入从 1993 年才开始计入《中国统计年鉴》。

种收入在很大程度上是可以由农民自己决定的。因此，随着工资性收入比重的上升，农民掌握自己收入风险的能力将会增加，这等于说农民对于自己的收入风险具有一种自我保险能力，从而会对农业保险提供的风险保障功能构成替代效应。另一方面，随着农业经营性收入比重日益下降，农业自然风险对农业产出进而对农民总收入的影响也会下降。农业社会中作为影响农民收入水平重要因素的自然灾害随着农民收入结构的变化逐渐变得相对不那么重要，特别是在农业经营性收入比重较小的地区，自然灾害对农民收入的影响已经很小，非农收入的增加提高了农民抵御风险的能力，农民防范自然灾害的迫切程度不如传统小农经济模式下那样强烈。因此，随着工资性收入替代农业经营性收入成为农民收入增长的主要来源之后，农民出于风险防范动机的农业保险需求将逐渐下降，即农业保险需求与工资性收入比重反相关。

（三）收入调整对农业保险需求影响的综合效应

农村居民收入水平的上升会使他们的购买力增加，进而会增加对农业保险的需求；而农业经营性收入比重的下降和工资性收入比重的上升使得自然风险对农民生活的影响程度日益减小，并引致对农业保险需求的减少。当前中国经济转型过程中，农民的收入水平和收入结构都在发生变化，在此情况下农业保险需求将如何？是增加了还是减少了呢？为得出准确的结论，需要对收入水平上升引起的财富效应和收入结构调整引起的替代效应加以综合分析。

收入水平和收入结构的联合变化将如何影响农民对农业保险的需求呢？假设农民对农业保险的需求函数为 $T = T(x, y)$，其中，x 表示农业经营收入占农民总收入的比重，y 表示农民的总收入水平，已知 x、y 均为 T 的增函数，即 $T'(x) > 0$，$T'(y) > 0$。显然易见的是，农民增加的收入不可能完全用于购买农业保险，因此 $T''(y) < 0$。现在的关键问题是农民的农业保险需求与农业经营收入比重的二阶关系是怎样的，确切地说是要求出农业保险需求变动相对于农业经营收入变动的弹性。如果农民的收入完全来自农业经营，那么农民对农业保险的需求达到最大，如果用 $0 \sim 1$ 来表示农业保险的不同需求程度（0 表示农民对农业保险根本没有需求，1 表示农民肯定会购买农业保险），此时农业保险的需求为 1。同理易知，在农民的收入完全来自外出务工的情况下，农民根本就不需求任何农业保险来提供风险保障。以上是假

设的两种极端情况，现实生活中农业经营性收入占农民总收入的比重为 0 ~ 100%，在此情况下又如何来判断农业保险需求相对于农业经营性收入比重的变化情况呢？事实上，考虑到参加农业保险的交易成本，完全依靠工资性收入的农民和农业经营性收入比重很小（比如 10% 以下）的农民，对农业保险的需求并不会有很大差异，[①] 换言之，在 x 取值很小的条件下，可以认为 $T''(x) = 0$。而当农业经营性收入占农民总收入比重很高（比如说 90% 以上）的情况下，由于农民绝大部分的收入都暴露在农业风险之下，此时购买农业保险无疑是风险厌恶型农民的最佳选择，经济理性的农民肯定会购买农业保险以将自己的收入风险降到最低。换言之，在 x 取值很大的条件下，可以认为 $T''(x) = 0$。由函数的性质可知，必然存在一个取值较大的数 x_0（x_0 为小于 100% 的一个较大的比例），当 $x \geq x_0$ 时，$T(x)$ 取极大值 1。用公式表示为：

$$T(x) = 1 \quad x \geq x_0 \tag{1-1}$$

由假设条件 $T(0) = 0$、$T(x_0) = 1$、$x_0 < 100\%$ 且 $T''(x) = 0$（x 取值较小的情况下）可知，存在一个取值较小的数 x_1，当 $0 \leq x \leq x_1$ 时，$T''(x) = 0$；当 $x_1 < x \leq x_0$，$T''(x) > 0$。

现在我们再来分析收入水平和收入结构同时变化对农业保险需求的影响。当 $0 \leq x \leq x_1$ 时，如果农民在收入增加一个百分点的同时，农业经营性收入比重下降一个百分点，由于 $T''(x) = 0$，此时农业保险的需求不变，因为在这种情况下农民不需要农业保险的保障。当 $x_1 < x \leq x_0$ 时，由于 $T''(x) > 0$，而 $T''(y) < 0$，此时农民在收入水平变化对农业保险需求的财富效应要小于收入结构变化对农业保险需求的替代，如果农民在收入增加一个百分点的同时，农业经营性收入比重下降一个百分点，那么农业保险的需求将下降。当 $x > x_0$ 时，由于 $T(x) = 1$，农民的绝大部分收入都取决于农业经营状况，理性农民的最优决策是购买农业保险，此时收入结构变化对农业保险需求没有影响，但收入水平越高，农民可能购买更高保障水平的农业保险服务，此时收入水平的上升会增加农民对农业保险的需求。

---

①　当农业经营性收入比重很小的时候，一方面，农业风险的发生对农民总体收入的影响微乎其微，完全在正常风险承受范围之内；另一方面，参加农业保险既要支付一定的保费，在投保和申请赔偿的过程中也要耗费大量的时间和精力。考虑到这两方面的影响，农业经营性收入比重很低的农民对于参加农业保险并没有兴趣，本书作者针对湖南株洲县农村地区的实地调研也证明了这一点。

综合以上分析可知，收入结构调整的替代效用对农业保险需求的影响要远远大于收入水平上升造成的财富效用，考虑到农业保险的外溢性特征和当前中国农村社会保障不够健全的事实，收入增长对农业保险需求的拉动作用是非常微小的，因此，起主导作用的是收入结构调整对农业保险需求的替代作用，即随着农业经营性收入比重的下降，农民对农业保险的需求逐渐下降。

三、风险和收入双重约束下不同地理区域农业保险的差异化需求

农业保险的需求取决于农民所面临的自然风险状况以及自身的收入特征，自然风险状况由地理地形结构和气候条件所决定，包括收入水平和收入结构在内的农民收入特征则在很大程度上取决于区域经济发展水平，而某一地区的经济发展水平与自身所处的地理区位存在很大的关系（以中国为例，沿海、中部和西部地区就存在明显的经济发展梯度）。由于不同地理区域内的农民所面临的农业自然风险不同，收入水平和收入结构也存在明显的差异，风险和收入的双重差异最终会导致不同地理区域内的农业保险市场需求呈现出不同的特征。下面将以地理气候条件为依据，结合农民的风险和收入特征，分析政策性农业保险制度实施初期西部山区、丘陵地区、平原地区这三大典型地理区域内农业保险的差异化需求。

（一）西部山区农业保险的需求特征

我国西部地区多山地，生态环境脆弱、自然灾害频发，农业生产的弱质性较其他地区表现得更为明显。由于当前中国的救灾减灾机制还不够完善，农民抵御自然灾害的能力较弱，重大自然灾害所导致的经济损失和人身伤亡，使处于低收入阶段的农民极易因灾返贫或者因灾致贫（庄天慧等，2010）。西部山区又是我国少数民族重要聚集区，不同于汉族人口普遍选择大规模外出务工，由于受生活环境、宗教信仰、民族文化等因素的影响，少数民族人口离开出生地外出工作的比例相对较小（金凤，2007），农村居民目前仍以农业经营为主要收入来源。包括广西、贵州、云南、西藏、青海、甘肃和宁夏在内的民族和边疆地区，2010 年农民的农业经营收入占总收入的比重普遍在 50% 以上，而工资性收入比重相对较低，最高也不超过 40%

（见表 1 - 4）。

表 1 - 4　　2010 年西部山区农村居民收入水平、收入结构和农业保险发展水平

省份	总收入（元）	农业经营收入占比（%）	工资性收入占比（%）	农业保险保费收入（万元）	农业保险深度①（%）
广西	4 543.41	55.25	37.57	7 454	0.0445
贵州	3 471.93	49.15	37.55	920	0.0147
云南	3 952.03	63.51	23.53	34 169	0.3083
西藏	4 138.71	55.79	26.79	817	0.1189
青海	3 862.68	51.08	32.87	1 245	0.0923
甘肃	3 424.65	54.20	35.02	5 559	0.0928
宁夏	4 674.89	51.80	38.25	5 109	0.3207

资料来源：农民总收入、农业经营收入和工资性收入数据来源于《中国统计年鉴》（2011 年），保费收入来源于《中国保险年鉴》（2011 年），各收入的百分比由上述收入计算所得。

民族地区农民的收入结构决定了其家庭总收入主要取决于农业经营状况，而其经营所得在很大程度上依赖于区域气候条件，因此，该地区的居民对自然灾害的防范需求最为迫切，也是最需要农业保险保障的一个群体。然而，在 2010 年政策性农业保险制度实施初期，偏僻的地理置和频繁的自然灾害使得民族和边疆地区的大部分农民长期处于极低的收入水平，微薄的收入仅仅能勉强维持最基本的生存需要，农业保险对这类地区的农民而言是一种奢侈品。从表 1 - 4 中的农业保险深度数据也可以看出，在 2010 年的时候，上述地区农业保险的发展水平极为低下，其对农业风险的防范作用远未得到充分发挥。根据民族和边疆地区的地理气候条件与经济发展水平，可以总结出政策性农业保险制度实施初期该地区农业保险的需求特点：收入结构中农业经营性收入的比重很大，总体收入水平很低，农民有迫切的风险保障需求，但受自身收入水平的限制，其缺乏足够购买农业保险的经济实力，属于有购买意愿但缺乏购买能力的一个群体。受经济发展水平的制约，民族和边疆地区地方政府对农业保险的补贴力度有限，由中央政府提供倾斜性的财政补贴政策，是推动该地区农业保险在短期内迅速发展的最大驱动因素。

---

①　借鉴保险深度的概念，本书将农业保险深度定义为某地区农业保险保费与该地区农业生产总值的百分比。

（二）丘陵地区农业保险的需求特征

中国大陆的丘陵地区均位于温带季风气候区，水热条件和气候条件较好，农业生产的自然条件强于山区。但相对平原地区而言，一个最大的劣势是无法利用现代农业生产设备进行规模化生产，由于缺乏大面积的平地，先进的大型农业机械厂设备难以得到有效利用，导致丘陵地区的农业生产仍然停留在传统的人工动力阶段。中国主要丘陵地带涵括重庆、江西、浙江、福建、广东、山东等省份①，上述省份中，山东和江西是中国主要的粮食产区之一，其中，重庆、江西全省以及浙江、福建、广东、山东各省内欠发达的西部地区还是劳动力输出的主要来源地，由于该类地区农村居民外出务工的比例很高，总收入水平也相对较高，农民工资性收入的比重接近甚至超过了农业收入的比重（见表1－5）。

表1－5　　2010年丘陵省份农村居民收入水平、收入结构和农业保险发展水平

省份	总收入（元）	农业经营收入占比（%）	工资性收入占比（%）	农业保险保费收入（万元）	农业保险深度（%）
重庆	5 276.66	44.03	44.26	6 711	0.0979
江西	5 788.56	50.43	41.37	36 073	0.2989
浙江	11 302.55	38.11	51.51	17 128	0.1259
福建	7 426.86	47.91	41.67	17 261	0.1266
广东	7 890.25	27.93	60.83	10 790	0.0472
山东	6 990.28	49.45	42.32	21 744	0.0606

资料来源：农民总收入、农业经营收入和工资性收入数据来源于《中国统计年鉴》（2011年），保费收入来源于《中国保险年鉴》（2011年），各收入的百分比由上述收入计算所得。

以外出务工为农民主要收入来源的丘陵省份，大部分农村家庭基本上只剩下老人和小孩留守，受丘陵地区特殊地理条件的制约，留守农民无法采用现代农业机械替代人工进行生产，依靠老人和小孩根本无法保持务工前的农业生产规模，这类地区农民的农业经营性收入事实上表现为逐年递减，而工

---

① 辽宁省境内虽然有我国三大丘陵之一的辽东丘陵，但辽宁省内有占全省总面积比重很大的辽河平原，而本书所列的其他丘陵省份则不具有如此大比重的平原地区，因此，本书将辽宁省划为平原省份。而广西虽地处两广丘陵，但考虑到其为民族自治区，本书还是将其划为民族地区。

资性收入比重则日益上升。从表1-4和表1-5的数据比较可以看出，虽然丘陵地区农民的收入水平高出民族和边疆地区很多，但两类地区的农业保险深度基本处于同一水平，其原因在于农业保险只对农民的经营性收入部分提供保障，丘陵地区农民主要依赖工资性收入的特点，导致其收入水平的上升并不能带来农业保险需求的增加。由上述分析可总结出丘陵地区农业保险的需求特点：受地理条件的局限，丘陵地区的农业难以实现规模化和机械化生产，传统农业向现代农业转变艰难，青壮年劳动力大部分涌入城市务工，工资性收入的比重已基本超过了农业收入，农业生产不再是农民的主要收入来源，对于传统的小农经济模式来说，出于风险防范目的的农业保险需求日益下降。农业保险的新增需求在很大程度上取决于未来该类地区农业合作社和涉农企业的发展状况。

（三）平原地区农业保险的需求特征

平原地区土壤肥沃、水热条件优良、灌溉便利，是所有地理结构中最适合农业生产的类型，也是目前中国最主要的粮食产区。相对于山地和丘陵这两种地理条件，平原既是最容易遭受洪涝灾害的地形，同时也是传统手工农业向现代机械化农业转型最便利的地区。现代农业的一个最大特点是大型农用机械的广泛应用，手工畜力农业生产向机械化农业生产的转变，使得发展规模化、集约化和专业化的现代农业成为可能。山地和丘陵受地理条件的制约无法大规模使用农用机械，而平原地区面积广大的平地则为大型农用机械的利用提供了最优越的地理条件。在大部分平原省份，农业经营性收入是农民总收入最主要的来源，特别是在黑龙江和吉林这些农垦区，农业经营性收入的比重超过60%。相对而言，平原地区农民工资性收入比重普遍低于丘陵地区（见表1-6）。

表1-6　2010年平原省份农村居民收入水平、收入结构和农业保险发展水平

省份	总收入（元）	农业经营收入占比（%）	工资性收入占比（%）	农业保险保费收入（万元）	农业保险深度（%）
黑龙江	6 210.72	63.47	19.99	144 158	1.1064
吉林	6 237.44	65.51	17.19	80 250	0.7642
辽宁	6 907.93	50.46	38.36	22 265	0.1365

省份	总收入（元）	农业经营收入占比（%）	工资性收入占比（%）	农业保险保费收入（万元）	农业保险深度（%）
河北	5 957.98	45.82	44.54	65 327	0.2549
河南	5 523.73	58.66	35.19	17 881	0.0549

资料来源：农民总收入、农业经营收入和工资性收入数据来源于《中国统计年鉴》（2011 年），保费收入来源于《中国保险年鉴》（2011 年），各收入的百分比由上述收入计算所得。

与丘陵地区不同的是，平原地区的地形特点使农民可以方便地使用农用机械进行生产，外出务工的农民可以选择租用农业机械的方式进行播种和收割，并不需要投入大多的人力和时间，甚至依靠留守在家的老人也可以从事农业生产。即使有部分农民完全放弃耕种土地也不会出现丘陵地区普遍存在的耕地抛荒现象，因为少部分专门从事农业经营的农民完全可以承租这部分耕地，依靠现代农用机械的帮助可以很便利地进行规模化的农业经营。事实上，在东北平原的农垦区等地已经初步建立起了现代农业生产体系，这些地区的农民利用农用机械经营着成百上千亩耕地，农业生产已经成为农民的专业工作，他们的收入几乎全部来自农业经营所得，对农业风险的防范需求也比其他地区的农民更为迫切。另外，在现代农业生产模式下，农民的收入水平已经跃升到一个新的高度，制约他们购买农业保险的收入因素已经不复存在。从表 1 - 6 所示的数据可以看出，2010 年我国政策性农业保险制度实施初期，平原地区的农业保险深度明显高于其他两类地区，特别是拥有大规模农垦区的黑龙江，成为唯一一个农业保险深度超过 1% 的省份。对于平原地区从事现代农业生产的农民而言，收入水平不再成为制约农业保险需求的影响因素，规模化和专业化的农业生产模式下，农民对农业风险的保障需求比小农经济模式下更强，收入来源的单一性迫使他们需要更高保障水平的农业保险服务。

第二节　中国农业保险的需求悖论及其理论解释

一、中国农业保险的需求悖论及其表现形式

无论是国外还是中国的实证研究和保险业发展的实践都证明，随着经济

发展水平的提升以及居民收入水平的上涨，保险的市场需求也随之增长。从全球范围来看，保险业最发达的国家如美国、日本同时也是经济发展水平和人均收入较高的国家。农业保险作为财产保险中的重要险种，其需求应当随着中国农村居民收入水平的上升而同步增长。但事实情况却并非如此。中国于1982年恢复农业保险业务，到1992年农业保险保费达到81 690万元的阶段性高点。由于中国有关农业保险的统计数据最早到1985年，因此，我们根据历年《中国保险年鉴》的数据，对1985～2006年实施商业化发展模式期间我国农业保险保费变化趋势进行了分析（见图1-2）。由图1-2可知，1985～1992年农业保险市场需求的快速上涨一方面缘于政府部门的大力推广和采取的各种优惠政策，另一方面当时唯一的保险业务经营主体——中国人民保险公司将其视为非营利性险种进行经营，在这10年时间内中国农业保险业务实质上主要是受政策推动发展起来的。1992年农业保险的各项优惠政策取消，中国人民保险公司也对其采取完全市场化的经营模式，导致其业务规模迅速下降，一直下滑到2001年3亿元的低谷水平。2004年底中国保监会开始局部试点政策性农业保险，使得农业保险的保费在2005年和2006年又分别增长到7亿元和8亿元的规模。抛开2005年和2006年保监会试点政策性农业保险导致的业务规模上涨，1992～2006年这14年时间内，中国农业保险的保费收入整体上一直处于下降态势。而同期农村居民的人均纯收入从1992年的783.99元增长到2006年的3 587.04元，同比增长了358%。由此形成了中国农业保险的需求悖论：本应随着农民收入水平上升而增长的农业保险市场需求，却在农民收入高增长的背景下持续下降。

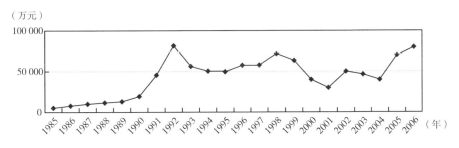

（万元）

图1-2　1985～2006年我国农业保险保费增长情况

资料来源：历年的《中国保险年鉴》。

　　而在同一时间，无论是人身保险还是财产保险总保费收入，都是保持稳定增长态势的。例如，1985 年我国人身险保费总收入只有 8 747 万元，2006 年则增长到 3 593 亿元，同比增长 4 105 倍；1985 年我国企业财产保险保费收入只有 100 569 万元，2006 年则增长到 157 亿元，同比增长 156 倍；1985 年我国货运险保费收入只有 12 079 万元，2006 年增长到 56 亿元，同比增长 45.67 倍。因此，农业保险保费收入出现这种违法常理的变化趋势并不是偶然的，必然有着深层次的社会经济背景。

二、中国农业保险需求悖论的理论解释

很多学者将 1992 年之后中国农业保险的需求变化主要归因于政策因素，毋庸置疑，在农民整体收入水平较低的情况下，国家的相关优惠政策对农业保险的需求确实能够产生重大影响。但除了政策因素之外，农村居民的收入结构变化也是分析农业保险需求时不可忽视的另外一个重要因素，并且随着农村居民整体收入水平的上升，这一因素对农业保险需求的影响将会越来越大。即使在现阶段政策性农业保险的发展模式下，也需要考虑不同农业经营主体的收入结构及其变化情况，以更好地为他们提供差异化的保险服务。20世纪 90 年代初期正是中国农村居民入城务工的高潮期，数以亿计的农村青壮年劳动力从中西部内陆省份陆续涌入珠三角、长三角等沿海经济发达地区打工，外出务工潮的出现导致中国农村居民的收入结构在短时期内发生了重大变化，而农民收入结构的这种变化必然会对农业保险的市场需求产生重要影响。

农民收入结构的变化如何影响农业保险需求，对于这个问题可以借用简·莫森（Jan Mossin，1968）的理论来进行解释。莫森于 1968 年在《政治经济学研究》（*Journal of Political Economy*）发表了讨论个人保险需求的文章《理性保险的购买决策》，在这篇对后世影响深远的经典文献中，莫森分析了消费者资产结构的变化对保险需求的影响。借用莫森（1968）的分析框架，我们假定某位农民的财产由两部分构成，即处于风险当中的财产 L 以及无风险财产 A，则该农民的总资产构成为 A + L，为了分析简便，不考虑农民的财产增值问题；同时假定，在任何一个给定的时间间隔内，农民的风险财产遭受灾害发生全部损失的概率为 π。为了控制财产损失，农民考虑为自己的风险财产购买保险，他需要支付的保费为 G，现在我们要分析的是农民最优

的保险购买决策。

如果农民不购买保险，那么他最终的财富为如下随机变量 Y_1：

$$Y_1 = \begin{cases} A & \text{发生灾害} \\ A + L & \text{不发生灾害} \end{cases} \tag{1-2}$$

根据冯·诺依曼——摩根斯坦效应函数，农民的期望效用为 $\pi U(A) + (1-\pi)U(A+L)$。如果他选择购买足额保险，并且保险费率为精算公平的情况下，他最终的财富将由以下表达式决定：

$$Y_2 = A + L - G \tag{1-3}$$

此时农民的总效用也将变为 $U(A+L-G)$。他愿意支付的最高保费金额将取决于以下表达式：

$$\pi U(A) + (1-\pi)U(A+L) = U(A+L-G) \tag{1-4}$$

式（1-4）确定了参数 π、L 和 A 与保险费 G 的函数关系。如果该农民的偏好为风险规避型（即 $U'' < 0$），容易得知此时农民效用最大化的保费支出金额大于根据损失率精算出来的金额。随着灾害损失率 π 和风险资产 L 的增加，农民效用最大化时的最优保险支出金额也会增加。接下来我们将分析保费 G 与无风险资产 A 的关系，即分析无风险财富变化对个人保险购买决策的影响。

通过对式（1-4）进行处理，我们可以得到：

$$\frac{dG}{dA} = -\frac{\pi U'(A) + (1-\pi)U'(A+L) - U'(A+L-G)}{U'(A+L-G)} \tag{1-5}$$

易知，当且仅当式（1-5）右边的表达式取负值时，才能满足 $\frac{dG}{dA} < 0$，如果令：

$$N - \pi U'(A) + (1-\pi)U'(A+L) - U'(A+L-G) \tag{1-6}$$

由于农民的效用函数必然满足 $U'(A+L-G) > 0$，因此只需要证明 N 的取值是正数还是负数则可以确定 $\frac{dG}{dA} < 0$ 的条件是否满足。通过将式（1-4）代入 N 的表达式并消除 π，可以得到下列表达式：

$$N(G) = \frac{U(A+L) - U(A+L-G)}{U(A+L) - U(A)}U'(A)$$

$$+ \frac{U(A+L-G) - U(A)}{U(A+L) - U(A)}U(A+L) - U'(A+L-G) \tag{1-7}$$

现在我们可以看出，对于任意 $0 < G < L$（相应的有 $0 < \pi < 1$），并且绝对风险厌恶系数 R_a[①] 在区间 $[A, A + L]$ 上单调递减时，必然满足 $N > 0$。

由 N 的表达式对保费 G 求导可得：

$$N'(G) = U''(A + L - G) + \frac{U'(A) - U'(A + L)}{U(A + L) - U(A)} U'(A + L - G)$$

$$= -U'(A + L - G) \left[R_a(A + L - G) - \frac{U'(A) - U'(A + L)}{U(A + L) - U(A)} \right]$$

$$(1 - 8)$$

由式（1-6）易知，$N(0) = N(L) = 0$，根据罗尔定理，$N(G)$ 在区间 $[A, A + L]$ 内必有一个极值点，且该极值点满足以下条件：

$$R_a(A + L - G) - \frac{U'(A) - U'(A + L)}{U(A + L) - U(A)} = 0 \qquad (1 - 9)$$

其中左边第二项是一个正的常数项，因为 R_a 在区间 $[A, A + L]$ 上是单调递减的，因此满足上式的极值点 G 只有一个，我们称之为 $\bar{G}$。对于 $G < \bar{G}$，$N'(G) > 0$，同理也满足当 $G > \bar{G}$ 时，$N'(G) < 0$。这说明 $\bar{G}$ 为农民效用最大化的保险购买水平，同时也证明了 $N(G)(0 < G < L)$ 必然是一个正数，进而我们可推出 $\frac{dG}{dA} < 0$，这说明在风险资产保持不变的情况下，随着无风险资产的增长，农民的保险需求将逐渐下降。

在莫森（1968）的分析框架中，假定个体的风险资产不随总资产的增长而发生改变，在这种假定条件下，他得出保险是劣质品的结论。后续的研究者普遍认为，在个人总资产增长的同时，风险资产的数量也会随之上升，因此，莫森（1968）的假设条件在现实生活中无法得到满足。虽然严格满足莫森假设条件的情况确实很少，但在实际生活中个体的风险资产和无风险资产的增长速度是不一样的，这种不同类型资产增速的差异其实也会影响保险需求。为此，本书将莫森（1968）的保险需求理论扩展到一般条件即消费者的风险资产和无风险资产同时增长的情况下保险需求的变化情况。个人的保险需求 G 可以表示为下面的表达式：

$$G = F(Y) = F(A + L) \qquad (1 - 10)$$

式（1-10）两边分别对 A 和 L 求导可得：

---

① 绝对风险厌恶系数的定义为：$R_a = -U''(Y)/U'(Y)$。其中，$U(Y)$ 为农民财富的效应函数。

$$\frac{dG}{dA} = F'(A + L) < 0 \qquad\qquad (1-11)$$

$$\frac{dG}{dL} = F'(A + L) > 0 \qquad\qquad (1-12)$$

式（1-11）为每增加一单位无风险资产导致的保险需求减少量；而式（1-12）则为每增加一单位风险资产增加的保险需求量。当无风险资产 A 和风险资产 L 同时处于增长状态时，就需要比较两者贡献值的大小。假定某一年农民的风险资产增量为 ΔL，无风险资产增量为 ΔA，则可以计算出由风险资产增加导致的保险需求增长量 ΔG_L 以及由无风险资产增加导致的保险减少量 ΔG_A，分别为：

$$\Delta G_L = \int_0^{\Delta L} F'(A + L) \qquad\qquad (1-13)$$

$$\Delta G_A = \int_0^{\Delta A} F'(A + L) \qquad\qquad (1-14)$$

如果 $\left|\int_0^{\Delta A} F'(A+L)\right| > \left|\int_0^{\Delta L} F'(A+L)\right|$，说明由无风险资产增加导致的保险需求减少量大于由风险资产增加导致的保险需求增加量，在此情况下农民的总体保险需求是下降的，反之则相反。

对于中国的每一位农民而言，其收入结构也可以简化为两个部分，即作为风险资产的农业经营性收入 L 和作为无风险资产的非农收入 A（包括工资性收入、财产性收入和转移净收入）。如果仅从农业保险的角度考虑，农业经营性收入 L 是处于风险当中的个人财富，而非农收入 A 是无风险财富。农民无风险收入上升所带来的农业保险需求减少，会对由农业经营收入上升所带来的农业保险需求增量产生对冲，并且一旦达到 $\left|\frac{dG}{dA}\right| > \left|\frac{dG}{dL}\right|$ 的临界点，那么每增加一元钱无风险收入所导致的农业保险需求减少量将大于每增加一元钱风险收入所导致的农业保险需求增加量，如果这种收入结构的变化持续，最后必然会导致整体的农业保险需求量下降。

中国 1982 年恢复农业保险业务之时正处于改革开放初期，之后的几十年时间内随着中国经济的持续高速增长，其间伴随大量的农民工进城务工，引致农村居民的收入结构发生重大变化：从整个中国的情况来看，1983 年农民的农业经营性收入占总收入的比重为 71.6%，包括工资性收入在内的无风险收入占总收入的比重为 28.4%；而到了 2006 年，农业经营性收入占总收

入的比重已经下降到 53.8%，同期的无风险收入占总收入的比重却上升到
46.2%。[①] 收入结构的这种变化表明农民无风险收入的增速大大高于农业经
营性收入的增速，并且农民无风险收入的快速增长将会对农业保险的市场需
求形成重大冲击。在风险偏好不变的前提下，一旦某一年度由于无风险收入
增长所导致的农业保险需求减少量大于由风险收入增长所导致的农业保险需
求增加量，即达到 $\left| \int_0^{\Delta A} F'(A+L) \right| > \left| \int_0^{\Delta L} F'(A+L) \right|$ 的门槛值时，农业保
险的市场总需求将会随着农民收入的上涨而下降。虽然我们无法准确地度量
中国农业保险市场需求的转变具体发生在哪一年，但理论分析表明，导致中
国农业保险出现需求悖论的一个重要原因就在于非农收入快速增长对农业保
险需求所造成的冲击效应，特别是在 20 世纪 90 年代初大量农村青壮年劳动
力涌入城市、农民的非农收入快速增长之后，收入结构变化对农业保险需求
的冲击效应表现得越来越明显。不管是在商业保险模式下还是政策性保险模
式下，农业经营主体收入结构的变化对农业保险市场需求的影响都将是持续
性的。

三、收入结构分化背景下不同类别农民农业保险的需求演变

当前，中国不同农业经营主体的收入水平和收入结构都存在重大差异，
根据收入结构的不同，本书将农业经营主体划分为农民工人、兼业农民和专
业农民三类：农民工人是指以外出务工的工资性收入作为家庭主要收入来源
的农民；兼业农民是指一边从事农业生产一边在居住地周边城市打短工、工
资性收入和农业经营性收入比例相当的农民；而专业农民是指在家庭农场、
农业合作社等从事规模化农业生产，并且以农业经营收入作为家庭主要收入
来源的农民。各农业经营主体收入结构的差异导致他们对农业保险的需求也
呈现明显的异质性，进而对农业保险的市场供给也提出了新的要求。

假设存在三个典型的农民：农民 a 以工资性收入作为主要来源，我们称
之为农民工人；农民 b 忙时从事农业生产，闲时在附近城市打短工，农业经
营收入和工资性收入相当，我们称之为兼业农民；农民 c 以农业经营性收入

---

① 资料来源：历年的《中国统计年鉴》。

作为主要来源，我们称之为专业农民。每位农民的收入包含以下几个部分：工资性收入 H、农业经营性收入的最大期望值 L、财产性收入 E 以及转移性收入 T。农业灾害损失率为随机变量 p（$0 \leqslant p \leqslant 1$），在没有农业保险的情况下，农民的总收入 R 可表示为：

$$R_i = \bar{H}_i + L_i(1 - p) + E_i + T_i \quad (i = a,b,c) \tag{1-15}$$

由于每个农民的工资性收入 $\bar{H}_i$、财产性收入 E_i 和转移性收入 T_i 都不受自然灾害所影响，本书假定它们在特定年份是一个相对固定的常数，对所有农民来说，收入中唯一不确定的部分就是农业经营性收入 $L_i(1-p)$。给定一次重大农业自然灾害冲击，每一位农民的收入都将发生波动，但由于农业经营性收入是专业农民 c 的主要收入来源，因此他所受到的灾害冲击最为剧烈，而农民工人 a 由于以工资性收入为主，他所受到的冲击最小。为了更为直观地比较灾害冲击对不同农业经营主体的影响，我们对三方的收入进行赋值比较：假定三个农民的预期最高收入均为 $R_{imax} = 20\ 000$（无自然灾害发生的情况下，即 p = 0）；对于农民工人 a，工资性收入 H_a 和经营性收入 L_a 占总收入的比重分别为 70% 和 10%；对于兼业农民 b，工资性收入 H_b 和经营性收入 L_b 占总收入的比重分别为 40% 和 40%；而对于专业农民 c，其工资性收入 H_c 和经营性收入 L_c 占总收入的比重分别为 10% 和 70%[①]；三位农民的财产性收入和转移性收入合计占比均为 20%[②]。基于上述假设条件，我们分别测算收入结构不同的农民在遭受不同损失程度的灾害冲击时其总收入的分布情况〔计算依据为式（1 - 15）中所设定的农民收入表达式〕。

表 1 - 7 的模拟测算结果表明，以工资性收入为主要来源的农民工人 a 抵御自然灾害冲击的能力最强，即使在最严重的自然灾害情况下，其最终收入仍然可以达到预期最高收入的 90%，这说明对于农民工人来说，农业风险对总收入的影响十分有限，这部分群体并不是农业保险的有效需求者；对于

---

① 对于举家外出打工的农民工人来说，农业经营性收入几乎可以忽略不计，家庭总收入基本上取决于务工收入；而对于在家庭农场、农业合作社等从事规模化农业生产并且以农业经营收入作为家庭主要收入来源的专业农民来说，他们没有时间和精力去赚取务工收入，家庭收入几乎全部来自农业生产，因此，本书所假设的收入结构是完全符合现实情况的。

② 根据多年的统计情况来看，中国农村居民财产净收入和转移性收入占总收入的比重之和平均为 20% 左右，故本书在分析过程中采用这一比值。

兼业农民 b 来说，极端灾害发生时其收入将下降到理论最大值的 60%，对于这部分农民而言，农业风险对家庭收入的影响仍然较大，但已不占绝对地位，因此，这部分群体虽然需要农业保险提供的保障，但对农业保险的价格（保费）比较敏感；相比之下，以农业经营收入为主要来源的专业农民 c 则随着灾害冲击力度的加大，总收入直线下降：在发生最严重的自然灾害（p＝100%）时，专业农民的收入迅速下降到 6 000 元，只有同等情况下农民工人 a 收入（18 000 元）的 1/3。从保持家庭收入稳定的角度考虑，显然以农业经营收入为主要来源的专业农民更需要农业保险提供的风险保障，而且他们也有动力和经济实力支付更多的保费来换取更高的保障。

表 1-7　　　　不同收入结构的农民在自然灾害模拟冲击下的收入测算　　　单位：元

损失率	0	10%	20%	30%	40%	50%	60%	70%	80%	90%	100%
农民工人	20 000	19 800	19 600	19 400	19 200	19 000	18 800	18 600	18 400	18 200	18 000
兼业农民	20 000	19 200	18 400	17 600	16 800	16 000	15 200	14 400	13 600	12 800	12 000
专业农民	20 000	18 600	17 200	15 800	14 400	13 000	11 600	10 200	8 800	7 400	6 000

当前，中央财政补贴下的农业保险采用的是高保费补贴比例、低保障水平的组合，这样的补贴政策是否能够满足专业农民的风险管理需要？专业农民和其他农民对农业保险的保障水平和保费补贴是否存在偏好上的区别？作为追求利润最大化的"理性经济人"，每一位农民都希望在收入保持稳定的情况下追求更高的收入水平。假设农民工人、兼业农民和专业农民均购买了中央财政提供补贴的政策性农业保险，保险费率为 δ，保费补贴比例为 λ，保障水平为 μ，此时农户的总收入表达式变为以下形式：

$$R_i = \begin{cases} H_i + L_i(1-p) + E_i + T_i - L_i\mu\delta(1-\lambda) & (p \leqslant 1-\mu) \\ H_i + L_i\mu + E_i + T_i - L_i\mu\delta(1-\lambda) & (p > 1-\mu) \end{cases} \quad (1-16)$$

在购买政策性农业保险之后，保险公司实际收到的保费总金额为 $L_i\mu\delta$，由于政府各级财政为农业保险提供保费补贴（补贴比例为 λ），所以最后实际由农民支付的保费金额为 $L_i\mu\delta(1-\lambda)$。式（1-16）所表达的经济学含义为：当农业自然灾害导致的经济损失较小（即 $p \leqslant 1-\mu$）时，农民的总收入由表达式 $H_i + L_i(1-p) + E_i + T_i - L_i\mu\delta(1-\lambda)$ 所表示，此时并没有触发农业保险赔偿，相比没有购买农业保险的情况，农民多了一个支出项，即由他们自己承担的部分农业保险保费。当农业自然灾害导致的经济损失较大（即 $p > 1 - \mu$）时，农民的总收入由表达式 $H_i + L_i\mu + T_i - L_i\mu\delta(1 - \lambda)$ 所表示，此时灾害损失触发了保险赔偿，而且在任何灾害损失情况下，购买农业保险之后的农户总收入都不会低于这个数值。

本书现在要讨论的问题是：以农业经营收入作为主要收入来源的专业化农民、以工资性收入作为主要来源的农民工人以及兼业农民这三类农业经营主体，对农业保险保障水平和保费补贴比例的偏好是否会存在差异。我们仍然通过赋值的方式来进行比较，先确定政策性农业保险的费率水平，由于中国地域广阔，不同地区的气候条件不同，导致农业保险各险种的费率也存在显著的地区差异。本书选择了北京、上海两个城市分别代表北方和南方地区，上述两个城市政策性农业保险的费率如表 1-8 所示。上海市绝大部分险种的费率远远低北京，如果从平均值来看，两个城市各险种费率的平均值大约为 5%，本书即以这个数值作为模拟的费率水平，即 $\delta = 5\%$。

表 1-8　　　　　北京和上海政策性农业保险主要险种的费率　　　　单位:%

项目	水稻	小麦	玉米	蔬菜	奶牛	生猪	能繁母猪
北京	9	7	9	5	5	5	6
上海	2	3	3	6	2.5	1	6
平均	5.5	5	6	5.5	3.75	3	6

资料来源：《北京市 2017 年政策性农业保险统颁条款》和《上海市关于完善 2013-2015 年度农业保险补贴政策的通知》。

保费补贴比例方面，目前列入中央财政补贴的农业保险险种，中央和地方各级财政提供的补贴总额占保费补贴比例在 75%~80%（钟甫宁，2016），本书取 80%的上限值，即令 $\lambda = 80\%$。此外，由于中央财政补贴的农业保险主要以农业生产直接物化成本作为参照来制定保障水平，除了东部少数几个经济发达的省份（特别是上海和北京）之外，绝大部分省份确定的保障水平约为农产品实际产出收益的 40%以下，本书取 40%作为模拟保障水平，即令 $\mu = 40\%$。在所有参数均赋值完成之后，我们再来测算不同灾害损失率情况下，农民工人、兼业农民和专业农民的收入分布情况［计算依据为式（1-16）中所设定的农民收入表达式］。

表 1-9 给出了在当今政策性农业保险普遍采用 40%的保障水平、80%

左右的保费补贴比例以及保险费率为 5% 的情况下，预期最高收入同为
20 000元的农民工人、兼业农民和专业农民在不同农业灾害损失率下的总收
入分布情况。由表 1 - 9 中数据可知，在现行的政策性农业保险补贴政策下，
即使发生最严重的农业自然灾害，农民工人的总收入仍然高达 18 972 元，达
到了理论上最高收入的 93.96%；兼业农民在农业自然灾害最严重的情况下
获得的收入为 15 168 元，为理论上最高收入的 75.84%；但专业农民的情况
却没这么乐观，当农业自然灾害导致的损失达到 60% 时，专业农民能够获得
的总收入（11 592 元）就已经下降到理论最高收入的 57.72%，这个数字也
是专业农民在最严重自然灾害情况下能够拿到的收入。对于农民工人和兼业
农民而言，现有的农业保险已经能够分别保障他们 93.96% 和 75.84% 的收
入稳定，这种相对较高的收入保障已经足以防范因灾致贫的情况发生，也实
现了农业保险的基本政策目标。对于农民工人和兼业农户而言，现行政策性
农业保险已经能够满足他们的风险保障需求。但对于专业农民而言，目前的
农业保险保障水平仍然使他们难以避免重大农业自然灾害所带来的收入冲
击，从保持收入稳定的角度来看，他们显然需要更高保障水平的农业保险服
务。因此，针对目前数量规模日益增长的家庭农场、专业化种养大户、农业
合作社等专业农民来说，当前以物化成本为参考依据的政策性农业保险保障
水平已经难以满足他们对农业风险的保障需求。在当前国家支持和鼓励新型
农业经营主体大力发展的政策背景下，针对专业农民的风险需求特征，加强
农业保险供给层面的创新和改革已经刻不容缓。

表 1 - 9　　　　当前农业保险补贴政策下农业自然灾害对不同
农业经营主体收入影响的测算　　　　单位：元

损失率	0	10%	20%	30%	40%	50%	60%	70%	80%	90%	100%
农民工人	19 992	19 792	19 592	19 392	19 192	18 992	18 792	18 792	18 792	18 792	18 792
兼业农民	19 968	19 168	18 368	17 568	16 768	15 968	15 168	15 168	15 168	15 168	15 168
专业农民	19 944	18 544	17 144	15 744	14 344	12 944	11 544	11 544	11 544	11 544	11 544

第二章

政策性农业保险的生态环境效应

　　农业保险与农村环境保护都已成为当前中国政府密切关注的重要议题，近几年的中央一号文件都明确提出要扩大农业保险险种和覆盖面，把农村环境整治作为今后环保工作的重点。从整个农业发展的大局来看，发展农业保险和保护农村环境都有一个共同目标，即保障粮食安全。前者通过提供风险保障的方式促进粮食产出的增长，侧重于粮食数量安全；后者则以改善粮食生产赖以依存的土壤和水文环境等方式为社会提供无毒、无害农产品，偏重于粮食质量安全。由此可见，以维护粮食安全为主旨的农业保险与农村环境保护并不矛盾，在农业保险的发展过程中兼顾环境保护，既是实现其政策目标的必然要求，也是农村经济可持续发展的重要保障。

　　然而长期以来，由于未充分考虑到农业政策的潜在环境影响，导致粮食安全与环境污染作为两个对立面一直伴随着中国农业的发展。以提高粮食产量为核心目标制定的农业发展政策，使得中国近 50 年来选择了一条高投入、高产出和高资源环境代价的农业发展道路（中国工程院课题组，2010），由此带来的一个必然结果是：由农业生产导致的环境污染日益严重。农业农村部的数据显示，2011 年中国已成为世界上农用化学品使用量最大的国家，每年的农业化肥施用量是世界耕地第一大国美国和第二大国印度的总和，亩均化肥施用量高达美国的三倍，每年有高达 40% 的农膜、60% 的化肥和 60% ~ 70% 的农药残留于土壤并形成污染（城市蓝皮书，2018）。生态环境的日益恶化反过来又给粮食安全带来了重大挑战，农产品源头污染已成为威胁中国食品安全的重大风险因素。如何兼顾粮食质量安全与环境保护，使粮食产量实现稳步增长的同时，农村生态环境也能得以改善，已成为当前政府在制定农业政策时面临的一个现实难题。

政府推行农业保险的政策目标是"稳定农民收入、保障粮食安全",而改善农村生态环境、发展低碳农业以推动绿色农产品生产,是提高中国农业市场竞争力、增加农民收入和保障粮食质量安全的基本前提。在当前农业面源污染日益恶化的背景下,通过改进农业补贴模式引导农民发展低碳、环保农业,已成为世界各国保护农村生态环境的重要途径。作为目前政府极力推广、覆盖面越来越广的农业补贴政策,农业保险在促进粮食产出增长的同时兼顾环境保护,也是实现其政策目标的内在要求。

第一节　政策性农业保险对农村环境影响的研究进展

研究农业保险对农村环境的影响机理,全面、科学地评估现行农业保险政策的环境效应,在此基础上构建农业保险绿色补贴方案,通过政策激励的方式引导农民选择环境友好型的农业生产行为,对于保障中国粮食安全、促进农民增收和保障农村经济可持续发展具有重大的理论意义。结合国内外现有的研究文献,本书将农业保险对环境的影响效应分解为三个层面,分别从农业保险引致的农业结构调整对农村环境的影响、农业保险引致的农业生产规模扩张对农村环境的影响以及农业保险引致的农业技术进步对农村环境的影响三个不同维度,就政策性农业保险的环境效应展开分析。

一、农业保险财政补贴对环境影响的结构效应

农业生产结构变化在一定程度上改变了农业与环境之间的相互性(付永,2008),不管是要素投入之间的替代,还是作物种植的集约化,抑或是农业发展中的专业化与区域分工,都对农业发展的可持续性产生影响,并且这种影响并非都是正面的(Fischler,1998;Potter & Burne,2002)。农业生产结构调整产生的环境效应究竟是有利还是不利,取决于社会经济状况对农民生产行为的影响。从长期来看,农业生产结构调整主要由以下两个重要因素引起:一是农产品市场需求结构的变化(张红宇,2000;王恩胡、李录堂,2007);二是政府政策激励引发的农民生产行为改变(宋洪远、廖洪乐,

2001；栾敬东、李靖，2003；杨泽柱，2004）。农产品的需求结构外生于社会经济发展水平，是非可控变量。因此，要化解农业生产结构变化对农村环境污染的影响，重点应放在对农业政策的优化设计上，通过改变不合理的激励政策，抑制结构调整不利的环境效应，促进农业生产结构向环境友好方向的调整与变化。

政府农业政策对农业生产结构的影响早已被众多学者所研究（Gardner et al.，1985；Evenson，1997；Mary Ahearn et al.，2002；H. van Meijl et al.，2006）。作为被世界贸易组织（World Trade Organization，WTO）许可的农业"绿箱"政策，农业保险目前已成为世界各国大力发展的农业扶持政策。随着农业保险的迅速推广，其对农业生产结构的影响最近几年开始受到学者们的关注。从现有研究来看，农业保险补贴会影响农民种植行为这一观点，基本上不存在争议。格里芬（Griffin，1996）最先对此问题展开了研究，他发现农业保险补贴与美国大平原地区农作物种植的集中度存在明显的相关性，农业保险保费补贴较高的农作物，其种植面积逐年上升。随后吴俊杰（Jun Jie Wu，1999）对内布拉斯加州中部盆地农场种植者的实证研究显示，当政府为玉米提供保费补贴的时候，农民会将原先用于生产干草或用作牧场的土地转为种植玉米，从而使得玉米的种植面积增加。而基顿·斯凯斯和朗（Keeton，Skees & Long，1999）则分别选择 1978～1982 年和 1988～1992 年这两个时间段，分析了农业保险对美国农作物种植面积的影响，研究显示，农业保险的参与率每增加 10 个百分点，小麦、玉米、大豆等 6 种主要农作物的种植面积将增加 590 万亩。简·A. 科尔曼和萨利姆·谢克（Jane A Coleman & Saleem Shaik，2009）采用累计移动回归技术，研究了农作物保险实施前后，美国北达科他州农业生产结构的变化，研究表明，相对于没有补贴或者只有较少补贴的农作物而言，享有较高农业保险补贴的农作物种植面积明显增加。罗素·特朗斯塔德和罗米莉·布尔（Russell Tronstad & Romilee Bool，2010）利用 1995～2005 年的县级面板数据，分析了美国棉花种植面积与农业保险之间的关系，发现较高的农业保险补贴将激励棉农扩大棉花种植面积，自 1994 年《美国联邦农作物保险法》调整以后，由于政府将农业保险与其他灾害救济计划捆绑在一起，并且为棉花种植保险补贴大部分保费，使得棉花种植面积从 1994 年的 580 万亩迅速增加到 1995 年的 1 580 万亩，并且低产量、低品质棉花产地比高产量、高品质棉花产地种植面积的增加更为明显。农业保险保费补贴比例和保障水平的差异会引致农作物生产结构的变化，那些提供较高补贴的农作物品种的生产面积明显增加，没有提供补贴或者只有少量补贴的农作物面积则相对减少（Ruohong Cai et al.，2011；Anthony et al.，2012）。

农业生产结构调整过程中，如果外部投入需求较大或废弃物产出较多的"污染型"农产品的生产比例上升，并且农业自身具有污染净化作用的"物质循环性"未得到充分利用，则农业生产过程将会由低污染性质转为污染密集性质。反之，如果外部投入需求较少、没有废弃物产出或只有极少废弃物产出的"清洁型"农产品生产比例增加，农业生产过程中的副产品也实现了资源化，则既可以减少外部投入，也可以降低农业生产过程中的污染排放总量，从而改善农村环境质量。

农业保险补贴对农村环境影响的结构效应主要体现在以下两个方面：一是由农业保险补贴引致的种养业结构调整对农村环境的影响。在中国传统小农经济生产模式下，绝大部分农民在农业生产活动中采用种养结合的方式，即耕种土地的同时饲养几头猪（牛、羊），或者养几只鸡（鸭、鹅），猪（牛、羊）、鸡（鸭、鹅）产出的粪便通过发酵以后回田以增加耕地肥力，禽畜粪便通过再利用实现了无污染处理，使得农业自身的"物质循环性"得到充分利用。由于农业保险补贴降低了农民专业化生产的风险，出于追求利润最大化和实现规模经济的动机，最终会引致种植业和养殖业分离，使得农家肥回田的传统农业生产方式被摒弃，取而代之的是专业化模式下的禽畜粪便无处理排放和化学肥料滥用所带来的环境污染。二是由于种植业内部各农作物的生产结构调整引致的环境效应。中国现行的政策性农业保险制度并非对所有农作物实现同等程度的补贴，而是对不同农作物施行差异化补贴制度，这种差异化的补贴模式会改变各种农作物生产的相对成本和收益，最后造成一部分农作物的生产规模扩大，另一部分农作物的生产模式减少。如果生产规模扩大的是在生产过程中需肥料较大的农作物，那么这种种植业内部的生产结构调整无疑会导致农民使用更多的化学肥料，最终会导致农村环境污染加剧。

二、农业保险财政补贴对环境影响的规模效应

耕地规模的不合理扩张，一方面会导致严重的生态问题，另一方面由于

扩张的主要是中低产耕地，较差的资源禀赋条件迫使农民只能通过不断增加化肥、农药的投入来提高产量，从而引起土壤化学品污染加剧（邱君，2007；巩前文等，2008）。针对此问题，政府近年来大力推广退耕还林、退耕还草以及退耕还湖政策，积极探索设计科学的激励机制以保护农村生态环境。上述政策虽然已取得了一定成效，但农村环境保护不能单靠一种或几种孤立的政策措施，而需要将其他农业政策结合起来发挥协同效应，否则，可能会出现一种政策起到了保护环境的效果，而另一种政策却产生了破坏环境的作用，最终导致政府保护环境的努力前功尽弃。作为当前政府极力推广并且将进一步扩大试点范围的农业扶持政策，农业保险对农民土地利用决策有何影响，农民土地利用决策的变化又会如何影响环境，无疑是决策部门在制定农业保险补贴政策时应当考虑的重要问题。

农业保险能否激励农民扩大耕地利用规模一直以来都是一个颇有争议的话题。一些学者对此持肯定态度。山内（Yamauchi，1986）的研究表明，"二战"后日本的农作物保险计划在鼓励高风险地区水稻种植方面作用显著，在农作物生长屡遭冻害的日本北部北海道（Hokkaido）地区，水稻播种面积由 1950 年的 13.1 万公顷增加到 1965 年的 20.3 万公顷。弗里·拉弗朗斯等（Jeffrey T. LaFrance et al.，2001）构建了一个随机作物生产的局部均衡模型，从理论上探讨了由农业保险引致的农业生产边际扩张对环境退化的影响，分析结果显示：如果收取的保费是精算公平的，农业保险对农民的土地利用决策没有影响；如果对农业保险提供保费补贴，农民将会有扩大土地生产边界的激励。另一些学者的研究则表明，农业保险对农民土地利用行为的影响极其微小。巴里·K. 古德温等（Barry K. Goodwin et al.，2004）对美国大平原地区玉米和大豆生产者的实证研究表明，参与农作物保险虽然在某些情况下会导致耕地面积出现统计意义上的变化，但这种变化并不明显，即使是在统计结果最为显著的地区，在农业保险保费补贴增加 30% 的情况下，参保农民耕地面积增加的比例也只有 0.2% ~ 1.1%。苗瑞庆等（Ruiqing Miao et al.，2011）采用农场水平的数据就农业保险对农民土地利用的影响进行了实证模拟，得出了与巴里·K. 古德温等（2004）相近的结论。

关于农业保险引致的新增耕地上农民化学品投入的情况，目前暂未有学者进行研究，现有文献都是不加区分地研究农业保险补贴对农民化学品投入的影响，并得出了截然相反的结果。一部分学者认为农业保险会激励农民增加化学品投入。约翰·K. 霍洛维茨和埃里克·利希滕贝格（John K. Horowitz & Erik Lichtenberg，1993）研究了农业保险对美国中西部玉米种植者农药和化肥施量的影响，发现相比那些没有购买保险的农民，购买保险的玉米种植者每亩氮肥的施用量增加了19%，农药的施用量增加了21%，其中，除草剂和杀虫剂的施用量分别增加了7%和63%。查克雷特等（R. Chakir et al.，2010）针对法国油菜保险的实证研究也支持了约翰·K. 霍洛维茨和埃里克·利希滕贝格的结论。另一部分学者则得出农业保险会减少农民化学品投入的结论。奎金（Quiggin，1993）利用柯布—道格拉斯生产函数，采用普通最小二乘法对美国中西部玉米及大豆种植者进行研究，发现购买农业保险会使农民减少农药和化肥的使用量，农业保险与化学品投入之间形成了一种替代关系。随后文森特·史密斯和巴里·K. 古德温（Smith Vincent & Barry K Goodwin，1996）分别针对玉米和小麦种植者的实证研究也都支持了这一观点。还有学者得出了不确定的结论。迈克尔等（Michael et al.，2003）和米什拉等（Mishra et al.，2005）研究发现，农业保险在导致一部分农作物化学品施用量增加的同时，也造成另一部分农作物化学品施用量的减少。国内学者钟甫宁等（2007）在《经济学季刊》发表的《农业保险与农用化学品施用关系研究——对新疆玛纳斯河流域农户的经验分析》一文，也对此问题进行了研究，该文以实施"低保费、低保障"的新疆玛纳斯河流域为研究对象，运用联立方程组对新疆生产建设兵团现行农业保险制度与农民农用化学要素施用行为之间的关系进行了实证分析，实证结果显示，农民购买农业保险的决策对其化肥和农膜的施用量具有一定程度的促进作用，但在统计结果上并不是很显著，购买农业保险后农民的农药施用量则显著减少，没有足够的证据显示购买农业保险会鼓励农民扩大耕地播种面积。

从现有研究来看，目前学者们尚未就农业保险对农民耕地利用及其化学品投入决策的影响达成一致看法，根据前期研究，我们认为导致这种情况的原因在于以往的研究未考虑耕地类型和农业保险补贴力度对研究结论的影响。笔者前期调研发现以下三个事实：第一，水热条件好、土壤肥沃的高产耕地是农民的优质资产，不管有无农业保险，这类耕地都是从事农业生产的农民耕作的首选，因此，农业保险补贴只有可能对中低产耕地的规模扩张起到激励作用；第二，由于高产耕地的收成有保障，基于利润最大化的考虑，即使没有农业保险，农民在这类耕地上的化学品投入也已经趋于饱和，据此推知，农业保险对高产耕地的化学品投入基本没有影响；第三，就中低产耕地而言，如果农业保险的保费补贴和保障水平都比较低，不足以从根本上改变农民耕作这类土地的成本收益状况，则农业保险难以对这类耕地的规模扩张和化学品投入形成激励，只有当保费补贴和保障水平足够高，农民耕作这类土地变得有利可图时，才会激励他们扩大土地耕作规模并增加要素投入。像新疆生产建设兵团这类水资源匮乏的干旱地区，其耕地总体质量并不太好（或者说未开垦的耕地灌溉条件较差），加上其开展的农业保险是以保物化成本为主的低保障水平，因此，农业保险对农民土地利用决策和化肥施用决策的影响不显著自在情理之中。

三、农业保险财政补贴对环境影响的技术效应

在数千年的农业生产过程中，人类逐步认识并掌握了自然规律，且依靠农业技术进步对自然界加以对象性的改造，使其为自己服务。特别是自工业革命以来，农业科技飞速发展，新发明、新技术、新的生产方式不断涌现，极大地提高了农业生产效率和粮食供给水平，为人类提供了赖以生存的食品保障。然而，科学技术是把"双刃剑"，它在给人类创造美好生活的同时，也使人类承担着巨大的环境代价（李庆云，2003；樊春良、张新庆，2010；等等）。现代农业的健康发展离不开农业科技的大力支持，但随着先进农业生产技术的广泛应用，许多环境问题也接踵而至：农药、化肥、农膜的大规模应用导致土壤污染，规模化养殖带来环境破坏，集约化种植引起农田生态失衡，新品种的不当推广造成生态灾难等，农村生态环境在农业技术的引进过程中逐渐恶化（李小云等，2008）。过去很长一段时间对农业技术的不当应用造成的环境污染日益严重（朱兆良，2006；邱君，2007），已成为制约农村经济可持续发展的瓶颈（陈劲松，2011；王金霞等，2011；李富田、周春光，2011）。

然而，必须承认的是，农业技术进步并不只是给环境造成负面影响。随着近年来农业可持续发展观念日益深入人心，新兴农业技术越来越注重对生态环境的保护功能，如高效安全肥料和低毒低残留农药的推出、抗虫旱农产品的研发、精确农业生产技术的发明等，为推动"污染型"农业向"生态型"农业发展提供了强大的技术支持。化解农业技术应用的负面环境效应，

并不意味着拒绝使用新的农业技术，关键在于通过合理的政策激励，引导农民使用对环境危害较小或者对环境有利的技术。农民是农业技术采用的行为主体，又是农业资源的占有和使用主体，同时也是农业经营最基本的单位，农民技术行为的选择决定了农业资源利用的方式，农业资源的不当利用和农村环境的破坏也是从这一最基本的单位开始的。因此，解决农业技术引发的环境污染问题，也应该从这一最基本的单位入手（阎文圣、肖焰恒，2002）。其方法就在于加强政策引导，鼓励农民使用环境友好型的农业生产技术，推动农业发展沿着环境友好和可持续的方向变迁（Le Chen & Nieo Heeri，2006；Basim Saifi，2008；沈宇丹，2009）。

农业政策对农业技术进步的影响一直是国内外学者的关注热点，一部分学者先后就此问题展开了深入研究（Carliene Brenner，1995；Robert L. Zimdahl，1998；Ingrid Verhaegen，2001；Jean Sibiri Zoundi et al.，2006），另有一部分学者则从不同角度分析了农业技术应用可能引发的环境问题（John Wilkinson & Bernardo Sorj，1992；Carliene Brenner，1995；Adam B. Jaffe，2005；Juan R. de Laiglesia，2006；Femando P. Calvalho，2006；Basim Saifi，2008）作为政府农业政策的一个重要组成部分，农业保险对农业技术进步的影响尚未受到学者们的广泛关注，目前难以找到专门研究此问题的文献，少数学者对此有所提及。早期有研究指出，中国农业风险保障制度的缺失导致传统农业生产模式被固化，阻碍了农业技术的进步（刘守恒、魏玉得，1986；陈文晴，2011）。现代农业生产的专业化和规模化，使农业生产风险不断增大、集中，在缺乏有效风险分散机制的条件下，普通农民难以承受新技术的损失风险，导致传统农业生产要素和技术难以革新（张岳君，2006；李毓祁，2006）。政策性农业保险可以弥补商业性保险的不足，使农民享受低价格水平的保险服务成为可能，降低了农民采用新技术的风险成本，有助于推进传统农业的技术改造（庞柏林，2006）。

上述研究虽然论证了农业保险对农业技术进步的促进作用，但都是理论上的推断，缺乏实证数据的支持，导致结论的可信度有所欠缺。农业保险引致的农业技术进步对农村环境造成的影响，目前尚未引起学者们的重视。中国现行农业保险政策对农业技术进步带来了怎样的影响？这种技术进步究竟是促进了环保型农业的发展，还是导致了污染型技术的滥用？研究此问题对于进一步完善中国农业"绿色"补贴机制、推动生态农业发展具有重要的理论与现实意义。从理论上来说，当前实施的差异化农业保险补贴政策将促进农业生产结构向被保险农产品集中，在保障水平较高的条件下，还会对农业生产规模起到激励作用。因此，从理论上而言，如果农业保险的补贴力度足够大，将有助于推动农业生产的专业化和规模化，进而促进传统农业向现代农业转型，提升农业生产的技术水平。另外，如果农业保险的覆盖面很广，既稳定了农民的收益预期，使农民有动机改进农业生产技术，也降低了农业信贷的违约风险，使农民更方便获得农业信贷支持以推进技术革新。

通过农业保险补贴推动农业技术进步、改善农村生态环境，已被中央政府列入工作计划，近年来的中央一号文件多次指出，要大力发展设施农业，开展设施农业保费补贴试点，积极推广精量播种、化肥深施、保护性耕作等生态农业技术，引导农民合理使用化肥、农药。可见，中国现行农业保险政策实际上承担了一部分环保职能，政府寄希望于通过农业保险补贴政策，引导农民采用更环保的农业生产技术，最终达到保护生态环境的目标。

如果农业保险的开展有助于提高农业生产技术水平，有助于鼓励农民采用低碳环保的农业生产技术，那么政府对农业保险提供的财政补贴无疑是符合绿色补贴的世界潮流的，是应该积极鼓励和推广的。反之，如果现行的农业保险政策导致了污染型农业生产技术的滥用，则我们必须通过改变农业保险的补贴范围、保障程度和保费补贴比例对现行政策进行调整，以期达到通过农业保险使农民采用环保型农业生产技术的政策目的。

第二节　政策性农业保险对农村环境影响的理论分析

政策性农业保险是现代农村普惠金融体系的重要组成部分，随着近年来试点范围的不断扩大，列入保障的农产品种类不断增加，其对农业风险的防范功能和对粮食安全的积极作用已经得到了社会各界的充分肯定，但政府财政补贴下农业保险对农民生产行为进而对农村生态环境的潜在影响，却尚未引起国内学者的广泛关注。

国外有关农业补贴对农村环境影响的研究始于 20 世纪 60 年代，彼时西方发达国家的农业开始由粗放经营向集约经营转变，劳动力密集型的传统农业生产方式逐渐被资本密集型和技术密集型的现代农业生产方式所取代。农业的集约化发展在很大程度上提高了生产效率和农作物单位产量，但研究者发现，现代农业生产方式下农民生产行为的改变所带来的环境问题日益凸显，已成为导致农业面源污染的重要因素（Shortle，2001）。根据国外学者的研究，农民生产行为变化对环境的影响具体可归纳为以下几个方面：一是集约化农业发展模式下，传统的施肥方式无法满足农业生产规模扩大条件下的效率要求，农民为提高生产效率和单位产量，大量施用化肥、农药，并大规模采用农膜等新型农业技术，导致农用化学品污染加剧（Battaglin et al.，1995）；二是由规模化养殖造成的种养业分离，导致大量禽畜粪便直接排入河水中造成水体污染（Paul，2002）；三是农业生产补贴、出口补贴、作物保险补贴等一系列农业扶持政策对农民形成了经济激励，导致原本不适合耕作的贫瘠土地被开垦为耕地，造成土壤侵蚀范围扩大（Shortle，2001）；四是现代农业发展模式下，多样化种植的传统农业生产方式被单一品种的专业化生产所取代，局部地区农作物品种的单一化既会导致农田生态失衡（Pagiola，2004），也会造成对土壤营养结构的破坏（Brante & Spricis，1997）。

由现有研究文献可知，包括农业保险在内的农业补贴政策会对农村环境造成影响已在学术界达成了共识，但有关政策性农业保险对农村环境的影响机理问题却并未有学者进行深入分析。本书在对现有文献进行归纳梳理的基础上，结合了多年来对农民耕作方式的实地考察，构建了一个解释政策性农业保险对农村环境影响的理论分析框架，根据农业保险对农村环境影响机制的差异将其分解为结构效应、规模效应和技术效应三个不同维度，分别从政策性农业保险引致的农业生产结构调整、农村土地利用规模和农业生产技术进步三个方面论述其环境效应的影响机理，以期为政府相关部门完善农业保险补贴政策、制定农业绿色补贴机制提供决策依据。

一、农业保险补贴对农村环境污染影响的结构效应

在中国传统的小农经济模式下，农民通常会选择种植业和养殖业兼营的农业生产方式，并且所种植的农作物和养殖的禽畜种类都比较多。这种多样化经营的农业生产模式虽然无法实现生产的规模经济效应，但却能够起到降低生产成本和分散经营风险的作用，更为重要的是，这种看似低效的农业经

营模式能够最大限度地保护农村生态环境，将农业生产对环境的影响降到最低。从环境保护的角度来说，种植业和养殖业兼营的多样化农业生产模式具有以下两个方面的环保功能。一方面，种植业中农作物的茎叶和秸秆可以作为养殖业中禽畜的饲料，而禽畜产生的粪便通过发酵又可以作为促进农作物增收的农家肥，种养业之间的这种良性循环使得各自生产过程中所产生的废弃物都得到了充分的利用，不会出现专业化生产模式下普遍存在的禽畜粪便污染或者燃烧秸秆所导致的空气污染；另一方面，当农民选择种植多种农作物的时候，可以通过进行合理的轮作和间作来改善土壤的物理特性、提高土壤肥力，并且减轻病种害的发生概率，进而提高农作物产量。因此，多样化种植模式下通过对农作物合理地轮作和间作可以减少化肥和农药的使用量，从而达到减少农村环境污染的效果。

在农业生产多样化经营的模式下，农民会根据不同农产品的市场价格和成本投入来决定其生产数量，从而获取最大的生产利润。假定在没有农业保险的情况下，某农民生产的农产品为 A_i（$i=1,2,3,\cdots,n;i$ 表示不同的农产品类型），每种农产品的生产数量为 q_i、损失风险为 θ_i、市场价格为 p_i，生产每单位农产品 i 需投入的资源（土地、劳动力和资金）为 ξ_i，可得农产品 i 的期望收益 $R_i = R(\xi_i,\theta_i,p_i,q_i)$——它取决于生产资源投入、灾害损失风险、市场价格和产量。该农民所生产的农产总收益为：

$$R = R(\xi_1,\theta_1,p_1,q_i) + R(\xi_2,\theta_2,p_2,q_i) + \cdots + R(\xi_n,\theta_n,p_n,q_i) \qquad (2-1)$$

给定农民拥有的资源总量 ξ_0[①]，可得农民的资源约束为：

$$\xi_0 = q_1\xi_1 + q_2\xi_2 + \cdots + q_n\xi_n \qquad (2-2)$$

该农民面临的决策是在既定的资源约束条件下选择各农产品的最优生产数量，以最大化下列目标函数：

$$L = R(\xi_1,\theta_1,p_1,q_i) + R(\xi_2,\theta_2,p_2,q_i) + \cdots + R(\xi_n,\theta_n,p_n,q_i)$$
$$+ \lambda[\xi_0 - (q_1\xi_1 + q_2\xi_2 + \cdots + q_n\xi_n)]$$

其中，λ 为拉格朗日乘子。

可得农民收益最大化的一阶条件：

$$\frac{\partial R_1}{\partial q_1} : \frac{\partial R_2}{\partial q_2} : \cdots : \frac{\partial R_n}{\partial q_n} = \xi_1 : \xi_2 : \cdots : \xi_n \qquad (2-3)$$

---

① 此处的资源包括土地、劳动力、农用机械和其他农业生产资料。

式（2－3）表明，在没有农业保险的情况时，农民从事农业生产利润最大化的生产决策满足以下条件：单位农产品的边际收益之比等于它们的边际成本之比。换言之，当农民投入到每一种农产品生产上的最后一单位生产要素所获得的收益相等时各农产品的生产数量，就是满足农民利润最大化条件的最优生产数量。假定农民是经济理性的，那么在多样化经营的小农经济模式下，农民对不同农产品生产数量的选择应当满足上述最优条件，他们通过多样化经营的方式来分散农业生产面临的各种风险，同时根据农产品的市场价格和成本投入情况来决定它们的最佳生产数量。

当前，中国实施的政策性农业保险只是针对部分农产品提供保费补贴，并且补贴额度存在差异，这种对不同农产品实施差异化保费补贴的政策会改变农产品的边际收益和相对收益，农产品收益的变化将导致农民实现利润最大化的原有最优生产决策被打破。为简便起见，假定农民只生产 A_1 和 A_2 两种农产品，根据前面的分析，在没有农业保险的初始状态下，追求利润最大化的理性农民对农产品 A_1 和 A_2 的生产应当满足下列条件：

$$\frac{\partial R_1}{\partial q_1} : \frac{\partial R_2}{\partial q_2} = \xi_1 : \xi_2 \qquad (2-4)$$

假定政府只将农产品 A_1 列为政策性农业保险的保障品种，并为其提供保费补贴，此时由于农产品 A_1 有了农业保险提供的风险保障，其预期收益 R_1 将较原来处于风险暴露条件下有明显提升，从而在原来的产量均衡条件下，虽然农产品 A_2 的边际收益不变，但农产品 A_1 的边际收益将增加，从而出现 $\frac{\partial R_1}{\partial q_1} : \frac{\partial R_2}{\partial q_2} > \xi_1 : \xi_2$ 的情况。在农产品的边际收益发生相对收益变化的条件下，农民为了达到利润最大化的生产要求，就必须重新调整资源配置，通过提高农产品 A_1 的生产数量来达到新的均衡。

农业保险提供的风险保障对多样化种植的传统风险规避方式形成了替代效应，享受政策性农业保险保障的农产品，一方面其期望风险水平明显下降，另一方面该农产品的预期收益和与其他农产品相比的相对收益将显著上升，对农民而言，该农产品比其他农产品具有生产上的比较优势，出于利润最大化的考虑，经济理性的农民将会增加这类农产品的生产数量。国外学者的研究也证实了这一点。例如，吴俊杰（1999）对内布拉斯加州农业生产者的实证研究显示，当政府只对玉米保险提供保费补贴的时候，农民会将原先用于生产干草的土地转为种植玉米，从而使得玉米的种植面积增加。简·A. 科尔曼和萨利姆·谢克（2009）研究发现，提供较高农业保险保费补贴的农作物品种播种面积显著增加，没有提供保费补贴或者只提供少量补贴的农作物品种播种面积则相对减少。

政策性农业保险的推出对农业生产的专业化和集约化起到了积极的推动作用，但如果不对现有的政策进行调整，由农业保险引致的专业化生产将会对农村环境造成严重的不利影响。一方面，对少数农作物提供保费补贴的农业保险政策将会诱使某一地理区域内的农民增加该农作物的播种面积，在某些极端情况下甚至可能出现农民只生产单一农作物的高度专业化生产模式。这将使得传统多样化的农业种植模式被打破，通过轮作和间作来提高土壤肥力、改善农田生态环境的环保型农业生产难以为继，在同一块土地上连续种植同一农作物的"连作"模式将会成为一种普遍现象。"连作"的种植方式不仅会导致土壤营养结构失衡、有毒物质积累，而且依靠生物多样化来维系的农田生态平衡也将遭到破坏，造成农作物病虫害加剧、产量减少，农民为了在短期内提高产量被迫增加农药和化肥的施用量，这又将进一步加重农村环境污染。另一方面，养殖业保险补贴政策的实施将激励越来越多的农民发展专业化养殖，从事专业养殖的农民由于不再种植农作物，禽畜养殖过程中产生的粪便无法再通过发酵回田的方式成为作物肥料、实现废弃物的循环利用，而且，不加处理的任意排放会对养殖场周边的土壤和水源造成污染，本书作者针对广东中山、河源等地农村的入户调查中已经证实了这一现象的存在。

二、农业保险补贴对农村环境污染影响的规模效应

盲目使用化肥和农药来增产，导致中国每亩耕地上的化学品施用量远高于世界平均水平，中国社会科学院农村发展研究所、社会科学文献出版社联合发布的《农村绿皮书：中国农村经济形势分析与预测（2015～2016）》显示，当前中国已有大部分地区氮肥平均施用量超过国际公认的上限225千克/公顷，农药的亩均施用量则达到世界平均水平的2.5倍。农民施用的大部分化肥和农药都未被植物吸引、利用，而是直接进入农田生态系统，农用化学品的不合理使用已成为当前中国农村面源污染的主要影响因素。农用

化学品作为农业生产过程中的一种成本投入，对于追求利润最大化的农民而言，其施用量的多少取决于农业生产的预期收益，农业生产收益的变化在很大程度上会影响农民对农用化学品的施用量。政策性农业保险作为当前政府大力推广的农业补贴政策，为农业生产提供了风险保障，而且政府的保费补贴相当于另一种形式的转移支付，这些都会增加农民从事农业生产的收益，并最终影响到农民的化学品施用行为。

农民耕作土地的收益取决于下列因素：耕地的风险等级 r_i（i 表示风险程度），因自然灾害导致的每亩农作物产量损失 m 及其概率 $p(r_i)$，农产品的价格 p_i（i 表示农产品类型），农民工的工资率 ψ（以日为单位），生产农产品的机会成本 $c(\psi)$，农业生产资料的投入成本 c^*（包括农药、化肥、农膜等的投入），每亩农作物理论上的最大产出 $w[c(\psi),c^*]$——它是劳动力和生产资料投入的增函数[①]。在没有农业保险的情况下，农民耕种风险等级为 r_i，土地的净收益为：

$$E(R_L) = \{p_i w^*[1-p(r_i)] + p_i(w^*-m)p(r_i)\} - [c(\psi)+c^*] \quad (2-5)$$

其中，第一部分 $\{p_i w^*[1-p(r_i)] + p_i(w^*-m)p(r_i)\}$ 表示农民耕种土地的收益；第二部分 $[c(\psi)+c^*]$ 表示耕种土地投入的成本。假定农民为完全理性的经济人，以追求最大生产利润为目标，他们会根据市场信息来决定农药、化肥和农膜等生产资料的最优投入量以获取最高的预期收益。在不考虑耕作风险的情况下，根据求最大值的条件在式（2-5）两边对 c^* 求导，可得未购买农业保险情况下农民耕种土地的最优农用化学品投入条件：

$$\frac{\partial w^*}{\partial c^*} = \frac{1}{p_i} \quad (2-6)$$

式（2-6）的经济学含义是，当农产品增加每一单位产量所投入的农用化学品使用成本等于该农产品的市场价格时，投入此农产品中的化学品使用量达到最优值，农民能够获取最大的生产利润。但式（2-6）是在耕地风险较低，并且农民决定耕作该土地的情况下，追求利润最大化的农民对农用化学品投入的最优数量。事实上，在中国广大的农村地区有很多易涝易旱的高风险耕地，在这类耕地上种植农作物的收成很大程度上取决于当年的气候状

[①] 农用机械虽然也是农业生产资料的一部分，但它们并不会对农产品的产量造成影响，因此不在本理论模型的考虑范围之内。

况，而不仅仅由劳动力和农业生产资料投入的多少来决定。根据式（2-5）可知，当某类土地为受自然灾害影响较大的高风险耕地时，其每亩农作物的预期产量损失 m 及其损失概率 $p(r_i)$ 都较高，农产品收益表达式 $\{p_i w^*[1-p(r_i)] + p_i(w^* - m)p(r_i)\}$ 将会取一个较小的正值，如果农民对耕地的成本投入 $[c(\psi) + c^*]$ 较大，那么他们耕作高风险土地的净收益 $E(R_L)$ 将为负。为获取最大利润，农民针对不同风险等级的耕地所施用的农用化学品数量也不同：水热条件良好、极少遭受自然灾害损失的高产耕地是农民的优质资产，由于耕作这类土地的收益有保障，因此，农民所施用的化学品已经达到饱和；具有一定损失风险，但在控制成本投入的情况下仍然可以获取少量经营利润的中低产耕地是农民的劣质资产，农民会选择耕作这类土地，但是会减少农用化学品的投入以控制经营成本；资源禀赋差、极易受自然灾害影响的高风险耕地则是农民的不良资产，最优选择就是将其剥离，即选择弃耕以避免经营亏损。

假定政府为农产品提供政策性农业保险服务，保障水平为 $\mu_i(i=1, 2, \cdots, n; 0 \leq \mu \leq 1)$，保费补贴比例为 $\lambda_i(i=1,2,\cdots,n; 0 \leq \lambda \leq 1)$，保险费率为 $\delta_i(i=1,2,\cdots,n; n$ 表示不同的农作物种类$)$，此时，农民耕种相同土地的期望净收益变为：

$$E(\bar{R}_L) = \begin{cases} p_i(w^* - m) - [c(\psi) + c^*] - \mu\delta_t w^*(1 - \lambda_i) & m \leq w^*(1 - \mu) \\ p_i\mu w^* - [c(\psi) + c^*] - \mu\delta_t w^*(1 - \lambda_i) & m > w^*(1 - \mu) \end{cases}$$

$$(2-7)$$

其中，第一个表达式 $p_i(w^* - m) - [c(\psi) + c^*] - \mu\delta_t w^*(1 - \lambda_i)$ 是指农作物受自然灾害影响的损失较小，其实际产量高于政策性农业保险提供的保障水平，尚未触发保险理赔条件情况下农民耕种土地的净收益，在此条件下农业保险将不会对农民的产量损失进行赔偿。第二个表达式 $p_i\mu w^* - [c(\psi) + c^*] - \mu\delta_t w^*(1 - \lambda_i)$ 是指农作物受自然灾害影响损失较大，并触发了保险理赔条件情况下农民耕种土地的净收益。由式（2-7）的第二个表达式易知，购买农业保险之后耕地的净收益不再与其自身的风险等级 r_i 相关。为了更直观地揭示政策性农业保险对农民土地耕作收益的影响，令：

$$E(\bar{R}_0) = p_i\mu w^* - [c(\psi) + c^*] - \mu\delta_t w^*(1 - \lambda_i) \quad m > w^*(1 - \mu)$$

经变换可得：

$$E(\overline{R}_0) = \mu w^* [p_i + \delta_i \lambda_i - \delta_i] - [c(\psi) + c^*] \quad m > w^*(1-\mu) \quad (2-8)$$

式（2-8）为购买农业保险之后农民耕种高风险等级土地的净收益表达式，与未购买农业保险之前农民耕作土地收益的公式（2-5）相比可以发现，两式第二项的成本（劳动力和生产资料）投入相同，均为 $[c(\psi) + c^*]$。式（2-5）表明，未购买农业保险之前农民耕作土地的收益在很大程度上取决于受自然灾害影响的预期产量损失 m 及其损失概率 $p(r_i)$，但式（2-8）则显示，购买农业保险之后，高风险等级耕地［预期产量损失 $m > w^*(1-\mu)$］的收益不再与自然灾害相关，而是与农产品的预期产量 w^*、市场价格 p_i 以及政府为农业保险提供的保障水平 μ 和保费补贴比例 λ_i 相关。

由式（2-8）易知，政策性农业保险提供的保障水平和保费补贴比例越高，农民耕作高风险土地所获取的收益就越大。政策性农业保险的出现改变了农民耕作土地的预期收益，这将会从两个方面影响化肥、农药、农膜等农用化学品的施用量，进而对农村环境造成影响：一方面，当政府提供的保障水平和保费补贴比例足够高的时候，耕作高风险土地的预期收益将有可能超过其投入成本，作为追求利润最大化的"理性经济人"，农民将会重新耕作在无风险保障情况下被弃耕的那部分最高风险等级土地。耕地规模的扩大必然会带来农用化学品施用量的增加，而且由于高风险等级耕地自身的禀赋较差，要得到与低风险耕地同样的产量，通常需要投入更多的化肥、农药等生产资料，这些都会加重农村耕地污染。另一方面，由于政策性农业保险提供了中低产耕地的预期收益，使得加大对这类耕地的投入变得有利可图，因此，农民会增加中低产耕地的化肥、农药和农膜投入以获取得多利润。在上述两种情况下，政策性农业保险都会导致农用化学品施用量的增加，进而加剧农村环境污染。

三、农业保险补贴对农村环境影响的技术效应

现代科技在农业生产中的应用对于提升农业生产效率和农产品单位产出水平做出了巨大贡献，并成为传统农业向现代农业转型的重大推动力。但对于农村生态环境而言，农业生产技术的进步并不总是有利的，例如，农业化学技术（化肥、农药和农膜）是公认的现代农业科技中最重要的三大

技术之一[①]，在 20 世纪 50～80 年代世界农业高速发展时期，化肥、农药和农膜等新技术的出现极大地提高了土地生产率，但长期以来对上述农用化学品的不合理使用也导致了严重的农业面源污染。当前，发展生态环保型的绿色有机农业已经成为世界农业发展的主流，绿色生物农药、有机肥料、设施农业等环保型农业技术的应用也将成为未来农业发展的新趋势。在此背景下，政府通过政策引导来鼓励农民使用绿色环保的农业生产技术，对于缓解由于农业化学品的不当使用导致的农村面源污染、保障中国农业的可持续发展无疑具有重大现实意义。农业保险作为当前政府农业补贴政策的重要一环，在推动环保型农业生产技术应用方面也发挥着重要作用。

中国现行农业保险政策对农业技术进步带来了怎样的影响？这种技术进步究竟是促进了环保型农业的发展，还是导致了污染型技术的滥用？关于这些问题，目前尚未有学者进行过研究。由于中国政策性农业保险的发展时间尚短，而且覆盖范围相当有限，目前尚难搜集到农业保险发展与农业技术进步相关的具体资料，因此，本书仅从理论上就农业保险对环保型农业生产技术应用的影响进行分析。要素投入结构决定了农业生产的技术水平，传统经济学理论将厂商所拥有的生产要素归纳为土地、劳动和资本三大类，但在农业生产过程中资本或者作为土地性投入要素（如化肥、农药、农膜等）以增加农产品产量，或者作为劳动性投入要素（如设施农业、农用机械等）以提高农产品生产效率。借鉴速水和鲁坦（Hayami & Ruttan，1985）的做法，本书将农民所拥有的生产要素简化为土地、农用化学品、劳动力和环保型农业设备（包括农业机械在内，代表劳动性要素）四种[②]。如果最佳要素投入决策要求增加土地性要素以增加产量，在单个农民土地资源总量有限的情况下，唯有通过增加土地的替代性要素——农用化学品的施用量来提高单位产出；同理，如果最佳要素投入决策要求增加劳动性要素以提高生产效率，则在农民劳动力资源给定的条件下，唯有增加其替代性要素——环保型农业设备的使用量。可见，外在驱动因素不同，农民的要素投入结构也不同，进而使得农业技术进步的方向不同。

---

① 其余两项分别是良种技术和灌溉技术。
② 环保型农业生产技术所生产出来的有机农产品能够在市场上卖出更高的价格，在相同的产量水平上可以给农民带来更高的收益，这等同于劳动生产率提高所带来的收益，因此，本书将其视为劳动性要素。

为简化分析，假定某农民只生产一种农产品，以 x_A 表示土地、x_F 表示农用化学品、x_L 表示劳动力、x_E 表示环保型农业生产设备，则该农民的生产函数可以表示为：

$$y = f(x_A, x_F, x_L, x_E) \tag{2-9}$$

考虑到农业生产面临自然灾害导致的损失率 θ，可得农产品的实际产出水平为：

$$\bar{y} = (1 - \theta) f(x_A, x_F, x_L, x_E) \tag{2-10}$$

假定上述要素的市场价格分别为 p_A、p_F、p_L 和 p_E，其中，土地的价格以租金表示，劳动力价格以工资率表示，农业化学品价格为市场的实际价格，环保型农业生产设备的价格以每年的折旧数表示，则农民的要素投入成本为：

$$C_x = p_A x_A + p_F x_F + p_L x_L + p_E x_E \tag{2-11}$$

假定农产品的市场价格为 p_0，可得农产品在市场上销售所得到的总收入为：

$$R = p_0 (1 - \theta) f(x_A, x_F, x_L, x_E) \tag{2-12}$$

现在农民面对的要素投入决策是：

$$\max \left[p_0 (1 - \theta) f(x_A, x_F, x_L, x_E) - (p_A x_A + p_F x_F + p_L x_L + p_E x_E) \right] \tag{2-13}$$

上述最大值问题如果在 $R_+^n = \{x \mid x_i \geqslant 0\}$ 的内点 x^*（即 $x_i^* > 0$）得解，必然满足一阶必要条件：

$$\frac{p_0 (1 - \theta) \partial f(x^*)}{\partial x_i} - p_i = 0 \quad (i = A, F, L, E) \tag{2-14}$$

式（2-14）表明农民利润最大化的要素投入决策是各要素的边际收益等于要素自身的价格。在利润最大化的动机驱动下，"理性"农民的最优要素投入决策取决于农产品的预期收益和要素投入成本。因此，当农产品的预期收益和生产要素的投入成本发生变化时，农民的最佳要素投入决策也将随之发生改变，经济理性的农民将重新调整各要素的投入数量以获取最大利润。政策性农业保险的实施究竟会对农民的要素投入决策产生什么影响呢？在分析问题之前，我们先将式（2-14）做一下变换，得到利润最大化前提下农民对环保型农业生产设备的最佳投入条件：

$$\frac{\partial f(x^*)}{\partial x_E} = \frac{p_E}{p_0 (1 - \theta)} \tag{2-15}$$

式（2－15）的左边表示环保型农业生产设备的边际产量，是一个单调递减的函数；右边则是一个分数形式，其大小取决于分子和分母的变化情况。接下来分析政策性农业保险的实施对农民环保型农业生产设备的最优投入决策会产生的影响。显而易见，农业保险提供的风险保障会降低农产品的灾害损失率，而且政府提供的保费补贴比例和保障水平越高，农作物遭受自然灾害损失的产量就越小，从而在有政策性农业保险的情况下农产品的损失率 θ 将变小。此外，如果政府对环保型农业生产设备也提供保费补贴并且给予较高的保障水平，这些设备遭自然灾害或因盗窃发生损毁时将能得到相应的保险赔偿，相对于无风险保障的情况，政策性农业保险将降低环保型农业生产设备的折旧率，进而降低了环保型农业生产设备的投入成本 p_E。另外，当农民采用环保型生产设备生产绿色有机农产品时，这种无污染的健康农产品能够在市场上比普通农产品售出更高的价格，从而环保型技术生产条件下农产品的市场价格 p_0 将上升。应用到式（2－15）中，由于该式右边的分子 p_E 减小，而分母 $p_0(1-\theta)$ 增大，因此，$\dfrac{p_E}{p_0(1-\theta)}$ 的取值将变小，此时只有使左边的 $\dfrac{\partial f(x^*)}{\partial x_E}$ 取值变小并令其重新与右式取等号时，才能两次满足农民利润最大化的要素投入条件。根据边际收益递减原理可知，只有通过增加环保型农业生产设备的投入数量才能实现新的均衡。由此可见，如果政策性农业保险对农产品提供较高的保费补贴和保障水平，并且对环保型农业生产设备也提供相同的农业保险服务，它将促进环保型农业生产技术的应用，有助于推动绿色生态农业的发展，对于缓解农村面源污染、改善农村环境质量具有重要的政策诱导作用。

第三节　政策性农业保险对农民农业生产决策的影响

中国是一个传统的农业大国，人多地少的现实国情决定了绝大部分农民数千年来都是从事自给自足的小农经济生产模式，在有限的土地上种植多种农作物是农民分散农业经营风险的传统方式。在缺乏有效风险分散机制的年代，多样化种植对于农民规避自然风险和农产品价格风险起到了显著作用；

同时，农村地区普遍实行的种养结合的生产模式也成功实现了农业生产过程中废物的循环利用，避免了其对外界生态环境的影响。农业保险制度的推广，特别是政府对农业保险实行的保费补贴，将可能打破传统农业的生产平衡，进而可能对农村地区的生态环境造成不利影响。

一、政策性农业保险实施之前农民的生产决策分析

假定在没有开展农业保险的情况下，某传统农民出于风险分散的考虑，采用多样化的种植模式，同时兼营种植业和养殖业[①]。为分析简便，我们假设他只生产 $\overline{A}$ 和 $\overline{B}$ 两种农产品（其中，$\overline{A}$ 为种植业产品，$\overline{B}$ 为养殖业产品），其市场价格分别为 $p_{\overline{A}}$ 和 $p_{\overline{B}}$，亩均最高产量分别为 $q_{\overline{A}}$、$q_{\overline{B}}$，发生自然灾害导致产量损失率为 p 的概率为 β，两种农作物在生产过程中投入的物化成本分别为 $c_{\overline{A}}$ 和 $c_{\overline{B}}$，由上述假设可分别得到两种农作物的经营收益 $R_{\overline{A}}$ 和 $R_{\overline{B}}$ 分别如下：

$$R_{\overline{A}} = p_{\overline{A}}q_{\overline{A}}(1 - p\beta) - c_{\overline{A}} \qquad (2-16)$$

$$R_{\overline{B}} = p_{\overline{B}}q_{\overline{B}}(1 - p\beta) - c_{\overline{B}} \qquad (2-17)$$

根据生产者行业理论，多样化种植条件下农民利润最大化的生产决策是生产 $\overline{A}$、$\overline{B}$ 两种农产品的边际收益相同，因此可知农民利润最大化的生产决策满足以下等式：

$$R_{\overline{A}} = R_{\overline{B}} \qquad (2-18)$$

农民用于生产农产品的投入要素包括土地、劳动力和货币资本，为了便于分析，我们将土地和货币资本统一称为资本要素 $\overline{K}$，将劳动力称为劳动要素 $\overline{L}$。假定单个农民所拥有的上述生产要素的数量都是一定的，在此条件下农民利润最大化的生产决策其实还满足一个条件，即每单位生产要素（包括资本要素和劳动要素）投入的边际收益相等，我们将农民利润最大时在农产品 $\overline{A}$ 和 $\overline{B}$ 上所投入的资本要素分别记为 $\overline{K}_{\overline{A}_0}$ 和 $\overline{K}_{\overline{B}_0}$，劳动要素分别记为 $\overline{L}_{\overline{A}_0}$ 和 $\overline{L}_{\overline{B}_0}$，可得：

$$\overline{K} = \overline{K}_{\overline{A}_0} + \overline{K}_{\overline{B}_0} \qquad (2-19)$$

$$\overline{L} = \overline{L}_{\overline{A}_0} + \overline{L}_{\overline{B}_0} \qquad (2-20)$$

---

① 这是目前中国农村地区绝大部分农民的农业生产方式。

在多样化种植的模式下，农民种植的农作物种类较多，这样方便对作物进行轮作和间作，有利于改善土壤结构、保持土壤养分，从而减少农药和化肥的施用量。此外，传统农业经营模式下绝大部分农民除了从事种植业，同时还会养殖生猪、羊、鸡、鸭等禽畜。一方面，这可以增加收入来源；另一方面，禽畜的粪便经发酵之后也是非常好的农家肥，这也是比化肥更环保的绿色肥料。总体来看，中国多样化种植和养殖的传统农业生产模式虽然效率不高，但却是相对低碳和环保的生产方式。

二、政策性农业保险实施之后农民的生产决策分析

接下来再分析政府推行农业保险且在农业保险提供保费补贴的情况下，农民利润最大化的生产决策问题。假定政府将该农民种植的农产品 $\overline{A}$ 列为政策性农业保险的试点品种（此时农产品 $\overline{B}$ 不享受政策性农业保险待遇），农业保险的风险保障水平为 μ，保费补贴比例为 λ，农业保险的保险费率为 δ，其他假设条件与前面相同，此时我们可以得到农民生产农产品 $\overline{A}$ 的收益为：

$$R'_{\overline{A}} = \begin{cases} p_{\overline{A}}q_{\overline{A}}(1 - p\beta) - p_{\overline{A}}q_{\overline{A}}(1 - \lambda)\mu\delta - c_{\overline{A}} & (p \leq \mu) \\ p_{\overline{A}}q_{\overline{A}}(1 - \beta + \mu\beta) - p_{\overline{A}}q_{\overline{A}}(1 - \lambda)\mu\delta - c_{\overline{A}} & (p > \mu) \end{cases} \quad (2-21)$$

式（2-21）中表达式 $p_{\overline{A}}q_{\overline{A}}(1 - \lambda)\mu\delta$ 表示农民支付的农业保险保费，本书将其记为投保成本，当农产品 $\overline{A}$ 的实际损失率 p 小于农业保险的保障水平 μ 时，不触发保险赔偿条件，此时农民可用于出售的农产品 $\overline{A}$ 实际产量为 $q_{\overline{A}}(1 - p\beta)$，与没有农业保险的情况下相比，农民生产农产品 $\overline{A}$ 的收益多了一项保费支出 $p_{\overline{A}}q_{\overline{A}}(1 - \lambda)\mu\delta$；当农产品 $\overline{A}$ 的实际损失率 p 超过农业保险的保障水平 μ 时，超出的那部分损失将由保险公司按照市场价值进行赔偿，此时农民生产农产品 $\overline{A}$ 的毛收益（未扣除投入成本）为 $p_{\overline{A}}q_{\overline{A}}(1 - \beta + \mu\beta)$。由于农产品 $\overline{A}$ 的投入成本 $c_{\overline{A}}$ 是固定不变的，虽然保费支出 $p_{\overline{A}}q_{\overline{A}}(1 - \lambda)\mu\delta$ 与农业保险保障水平 μ 正相关，但由于有政府提供保费补贴，而且保险费率 δ 一般不超过5%，因此，保障水平的大幅上升只会导致保费支出成本的小额上涨，但由表示式 $p_{\overline{A}}q_{\overline{A}}(1 - \beta + \mu\beta)$ 可以看出，保障水平的大幅上升会导致农产品 $\overline{A}$ 毛收益的大幅上涨，最终会导致农产品 $\overline{A}$ 扣除投入成本和保费支出成本后的纯收益大幅上涨。

投保农业保险之后，农民生产农产品 $\overline{A}$ 的收益得到了一定程度上的保障，并且农业保险的保障水平越高，保费补贴比例越大，农民从事农业经营的收益就越稳定。一个极端的假设为：如果农业保险的保障水平达到100%，保费补贴比例达到100%，则农民无论在何种自然灾害条件下都可以获取理论上的最大经营收益，而不存在任何的损失风险。此时我们再将 $\overline{A}$、$\overline{B}$ 两种农产品的预期收益进行对比便可以发现，如果保持之前的要素资源分配，在没有自然灾害发生的情况下，农民生产农产品 $\overline{A}$ 和农产品 $\overline{B}$ 的收益差不多（农产品 $\overline{A}$ 只是多支出了一部分保费，而且还是有政府进行财政补贴的）。然而，在发生严重自然灾害的情况下，农民生产农产品 $\overline{B}$ 可能面临绝收的风险，而农产品 $\overline{A}$ 由于有了农业保险提供风险保障，农民总能获得一个稳定的收益，这种收益的大小取决于农业保险保障水平的高低。如果农民按照原来的生产决策，保持对农产品 $\overline{A}$ 和农产品 $\overline{B}$ 的生产要素投入不变，在政策性农业保险提供的保障水平较高的情况下，生产农产品 $\overline{A}$ 的亩均预期产量显然较之前有显著提高，从而生产农产品 $\overline{A}$ 的平均收益要高于生产农产品 $\overline{B}$ 的平均收益。因此，投保农业保险之后，农民原来生产决策下利润最大化的要素分配平衡被打破，理性的农民会将更多的土地、货币资金、劳动力等生产要素投入农产品 $\overline{A}$ 的生产中，以便在既有资源约束条件下获取最大的生产利润。

如图 2 - 1 所示，$R_{\overline{A}}$ 表示农产品 $\overline{A}$ 单位产品的边际收益，$R_{\overline{B}}$ 表示农产品 $\overline{B}$ 单位产品的边际收益。左下角以 $\overline{A}_0$ 为中心，横轴上箭头所指的方向表示生产农产品 $\overline{A}$ 的劳动要素投入量，纵轴上箭头所指的方向表示生产农产品 $\overline{A}$ 的资本性要素（包括土地和货币资本）投入量；右上角以 $\overline{B}_0$ 为中心，横轴上箭头所指的方向表示生产农产品 $\overline{B}$ 的资本性要素投入量，纵轴上箭头所指的方向表示生产农产品 $\overline{B}$ 的劳动要素投入量。E_0 表示未投保农业保险情况下该农民生产农产品 $\overline{A}$ 和农产品 $\overline{B}$ 时的要素投入平衡点，此时，生产农产品 $\overline{A}$ 的资本投入要素量为 Q_{K_0}，劳动力投入要素量为 Q_{L_0}。当农民为农产品 $\overline{A}$ 购买政策性农业保险之后，农产品 $\overline{A}$ 的单位收益显著上升，导致农民加大对农产品 $\overline{A}$ 的要素投入，生产规模的扩张又使得生产农产品 $\overline{A}$ 的单位成本增加，进而使其边际收益显著上升，图 2 - 1 中农产品 $\overline{A}$ 的边际成本曲线由原来的 $R_{\overline{A}_0}$ 上升到 $R_{\overline{A}_2}$ 的位置；与之相反的是农产品 $\overline{B}$ 的生产规模将会减少，由于无法形成规模效应，导致其边际收益也较原来减少，图 2 - 1 中农产品 $\overline{B}$ 的边际成本曲线由原来的 $R_{\bar{B}_0}$ 下降到 $R_{\bar{B}_2}$，并与农产品 $\bar{A}$ 的边际成本曲线 $R_{\bar{A}_2}$ 相交于新的均衡点 E_2。在新均衡点 E_2，农产品 $\bar{A}$ 的资本性投入要素和劳动力投入要素分别增加到 Q_{K_2} 和 L_{K_2}。

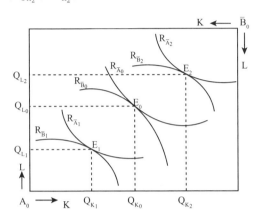

图 2 - 1　农产品 A 和农产品 B 的利润最大化要素投入决策

农业保险会改变不同农作物生产的边际收益，进而影响农民对不同农作物的要素分配决策，为追求最大的生产利润，理性的农民会将生产要素尽可能地配置给能够给自己带来最大收益的农产品。在现实生活中，当政府为某种主要农作物提供政策性农业保险服务时，在经济利益的驱使以及由专业化生产所带来的规模经济效应的激励下，部分农民有可能会将自己拥有的所有土地都用来进行该种农作物的生产。这种集约化和专业化的生产模式比传统上通过多样化种植进行风险分散的农业生产方式具有更高的生产效率，但农民生产模式的这种改变也有可能带来严重的环境问题：一方面，多样化种植的传统模式对于维护农田生态系统的平衡极其重要，而专业化的单一农作物生产模式则打破了原有的农田生态平衡。另一方面，传统上农民在进行多样化种植的同时，也兼营养殖业，并利用人畜粪便作为肥料对农作物进行施肥，农作物生产过程中产生的废料也可以作为动物的食物来源，这种绿色环保、原生态的循环经济发展模式，能够最大限度地减少外来物质对农村环境的不利影响。如果农民在农业保险的经济激励下选择从事专业化的种植业或者养殖业，那原来的循环经济发展模式便不复存在，农民为了提高农产品产量必须不断增加农药、化肥的投入，导致土壤结构遭受破坏，而且大规模养殖造成的禽畜粪便无处理排放也将成为一个严重的环境问题。

第四节　农业保险引致的种养分离对农村
环境影响的经验分析

由于不同的农作物抵抗自然灾害或者病虫害的能力存在很大差异，因此，传统上农民会通过多样化种植的方式来规避农作物可能面临的产量损失风险，而农业保险的出现对多样化种植的传统农业风险分散模式形成了一定的替代作用，即农民通过购买农业保险服务一样可以为自己种植的农作物提供风险保障。在此情况下，低效率的多样化种植方式逐渐被具有规模经济效益的专业化、集约化种植模式所取代。这一特点在专业大户、家庭农场和农民合作社等现代新型农业经营主体上体现得最为突出。

一、农业保险保费补贴对农村种养业分离的现实影响

为探讨政策性农业保险对农民种植模式的影响，笔者于 2015 年 7 月对广东省中山市民众镇、三角镇、南朗镇、港口镇、神湾镇、板芙镇等农业大镇政策性农业保险的发展情况进行了实地调研。之所以选择中山市作为调研地点，是因为中山市是广东省政策性农业保险补贴力度最大的地区，即使在全国范围内也是排名前列的。目前，中山市政策性农业保险几乎由政府提供100%的保费补贴，而且其保障水平也很高，如水稻保险的保障水平达到900元/亩，这是目前国内政策性水稻保险的最高补贴水平。另外，中山市政府针对辖区内的生猪养殖、淡水鱼类养殖和海产品养殖都提供了保障水平较高和保费补贴力度较大的农业保险服务。对于农民而言，政策性农业保险为某农产品提供的保障水平越高、保费补贴力度越大，则他们从事该农产品生产的预期无风险收益也就越大，从而大规模生产该农产品的可能性也就越大。考虑到目前中山市对政策性水稻保险、生猪保险以及海产品保险提供的保障水平和保费补贴力度均为国内较高水平，笔者对中山市六个农业大镇的三类农业保险的发展情况进行了重点调研。为便于分析，我们将水稻种植面积30亩以上、所得收入占家庭总收入80%以上的农民划为种植大户；将水产养殖面积10亩以上、所得收入占家庭总收入80%以上的农民划为养殖大户。此

次调研涉及农民共 1 192 位，具体结果如表 2 – 1 所示。

表 2 – 1　中山市部分农业大镇政策性农业保险实施前后种养大户变化情况

项目	2007 年	2015 年	增长率（%）
种植大户数	36 位	87 位	141.67
生猪养殖大户数	43 位	79 位	83.72
水产养殖大户数	122 位	245 位	100.82
种养兼营农民数	982 位	766[①] 位	– 22.00

我们的调研结果表明，由财政进行高额保费补贴的政策性农业保险对于促进农业生产的专业化和集约化具有相当显著的作用。如表 2 – 1 所示，在 2008 年中山市未实施政策性水稻保险之前，从事规模化水稻种植的农民数量为 36 位，而在水稻保险实施 8 年之后的 2015 年，从事规模化水稻种植的农民数量上升到 87 位，同比增长 141.67%。此外，中山市 2007 年从事规模化生猪养殖和水产养殖的农户数量分别只有 43 位和 131 位，而在 2015 年分别增长到 49 位和 245 位，虽然中山市针对生猪保险和水产养殖保险的保费补贴比例没有水稻保险那么高，但 2015 年与 2007 年相比仍然分别增长了 83.72% 和 100.82%。这说明随着 2008 年中山市政策性农业保险的推行，特别是中山市级财政和镇级财政逐渐加大了对农业保险的保费补贴力度之后，农民从事规模化种植的意愿日益强烈，传统上低效率的多样化种植模式开始逐渐被更高效的专业化种植方式所取代。虽然目前大部分农民仍然采用种养结合的传统农业生产方式，但我们调研发现这部分农民家庭的主要收入来源是外出务工的劳动所得，农业生产只是家庭留守老人自给自足的一种生活方式，已不再是家庭获取收入的主要途径。相信随着我国青壮年劳动力向城市转移的持续推进，以及农村人口结构的进一步老化，未来在农村从事农业经营的家庭单位将继续减少，而规模化、专业化这种效率更高的农业生产方式最终将会取代传统小农经济模式下自给自足的生产方式，而财政补贴下的农业保险无疑加快了这一趋势的进程。

---

① 另有 15 户被调研农民基本上放弃了农业生产，家庭收入完全以外出务工为主。

二、种养业分离对农村生态环境的影响

严格来说，实施种养业分离，实现专业化、规模化的农业生产是现代农业发展的必然选择，也是当前我国政府大力发展的新型农业经营模式。然而，我们也必须认识到，专业化种植与传统的多样化种植模式对农村生态环境的影响存在很大差异。如表 2 - 2 所示，在多样化种植模式下，通过对不同农作物进行合理的间作和轮作，可以保持农田生态系统的多样性，通过生态系统自身的作用机制降低农作物发生病虫害的概率，从而减少农药的使用量。另外，由于不同农作物对矿物元素的偏好不同，因此，通过对农作物进行轮作还可以调节土壤肥力、改善土壤结构，进而起到改变土壤微生态环境的效果，最终有助于降低化学肥料的使用量。相比之下，专业化种植无法进行间作和轮作，长期种植单一农作物的连作模式不仅导致农田生态系统结构单一，导致病虫害风险加大，而且也会导致土壤板结、阻碍养分吸收，迫使农民不得不使用更多的农药和化肥来保持产量稳定，而过多施用农药和化肥又会对农田和土壤生态系统造成进一步破坏，最终导致恶性循环。

表 2 - 2　　　　　多样化种植与专业化种植模式的环境生态效应比较

项目	多样化种植模式	专业化种植模式
农作物种类	在某一地块同时种植多种农作物	只种植单一品种的农作物
种植特点	一般对多种农作物实行轮作与间作相结合的种植方式	通常在同一耕地上对单一品种的农作物实施连作，无法进行轮作和间作
对农田生态的影响	同时种植多种农作物可以保持农田生态系统的多样性，减少植物病虫害发生率	单一的农作物类型破坏了农田生态系统的平衡，使得病虫害发生的概率增加
对土壤结构的影响	农作物轮作的种植方式可以疏松土壤、改善土壤结构和调节土壤肥力，起到改变土壤微生态环境的效果	农作物对土壤养分吸收具有选择性，单一品种的连作使土壤中矿质元素的平衡状态遭到破坏，导致肥料分解过程产生障碍

为了进一步分析农业保险引致的农业生产种养分离行为对农村环境的实际影响，我们对广东省中山市 87 位水稻种植大户近五年的农业生产情况进

行了入户访谈和问卷调查，主要是收集农业保险补贴之后规模化种植大户在农药和化肥施用方面的变化情况，为了得出更为可信的研究结论，我们还特意在上述种植大户所处的同一地区选择了 263 位普通农民作为对照组进行比较分析。由于规模化种植大户和普通农民享受同等水平的政策性农业保险补贴服务，因此，如果在农业保险实施之后规模化种植户的亩均化肥、农药等农用化学品的施用量显著大于普通农民的施用量，则说明农业保险引致的种植业分离确实导致了农用化学品施用量的增加，也即导致了农村环境的恶化。具体的实地调研结果见表 2-3。由表 2-3 中的数据我们可以清楚地看到，专业化、规模化的种植大户在进行农作物生产的过程中主要施用尿素、磷肥、钾肥和复合肥等工业肥料，这部分肥料占专业种植大户施肥总量的 90% 左右，而传统农民则采用工业肥料与农家肥相结合的施肥模式，并且两者的比例基本上为对半开。施肥模式的不同直接导致了双方在亩均化肥施用量上的显著差异：专业种植大户的亩均化肥施用量达 24.3 千克，而传统农民的亩均化肥施用量只有 14.8 千克。虽然由于采集的数据较少而不足以进行计量分析，但经过对专业种植大户和传统农民在政策性农业保险实施前后的农药、化肥等农用化学品的使用情况进行对比，我们仍然可以得出肯定的结论，即农业保险引致的农业种养业分离确实导致了农用化学品施用量的增加。这种化学品施用量的变化主要体现在以农业经营收入作为家庭主要收入来源的专业种植大户身上，而对于那些以外出务工收入作为主要收入来源的农民来说，其化学品的施用量在政策性农业保险开展前后基本维持不变。

表 2-3　　　　专业种植大户与传统农民农药、肥料使用情况比较

项目	专业种植大户	传统农民
肥料施用类型	尿素、磷肥、钾肥和复合肥等化学肥料	尿素、磷肥、钾肥等化学肥料，以及人畜粪尿、草木灰等农家肥
农家肥施用占比（%）	约 10	约 45
化肥施用占比（%）	约 90	约 55
亩均化肥施用量（千克）	24.3	14.8
亩均农药施用量（千克/亩）	除草剂 0.824、杀虫剂 1.86	除草剂 0.785、杀虫剂 1.55

专业化种植大户除了在化肥施用方面高于传统农民之外，其在除草剂、杀虫剂等农药的施用量上也显著高于采用多样化种植的传统农民（见表2-3）。其原因就如前面所分析的那样：采用多样化种植的传统农业生产方式可以保持农田生态系统的多样性，从而可以维持农田这个小生态系统的平衡，不同农作物所吸引的昆虫之间通常存在敌害关系，即一种昆虫可能正好是另一种昆虫的食物来源，这样农田生态系统自身就可以消除很大一部分害虫，因此，在多样化种植模式下农民需要使用的农药自然比单一化专业模式下要少。换言之，如果农民不采用更加环保的除虫技术，那么由农业保险补贴所引致的专业化种植将导致农药这类化学品施用量的增加，进而导致农村面源污染问题进一步恶化。换言之，由政策性农业保险补贴引致的农业生产方式的变化将会对农村生态环境造成负面影响。

第五节　中国绿色农业发展的金融保险诱导机制构建

　　调整农业产品结构、优化农业生产要素配置、推动绿色生态农业发展，是提高我国农业综合效益和市场竞争力的客观要求，也是农业供给侧结构改革背景下现代农业发展的必然趋势。2018年1月颁布的中央一号文件明确提出，推进农业供给侧结构改革应以保障有效供给为主要目标，以提高农业供给质量为主攻方向，促进农业农村发展由过度依赖资源消耗、主要满足"量"的要求，向追求绿色生态可持续、更加注重满足"质"的需求转变。这就要求从生产端、供给侧发力，把增加绿色优质农产品生产放在突出位置，引导传统高碳农业向现代绿色低碳农业转型。在此政策背景下，研究对现行农村金融资源配置进行调整和优化，构建促进我国绿色农业发展的金融诱导机制，通过政策激励的方式引导农民自觉采用生态环保的农业生产模式，无疑具有重要的理论意义和现实价值。

　　国内有关绿色农业的理论研究始于21世纪初期。学者们认为，发展绿色农业是实现农业减排、促进农业可持续发展的有效途径（梁龙等，2011；袁平红，2012）。绿色农业是一种有利于农产品数量和质量安全的现代农业发展形态，它并不是一种全新的农业发展模式，而是社会需求拉动下农业功能逐步优化与高级化的过程（严立冬、崔元锋，2009）。传统的资源消耗型农业生产模式是农产品质量安全问题产生的根源，因此，需要加强科学的顶层设计，推动食品安全战略的实施，用绿色发展理念指导农业绿色转型，把资源消耗型的农业生产模式转变为绿色环保的农业生产模式（于法稳，2016；张伟等，2017）。一个公认的观点是：绿色农业的发展离不开政策性金融的支持（严立冬等，2012；黄琦等，2016），应该强化政策性金融对绿色农业发展的扶持力度（严立冬等，2012），加大面向绿色农业发展的农村金融服务创新（胡雪萍、董红涛，2015）。考虑到绿色农业具有正外部性和公共物品特征，政府应当运用财税政策工具发挥宏观调控作用，采用适当倾斜的财政政策来引导绿色农业的发展（彭青秀，2015；罗向明等，2016）。有学者建议以国家财政和社会捐助为资金来源，建立支持绿色农业发展的风险补偿基金，引导更多金融资源流向绿色农业发展领域（陈文晴，2011）。

综合现有文献来看，绿色农业的发展需要金融支持和政策引导这一结论得到了研究者的广泛认同。然而，在中国这样一个农村金融发展水平相对滞后、农民对传统农业生产方式具有严重路径依赖的国家，如何创新农村金融服务以加强其对绿色农业发展的支持作用？如何通过政策激励来引导农民自觉采用绿色农业生产方式？这是有待进一步深入研究的重要课题。有鉴于此，本书尝试从信贷支持、保险保障、价格保证三个不同维度，构建"政府引导＋金融机构市场运作"相结合的绿色农业金融保险诱导机制，通过优化金融资源配置来诱导农民从事绿色农业生产，从而达到保护农村生态环境、保障农产品质量安全、改善农产品市场供给结构的目的。

一、农产品价格保险与绿色有机农产品质量认证相衔接的绿色农业价格诱导机制

农民从事农业生产的收益主要取决于两个因素：一是农产品的产量；二是农产品的市场价格。如果农产品的产量稳定，并且市场价格较高，那农民的收益自然有保障，反之则可能会导致亏损。本书前面所构建的绿色农产品保险保障体系，能够规避农业生产过程中因自然风险导致的产量损失，它确

保了投保该险种的农民可以至少获得一个保单约定的保底产量水平。但是，影响农民收益的另一个因素——绿色农产品的市场价格变动风险仍然客观存在。每一位绿色农业生产者都希望自己生产的农产品能够卖出一个相对较高的市场价格以最大化自己的收益。为了降低农产品的价格波动风险、提高绿色农业生产者的经营收益，本书建议构建农产品价格保险与绿色有机农产品质量认证相结合的绿色农业价格保障体系。

（一）绿色有机农产品的价格保险模式

虽然目前市场上绿色有机农产品的价格远远高于普通农产品，使从事绿色农业生产的农民能够获取超额利润，但随着越来越多的农民进入绿色有机农产品生产领域，市场竞争必然会越来越剧烈，绿色有机农产品的价格也会逐渐趋于合理，通过生产绿色有机农产品获取暴利的时代也将成为历史，这尚属可预见的价格变动。在移动互联网迅速发展的当今社会，某些偶发性事件引发的关于绿色有机农产品质量问题的网络谣言，以及网络媒体、微信朋友圈、QQ、微博等新兴媒体关于部分绿色有机农产品的不实报道，都有可能导致农产品市场价格的突然下跌，导致绿色农业生产者收益下降。为防范绿色有机农产品市场价格发生剧烈变动的风险，农民可以通过购买农产品价格保险的方式来进行规避。农产品产量保险帮助农民锁定了农产品的保底产量水平，而农产品价格保险又可以帮助农民锁定一个保底的农产品价格水平，有了这两类保险提供的风险保障，绿色农业生产者在任何时候都可以锁定一个保底的农业经营收益水平，只要这个保底收益水平高于从事绿色农业生产的投入成本，不管发生多么重大的农业自然灾害，或者农产品市场发生多么剧烈的价格波动，依靠农产品产量保险和农产品价格保险的赔偿，农民都可以实现盈利。

农产品价格保险目前已受到中央政府的重点关注，2018 年中央一号文件就明确提出，要推动金融资源更多向农村倾斜，积极开发适应新型农业经营主体需求的保险品种，探索开展重要农产品目标价格保险。目前，我国正在试点的农产品价格保险采用的是"保险＋期货"模式，即农民在保险公司处投保农产品价格保险，然后保险公司用收取的保费从期货公司买入农产品看跌期权，而期货公司则在市场上卖出农产品看跌期权。期货公司在卖出农产品看跌期权之后开始在市场上做空该农产品，如果该农产品市场价格下跌，期货公司通过卖出的空单盈利；如果农产品市场价格没有下跌，则期货公司通过从保险公司处收取期权费弥补损失。对于从事绿色有机农产品生产的农民来说，通过购买农产品价格保险可以在农产品生产的最初阶段就获取一个保底的出售价格，如果绿色有机农产品收获期的市场价格低于保险合同约定的价格，其差额部分由保险公司进行赔偿；如果绿色农产品收获期的市场价格高于保险合同约定的价格，农民就可以按照更高的市场价格出售农产品。通过购买农产品价格保险，绿色农业生产者可以锁定一个由保险保障的最低收益。目前，我国农产品价格指数保险还处于局部试点过程中，尚未在全国范围内推广，建议政府部门未来将这一模式逐步扩大到绿色农业生产领域，使从事绿色有机农产品生产的农民能够通过市场手段来防范农产品价格波动造成的经济损失。

（二）绿色有机农产品质量认证体系的构建和完善

来自权威机构的认证可以帮助农民在市场上以更高的价格出售自己生产的绿色农产品，因此，进一步完善绿色有机农产品的质量认证体系，制定严格的绿色农产品检测和认证程序，防止假冒伪劣的"绿色农产品"在市场上招摇撞骗，是我国绿色有机农业顺利发展的必然要求。我国开展有机食品认证的时间较早，2001年中国国家认证认可监督管理委员会成立，2004年发布实施了《有机食品认证规范》，在全国范围内试点实施。2005年认监委在《有机食品认证规范》的基础上，正式发布实施有机产品的国家标准 GB 19630.1 - 4—2005，对有机食品从生产到销售的各个环节均做了详细的规定。2011年，有机产品国家标准GB/T 19630.1 - 4—2011代替了 GB 19630.1 - 4—2005。从有机食品的生产、加工、标识与规范、管理体系的各个环节以及关于有机食品认证的要求来看，我国的标准与美国等西方国家的标准基本上相差不大，但在相关政策的执行层面却存在重大区别。美国有机农产品从生产到销售的各个环节都有严格的法律监管，任何一个环节造假都需要承担严重的法律后果。事实上，无论国家标准中有关有机农产品生产、加工环节的标准再怎么严苛，最后能不能生产出合乎规范的有机农产品关键还在于农民是否能够严格执行上述标准，而对农民生产行为的监督权实际上在有机农产品认证机构手中，不管是美国还是中国的有机农产品认证要求，均规定认证机构必须亲临农场现场检测有机农产品生产的各个环节是否符合规范，生产环境是否符合要求，而且最后送检的产品也必须是认证机构在生产现场随机抽取的，只有这样才能保证认证结果的公平和公正。然而，据新闻媒体报道，市场上销售的绿色农产品存在以假乱真、产地溯源不实、使用违禁化肥等问题，甚至个别认证机构并不亲自到农场进行现场检测和随机抽取样品，而是由申请绿色有机农产品认证的农民自己将样品寄送到认证机构进行检测，检测"合格"之后即可颁发有机农产品认证证书。①

当前绿色有机农产品认证的乱象给真正从事绿色农业生产农民的经济利益造成了严重损害，如果政府部门不能在短时间内规范绿色有机农产品认证市场，长此以往，在劣币驱逐良币的市场规律下，最后将会没有农民愿意真正按照国家标准来进行绿色有机农产品生产。本书认为，导致我国绿色有机农产品认证混乱的一个主要原因就在于缺乏专门的法律法规进行监管，无论是认证机构还是花钱买认证的农民，他们的违法成本太低，在个人利益的驱使下做出了损害社会公共利益的行为。为解决这一问题，政府部门应当尽快为绿色有机农产品生产立法，明确规定生产者对农产品进行虚假宣传以及将不合格产品标注为绿色有机农产品是对消费者的欺诈行为，将给予其严重的经济处罚，立即取消其获得的绿色有机农产品认证资格，并且还需要承担消费者提出的经济赔偿责任。此外，认证机构完全以营利为目的的虚假认证也需要承担连带责任，一旦被认证机构认证通过的绿色有机农产品经检测不合格，该认证机构应当接受监管部门的经济处罚，并且相关部门应给予其警告处分，限期不整改的还应当取消其认证资质。如此一来，将使得那些花钱买认证、假冒绿色有机农产品生产的投机分子在市场上没有生存空间，而真正严格按照绿色有机农产品标准进行生产的农民将获得自己应有的高额收益，以此激励更多的农民选择绿色农业生产模式。

二、农产品产量保险与质量安全责任保险相补充的绿色农业保险诱导机制

农民在从事绿色农业生产过程中主要面临两类风险：一是因自然灾害导

---

① 有机农产品认证中的种种问题被曝光 谁为问题蔬菜披上了"有机"外衣 [EB/OL]. https：//www. chyxx. com/news/2018/0912/675803. html.

致的产量损失风险；二是因农产品质量问题导致的质量安全风险。为了分散绿色农业生产者的经营风险，提高他们的风险抵御能力，必须根据绿色农业生产者的风险特征构建相应的保险保障机制。本书认为可以构建农产品产量保险与农产品质量保险相结合的绿色农业保险保障机制，通过提供差异化的、更加完善的保险服务来促使农民选择绿色农业生产模式。

（一）绿色农业发展的农产品产量保险

我国从 2007 年实施由各级财政提供保费补贴的政策性农业保险制度，目前包括中央财政和地方各级财政承担的农业保险保费占总保费的比例基本都在 70%～80%，农民自身承担的保费支出很少。但需要关注的一个重要问题是：高比例的保费补贴水平并不等同于高额的风险保障程度。目前我国开展的政策性农业保险，其保障水平主要参照农业生产的物化成本①，远远低于农产品的预期收益（实际上大部分地区农业保险的保障水平低于农作物的物化成本）。以粮食作物水稻为例，目前我国南方的水稻单季度的产量普遍在 500 千克/亩以上，即使以价格相对较高的 2017 年国家水稻最低收购价的平均值 2.77 元②/千克计算，农民种植水稻的单季最低收益为 1 387 元/亩以上。而目前中央财政以物化成本计算的政策性水稻保险的保障水平普遍在 300～400 元/亩，这样的保障水平不但低于普通水稻的每亩收益，更是远远低于绿色有机水稻的亩均收益③。由于我国现行的政策性农业保险没有区分普通农产品生产者和绿色有机农产品生产者对农业风险保障需求的差异，中央财政对所有的农业生产者均规定农业保险的保障水平以物化成本为参照标准，导致目前政策性农业保险提供的保障水平根本无法满足绿色农产品生产者的风险保障需求。

为了保障绿色农业生产者的利益，减少他们从事绿色农业生产过程中面临的自然风险，可以对现行的政策性农业保险制度进行一定程度的调整：一

---

① 物化成本是指农业生产过程中投入的种子、化肥、农药等资产资料所花费的成本以及土地租金、农民的劳动力投入等成本不计算在内。

② 2017 年早籼稻、中晚籼稻、粳稻最低收购价分别为 2.6 元/千克、2.72 元/千克和 3 元/千克，平均收购价为 2.77 元/千克。由于近几年来我国粮食连续高产，水稻收购价实际上是呈下降趋势的。例如，2021 年上述三类水稻的收购价分别为 2.44 元/千克、2.56 元/千克和 2.6 元/千克，平均收购价下降为 2.53 元/千克。

③ 目前市场上绿色有机水稻的售价普遍在 30～40 元/千克。

方面，为绿色农业生产者开发专门的农产品产量保险，并将其纳入政策性农业保险的保障范畴；另一方面，考虑到绿色农产品的价值较高，农民对农业保险的保障水平要求也较高，针对这些绿色农业生产者，政府部门可以在降低保费补贴比例的情况下，适当提高农产品产量保险的风险保障水平，使其能够覆盖绿色农业生产者的大部分自然风险。

（二）绿色农业发展的农产品质量安全责任保险

农产品质量安全责任保险承保的是因农产品质量问题所引起的消费者索赔风险。近年来，我国食品安全问题频频发生，社会公众对此类问题的关注度日益增长。农产品生产过程中涉及很多程序，土壤特性、化肥和农药的施用、饲料的使用、禽畜类药物的选择、产品的加工等各个环节都可能出现问题，导致农产品安全问题难以完全避免。在传统农业生产模式下，大多数农民所生产的农产品基本是都是无差异的，这些农产品一旦同时进入市场销售，经过几个环节的流通之后，消费者就很难追溯到农产品的生产者，因此，即使消费者购买了有质量问题的农产品，也只能找到流动环节中最后与消费者直接接触的经销商进行索赔，真正生产它的农民并不需要承担任何法律责任。

然而在绿色农业生产模式下，每一个农民所生产的农产品都是与别人存在差异的，目前市场上销售的绿色有机农产品，消费者都可以了解到产品的生产商、生产日期、生产地址、营养成分，甚至还包括农药、化肥的检测结果、土壤成分、生长期的天气状况等，这些信息或者被直接标注在产品的包装上，或者通过扫描包装上的二维码就可以直接获取。因此，在绿色农业生产模式下，每一个农民都成为具有自己独特商标的"公司"，无论最后消费者从哪个经销商处购买绿色有机农产品，他们都可以追溯到该农产品最初的生产者，在这种情况下，一旦农产品发生质量问题导致消费者提出经济赔偿要求，生产该"问题农产品"的农民将必须承担相应的法律责任。可见，绿色有机农产品的生产和销售模式决定了从事绿色农业生产的农民无法在农产品责任事故中置身事外，如果要防范这种风险，只能像工业企业经营者一样通过购买产品责任保险来进行风险转移。绿色农业是近几年才开始兴起的一种现代农业生产模式，而相关的农产品质量责任保险目前也只是个别保险公司在开展试营业，无论是国内还是国外都没有成熟的经验可供借鉴。考虑到农产品质量责任保险是广义农业保险的一种组成部分，同时此类保险的开展对于推动绿色农业发展具有十分积极的作用，建议初期可参照政策性农业保险的发展模式，对于刚开始涉足绿色农业生产或者生产规模不大的农民，由中央和地方各级财政提供一定比例的保费补贴；而对于绿色农业生产规模较大的农场或者农业公司，由于它们的盈利相对稳定，针对产品责任风险的承受能力与一般的工业企业相比并无明显区别，因此，可以实行较低的保费补贴，甚至不补贴。

三、绿色信贷与农业众筹相结合的绿色农业信贷诱导机制

要改变当前市场上农产品供给的结构性过剩问题，解决农民持续增收的瓶颈制约，就必须引导农民摒弃依靠农药、化肥提升产量的传统农业生产模式，转向绿色有机农产品生产。然而，从传统农业生产模式向绿色农业生产模式的转变，要求农民采用更先进的农业生产技术，进行更大规模的生产设施投资，这些都意味着农民需要加对大农业生产的资金投入。但在当前的农村金融制度下，缺乏抵押品的普通农民难以从信贷机构获取发展绿色农业所需要的资金支持，融资难依然是目前绿色农业发展面临的重要制约因素。本书认为可以从绿色信贷和农业众筹这两个层面进行制度创新，通过合理的制度设计来解决绿色农业发展的"融资难"问题。

（一）绿色农业发展的绿色信贷支持

为解决农民从事绿色农业生产面临的"融资难"问题，建议政府部门在农业贷款领域积极引入绿色信贷，并出台相应的指导政策，将环保因素纳入信贷机构发放农业贷款的考核内容之中，并对不同类型的农业贷款项目实行差异化的信贷审批标准：对于高污染、高能耗的传统集约型农业贷款项目，涉农金融机构在提高贷款利率的同时应当适当减少贷款额度；而对于绿色环保的生态型农业贷款项目，金融机构可以对借款农民适当放宽信贷审批要求，以达到鼓励绿色农业发展的目的。此外，政府部门对绿色信贷项目应当提供更多的利息补贴，同时针对信贷机构开展该类业务实行一定程度的税收减免；政府部门还可以设立绿色信贷违约风险补偿基金，以降低农业信贷机构的业务经营风险。实施这种差异化的绿色信贷审批制度可以达到如下效

果：一方面，对于现有的农业生产者来说，如果他们继续选择高能耗、高污染的传统农业生产模式，很可能通不过涉农信贷机构的绿色信贷审批要求，导致其难以获得预期的信贷资金，即使能够获取部分贷款也必须承担较高的资金成本，这将迫使他们采用绿色环保的农业生产技术，以达到金融机构的绿色信贷审批标准，最终使传统农业生产模式逐渐被绿色农业生产模式所取代；另一方面，对于即将进入农业生产领域的"新人"来说，传统农业生产模式的弊端和瓶颈显而易见，而绿色农业生产模式既契合了未来农业发展趋势，同时又能够获得信贷融资方面倾向性的政策支持，追求利益最大化的"理性经济人"的最终选择必然是绿色农业。因此，在农业领域大规模地推行绿色信贷政策，同时对信贷机构和贷款农民提供倾向性的财税政策支持，有助于引导农民摒弃传统农业生产方式，促进高碳农业向绿色低碳农业的转型和发展。

（二）绿色农业发展的农业众筹支持

以网络众筹为代表的互联网金融的兴起，使得社会上每一位有闲置资金的公众都成为潜在的资金供给者。近年来，网络众筹已经深入社会生活的各个领域，不同行业的资金需求者都可以通过众筹来获取资金支持。随着社会公众对绿色有机农产品需求的持续增长以及农产品电子商务的进一步普及和发展，绿色农产品生产者通过农业众筹来获取资金成为可能。相对于传统的农业信贷融资，农业众筹融资不需要资金需求方提供抵押品，具有放款快、门槛低、还款方式灵活等诸多优点，其潜在的违约风险也可以通过一系列的制度设计来进行合理规避。目前，可选择的农业众筹模式主要有三种类型：债权众筹、股权众筹和产品回报众筹。

图 2 - 2 列出了不同绿色农业生产者可供选择的众筹融资模式，本书将绿色农业生产者划分为三类：第一类是普通的绿色有机农产品生产者，他们可选的众筹融资模式有债权众筹和产品回报众筹两种。选择债权众筹与绿色有机农产品的特性无关，主要取决于绿色农业生产者自身的融资偏好。而产品回报众筹则要求农民所生产的绿色农产品可贮存较长的时间，在配送和邮寄过程中不容易腐烂变质。第二类是股份制的绿色农业公司，这种公司制的农业生产者可选择的众筹融资模式最为多样化，借款人根据自己的融资偏好和绿色农产品特性，可以在债权众筹、股权众筹和产品回报众筹三种模式中

任选一种。第三类是网络热销绿色有机农产品生产者，对他们而言，最佳的众筹融资模式是产品回报众筹。当前我国农产品电子商务发展迅速，通过众筹的方式能够购买到自己心仪的、经过权威机构认证的绿色农产品，而且享有优先供应权，这无疑是热衷于网购的社会公众所乐于接受的购物体验。农业众筹为绿色农业的发展提供了潜在的巨大资金支持，而绿色农业的兴起也为各种类型的农业众筹模式提供了广阔的发展空间，两者之间相辅相成的关系随着国家相关政策的引导进一步深化。

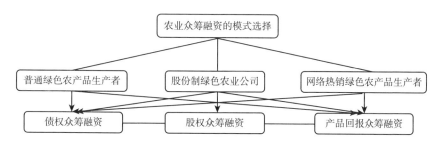

图 2-2　不同农业生产者众筹融资的可选模式

四、推动传统农业向绿色低碳农业转型的农业保险绿色补贴机制构建

自给自足、多样化经营的传统农业生产模式向专业化、集约化的现代农业生产模式转变是农业发展的必然趋势，也是提升我国农业生产效率、提高市场竞争力的必然选择。政府为农业保险提供保费补贴改变了农民的农业生产预期收入，并降低了农业经营风险，使得大规模的专业化农业生产成为可能，在很大程度上促进了传统农业向现代农业的发展转型，从这个意义上讲这是农业保险对农业生产所带来的正面影响。但由于目前低碳农业的生产理念尚未在农民中得到普及，而且低碳农业生产技术的推广也进程缓慢，导致农民仍然简单地采用增加农药、化肥等传统方式来解决生产规模扩张所导致的农家肥不足问题，而农用化学品的过量实施必然会加剧本已经十分严重的农业环境污染问题。因此，调整和优化现行农业保险补贴政策、构建支持低碳农业发展的绿色补贴机制就显得尤为重要，本书作者认为可从以下几个方面着手构建政策性农业保险的绿色补贴机制。

（一）针对"低碳农业"和"高碳农业"实施差异化的农业保险补贴政策

我国当前实施的政策性农业保险补贴制度，无论是中央财政的补贴方案还是地方各级政府的补贴规则，都只强调对试点农作物（或禽畜）的保费补贴比例和保障水平，从根本上来说，政府关注的仍然是农业保险对农民收入及粮食产量的积极影响，却忽视了粗放式补贴模式可能导致的不良环境效应。事实上，国内外学者的现有研究都表明，政府对不同农作物（或禽畜）或者不同农业生产方式实施差异化补贴的政策，往往可以引致农民改变自己的农业生产决策。如果能够对采用低碳环保型农业生产方式给予农民更高的财政补贴，那么在经济利益的驱动下将会有更多的农民摒弃原来高能耗的传统农业耕作模式而采用更生态环保的先进农业生产技术。对于农业保险来说同样如此，如果政府部门对现行的农业保险补贴政策进行调整和优化，那么由当前政策性农业保险粗放型补贴导致的不良环境效应将可能转变为激励农民保护农村生态的积极环境效应。

具体来说，针对所有的政策性农业保险试点产品首先都由财政提供一个基本的补贴标准，例如，按照当前中央财政农业保险补贴方案的标准，保障水平设定为只补偿农产品生产的物化成本部分（一般为农产品最终市场价值的30%左右），保费补贴比例也不宜太高，在30%~40%，这是所有被纳入政策性农业保险试点品种的农产品都能够享受到的服务。除此之外，各级财政还可以根据农民采用的农业生产方式来决定是否给予额外的农业保险补贴：对于采用低碳环保型农业生产技术、有助于减少化肥及农药等农用化学品施用量的农业生产方式，政府可以在保费补贴比例不变的情况下，为这些农民提供更高的农业保险保障水平，其实质就是为采用低碳农业生产模式的农民提供更高的农业保险补贴。我国绝大部分农民对于传统的农业生产方式具有严重的路径依赖，对于低碳环保的新型农业生产技术缺乏足够了解，另外，新技术的采用也需要付出额外的成本，因此，在农业经营收益难以得到足够保障的前提下，农民很难具有采用环保型农业生产技术的动力。政府为采用低碳环保型农业生产方式的农民提供更高的风险保障，有助于降低其农业经营风险，鼓励他们选择环境友好型的农业生产技术，最终使政策性农业保险成为推动低碳农业发展、缓解农村环境污染的政策手段。

（二）通过政策激励构建农业生产内部种养结合循环利用的农业生产方式

传统的种养结合是指单个农民既从事种植业也从事养殖业，并且合理利用种植业和养殖业经营过程中的废弃物进行循环利用的生态农业生产方式。政策性农业保险的实施加快了种养分离的发展进程，使得专业化和规模化农业生产开始逐渐取代多样化、兼营种养业的传统农业生产方式，这种生产方式的改变导致单个农民内部无法进行种养业之间废弃物的循环利用，进而产生的较为严重的环境问题。然而，如果从整个农业生产的宏观视角来看，不管单个农民的农业生产方式如何改变，在农业生产过程中总有一部分从事种植业生产，另一部分人从事养殖业生产，并且种植业生产过程中的废弃物如作物秸秆仍然是禽畜潜在的良好饲料来源，而养殖业生产过程中的废弃物如禽畜粪便也依然是农作物生长所必需的肥料来源。因此，如果能将专业化种植产生的秸秆加工成动物饮料，而将专业化养殖产生的禽畜粪便加工成有机肥，同样可以实现农业生产内部种植业和养殖业之间的废弃物循环利用，不仅有助于降低农业生产成本，同时也能够减轻农业生产对农村生态环境的负面影响。由于专业种植或者养殖大户难以进行专业化的有机饲料和有机肥料生产，因此，可以通过由政府提供财政支持的方式，一方面鼓励农业企业参与其中，另一方面也激励专业大户采用上述企业生产的饲料或者肥料。

具体来说，可以从两个方面进行政策激励。一方面，在专业种植大户或者专业养殖大户集中的农村地区鼓励农业企业兴建工厂从事有机饲料或者有机肥料的生产，政府针对这类企业实现税收减免。鼓励养殖企业将生产过程中的禽畜粪便无偿出售给从事有机肥料生产的农业企业，由政府按照出售量的多少进行财政补贴（如每出售一吨禽畜粪便补贴 100 元）；针对那些既不将粪便免费出售给有机肥生产企业，同时也不自行进行无公害处理的养殖大户，政府需按照粪便产出量多少对其征收污染处理费。同样的政策也适合专业种植大户和从事有机饲料生产的农业企业。另一方面，为鼓励专业种植大户积极使用有机肥料，减少对化学肥料的依赖，政府部门可以将农业保险的保费补贴参照有机肥料的使用情况进行调整，有机肥施用比例越高的种植大户，其获得的农业保险保费补贴比例也越高；同样地，有机饲料使用比例越高的养殖大户，其养殖的禽畜获得的农业保险保费补贴比例也高于主要使用化学饲料的农民。如此一来，既减少了农业生产过程中的化学品投入量，同时也保障了农业生产终端产生的对环境有害的废弃物能够实现循环利用，从而最大限度减少了农业生产对农村环境的负面影响。

（三）研究设计支持低碳农业发展的农业保险保单抵押贷款机制

专业化、规模化农业生产是未来农业发展的必然趋势，也是我国传统农业向现代农业转型的必然结果。然而，由自给自足的传统小农经济农业生产模式向专业化、集约化的新型农业生产模式转变的过程中，面临的一个重要制约因素就是融资难：传统农民的经营规模较小，从农业生产中获取的收益在满足日常生活所需之后所剩无几，绝大部分农民单凭自身的资本积累难以实现农业再生产的规模扩张，因此迫切需要外部的金融支持才能实现规模化的农业生产。但在现有的农村金融环境和制度设计下，欲进行农业生产规模扩张的农民想要获取农业贷款就必须提供相应的抵押品，而农民最主要的不动产——农房由于不易变现、缺乏足够的流动性，因此根本不具备成为合作抵押品的条件。另外，能够给农民带来收益的主要资产——农产品，则由于还在生产阶段，尚不具备市场价值和出售条件，因此也不满足作为农业贷款抵押品的要求。考虑到信贷机构要求提供抵押品的原因是担心农民不能按期归还贷款，而农民不能及时归还贷款则主要是因为农业经营存在风险，在发生重大自然灾害的情况下农民可能面临血本无归的结果。鉴于此，如果通过投保农业保险的方式来为农民的农产品生产预先锁定一个最低收益水平，并且根据该最低收益所对应的金额来申请农业贷款，在合理的制度设计下便可以既保障农民获取扩大农业再生产所需要的资金，同时也保证了农业信贷机构不会因为发生贷款违约而遭受经济损失。

为了推动绿色生态农业的发展，一方面，政府可以为采用低碳农业生产技术的农民提供更高的保费补贴水平和风险保障水平，使得农民在遭受重大自然灾害的情况下仍然能够获得高于其物化成本投入的保险赔偿收益；另一方面，可以由政府部门牵头构建针对低碳农业生产模式的农业保险保单抵押贷款机制，即对那些采用低碳农业生产技术的农民，允许其通过农业保险保单抵押来获取农业信贷支持，以缓解当前农民普遍缺乏合作贷款抵押品的问题。在这种模式下，无论是否发生重大自然灾害，农民都可以获取一定的农业经营收益，信贷机构也不用担心贷款违约问题，其原因在于：在自然条件好的年份，农民的农业经营收益稳定，获取丰厚利润的农民自然不会出现不归还贷款的违约情况，农业信贷机构的利益能够得到保障；而在发生重大自然灾害的年份，虽然农民生产的农作物可能遭受巨大损失，但由于其投保了农业保险，在风险保障水平较高的情况下，理论上农民能够从保险公司获取一笔金额较大的预期保险赔偿金。当然，由于农民事先已经将农业保险保单抵押给了信贷机构以获取贷款，因此，农业保险保单的求偿权由农民转移给了农业信贷机构，只要农业信贷机构贷给农民的资金小于农业保险保单的最大赔偿金额（这个可以通过预先的制度设计来实现），那么在发生最严重自然灾害的情况下，农业信贷机构也仍然能够通过农业保险保单所赋予的赔偿权来收回贷款本息。上述的制度设计保障了无论在何种情况下，农业信贷机构都能够确保其获得稳定的信贷收益，而这种低风险甚至无风险的业务模式必然提升其对低碳农业生产模式的信贷支持意愿；与此同时，由于实施低碳农业生产技术有助于更方便、快速地获取信贷支持，因此，农民具有了采用低碳环保型农业生产技术的经济动力。

五、小结

我国在历史上长期作为一个农业大国而存在，农村人口多、适耕土地少的特殊国情决定了几千年来中国农民都是采用精耕细作的小农经济生产模式。在农业社会早期，这种传统的农业生产模式尚难以生产出足够的粮食来满足农民的基本温饱问题，但随着化肥、农药等生产资料的应用以及作物品种的不断改良，农作物的单位产出水平不断增加，市场上同质化的农产品供应量持续增长，普通农产品供给的结构性过剩问题开始日益突出。此外，随着社会经济的发展，收入水平的不断增长也使得城镇居民开始逐渐关注食品安全问题，环保意识的普及和养生概念的盛行使得部分高收入的城镇居民越来越偏好绿色有机农产品，而且从社会经济的发展规律来看，这种对于农产品偏好的改变是持续性的，随着国民收入的持续上涨，可预计未来会有更多的居民倾向于购买绿色有机农产品。然而，目前市场上农产品的市场供给却并未适应城镇居民对农产品需求的这种变化趋势。由于从传统农业生产模式转向绿色农业生产模式需要较大的成本投入，同时也面临更高的经营风险，在缺乏有效的融资途径和完善的风险保障情况下，农民普遍缺乏从事绿色农业生产的意愿。为鼓励更多的农民从事绿色农业生产，可分别从信贷融资、保险保障、价格保护三个层面构建促进我国绿色农业发展的金融诱导机制，通过政策激励的方式来引导农民转变农业生产方式，进而达到改善农产品市场供给结构的目的。

第三章

政策性农业保险的粮食增产效应

　　2019 年底暴发的新冠肺炎疫情导致越来越多的国家开始实施封城甚至封国的举措以缓解病毒的传播。封锁带来的压力开始影响全球供应链，并对全球粮食生产造成破坏。由新冠肺炎疫情暴发引发的粮食安全担忧已经随同病毒一起在全球范围内扩散，部分粮食出口国相继出台了临时的粮食出口禁令，部分国内外民众由于担忧疫情持续而开始囤积粮食，国内部分城市甚至发生了抢购粮油的情况。作为世界人口最多的国家和第一大粮食进口国，中国自身的粮食安全问题也会受到国际粮食贸易局势的影响，一旦类似新冠肺炎疫情这种公共卫生危机发展失控或者在世界范围内大规模扩散，全球性粮食危机似乎不可避免，在这种极端假设情况下，中国是否还能够在缺少外部粮食进口来源的前提下保障自身的粮食安全？在出现结构性粮食短缺问题的情况下是否有可行的解决办法？这些都是本书接下来将要重点解答的问题。

　　作为传统的农业大国，粮食安全问题历来是各界政府关注的重要民生问题，也是国内学术界关注的重要热点问题。21 世纪初以来，虽然中国粮食生产实现了连年增产，但粮食供求结构性失衡、资源环境瓶颈压力趋紧等问题仍然客观存在（蒋辉、张康洁，2016；王刚、钱龙，2019；张伟等，2019）；城镇化所造成的耕地减少和农村青壮年劳动力流失等问题，也是影响中国中长期粮食供给安全的潜在不稳定因素（钟甫宁，2016；辛翔飞等，2018）。有学者认为，中国必须依赖国际市场来实现国内粮食安全，而国内外粮食市场紧密相连，如果全球的粮食安全得不到保障，国内的粮食安全也必然会受到严重威胁，因此，中国的粮食安全问题必须置于全球视角下进行考量（毛学峰、孔祥智，2019）。自从农产品"入世"过渡期结束之后，中国已经由粮食净出口国转变为粮食净进口国，粮食贸易赤字不断创历史新高（成升魁、汪寿阳，2017；马翠萍，2017），粮食进口市场存在高度集中的风险（王溶花、曾福生，2015；许世卫等，2018），而且由于中国人口数量众多，粮食进口的总量较大，对国际粮食市场价格具有举足轻重的影响，也即存在所谓的"大国效应"（孙致陆、李先德，2015；钟钰等，2015）。在此情况下，有学者建议，应当科学把握粮食进口的合理规模，保有必要手段确保粮食进口适度、适当、可靠，从而确保国家粮食安全新战略的成功实施（农业部农业贸易促进中心课题组，2016；普蓂喆等，2019）。

国内现有关于粮食安全的研究文献主要从市场供需平衡的角度展开，集中于"粮食供应量"和"购买能力"这两个问题的研究上，而对于粮食流通环节的安全问题尚未引起足够重视（王玉茹、任新平，2007；曹宝明等，2018）。随着全球粮食贸易的快速增长，粮食进口国获得粮食的"及时性"显得越来越重要，而国际粮食贸易依赖于一个全球性的运输网络系统，因此，流通领域的畅通无阻对于保障粮食安全的作用日益凸显（孙林等，2015；王帅，2018a）。粮食流通领域面临的风险包括两个层面：一是国内粮食流通过程中存在的风险。有学者认为，当前中国粮食生产的区域结构性矛盾突出，粮食生产日渐向优势区域集中，主销区的粮食消费日益依赖于主产区的粮食调运，粮食主产区和主销区在地理空间上的分离，使得粮食流通过程中呈现显著的"北粮南运"特征，然而国内的粮食运输网络存在运力不足、物流方式落后等问题（毛学峰等，2015；王帅、赵秀梅，2019），在发生突发性事件的情况下，粮食物流体系将面临较大的压力，进而会对国家粮食安全带来潜在隐患（李凤廷等，2016）。二是国际粮食贸易流通层面存在的风险，包括粮食禁运风险和粮食运输风险（Tarrant，2016）。粮食禁运是指粮食出口国方面出于政治原因或者其他动机，部分或全部中断与进口国发生的商业性粮食贸易。例如，在2008年全球性粮食危机时，就有多个粮食生产大国实施了粮食出口禁令，导致国际粮食市场上无粮可买。此外，目前国际粮食贸易严重依赖长距离的海运，然而海运无法实现高效率的快速通达，而且容易受到天气影响（毛学峰等，2015）。随着全球粮食出口国的集中以及粮食贸易量的迅速增长，国际间的粮食运输遵循较为固定的路线，粮食贸易路线正面临日益严峻的压力（王帅，2018a），类似于巴拿马运河、苏伊士运河、马六甲海峡等海上关键咽喉要道，在国际粮食运输航线中起着连接主要粮食出口商和粮食进口国的枢纽作用，粮食通过这些海峡和运河等海上通道运往世界各地，相比陆路交通面临的中断或阻塞风险更大，不确定因素也更多（王帅，2018b）。

总体来看，随着国际粮食贸易额的逐年增长，供给层面的稳定和流通领域的畅通对于保障进口国的粮食安全日益重要。无论是粮食出口国的贸易决策还是粮食流通渠道的畅通，都会受到国际政治、经济局势或者突发性社会公共危机等因素的影响，而本次在全球暴发的新冠肺炎疫情无疑就是一起对国际粮食贸易造成重大影响的全球性公共卫生事件。虽然中国是第一个疫情得到有效控制的国家，但考虑到目前国家仍然在进口大量的粮食，因此，在分析全球性公共卫生危机对中国粮食安全的影响问题时，必须将研究视野拓展到国际粮食贸易的宏观层面。为此，本章首先对我国粮食市场的供需平衡情况进行了测度，从满足生存需求的角度估算了当前真实的粮食自给率，然后从新冠肺炎疫情对全球粮食贸易影响的角度，综合评估了我国面临全球性公共卫生冲击时的粮食安全综合保障能力；其次基于微观经济理论就政策性农业保险对粮食产出的激励效应进行了理论层面的探讨；最后对当前粮食主产区农业保险补贴的政策效果进行了综合评价，并基于维护国家粮食安全的视角提出了相关的政策建议。

第一节　我国当前粮食安全形势的综合评估

一、中国粮食市场供需特征及对国际粮食贸易的依存度分析

在国内新冠肺炎疫情已经趋于稳定的情况下，2020 年上半年国内部分地区仍然出现民众抢购粮油的现象，主要的原因在于国内民众担心一旦中国无法从国际市场上进口粮食之后，国内的基本粮食需求是否还能够得到满足，虽然官方媒体一直在强调我国的粮食产量和粮食储备都足以保障国家粮食安全。但在自媒体时代，大家每天都可以从手机上接收到各种复杂的信息，特别是一些国家为应对极端疫情而采取粮食出口禁令的消息借助自媒体更容易在互联网上传播，导致部分不明真相的人民群众暂时处于粮食短缺的假想状态，从而引发了各种非理性行为。针对当前社会各界关心的粮食需求保障问

题，本书分别从中国粮食供需特征和粮食外贸依存度这两个层面进行解答。

（一）中国粮食消费结构特征及需求总量测算

改革开放以来，伴随中国国民经济的高速发展，城乡居民的收入水平持续提升，生活水平也从温饱型过渡到小康型和富裕型，国民对"吃"的追求也由"吃饱"向"吃好"的需求转变，并由此带来了饮食结构上的一个重要变化：在整体消费结构升级的背景下，城乡居民的食品消费结构也发生了显著变化，其中，最重要的表现就是口粮的人均消费量开始逐年下降，而肉、蛋、奶、水产品等其他食品的人均消费量保持稳步上升。2000～2018 年中国农村居民人均口粮消费从 250.2 千克下降到 148.5 千克，下降幅度达到 38.21%[①]。这说明随着收入水平和生活水平的同步提升，农村居民的食品消费日益多元化，开始从满足"量"的需求向满足"质"的需求转变，从仅仅满足温饱开始向营养均衡、饮食健康层面转变。

在人均口粮消费逐年下降的同时，中国城乡居民对肉制品、禽类产品、水产品和蛋制品等营养价值较高的食品需求量迅速增长。以农村居民为例，2000 年的人均肉类产品、禽类产品、水产品和蛋制品的人均消费量分别只有 15.49 千克、2.81 千克、3.92 千克和 4.77 千克，而到 2018 年，上述产品的人均消费量分别增长到 27.5 千克、8.00 千克、7.80 千克和 8.4 千克，同比增长幅度分别高达 77.53%、184.70%、98.98% 和 76.10%。2010 年以来的统计数据均显示，整体收入水平更高的城镇居民，其口粮的人均消费量显著低于农村居民，而其肉制品、禽类产品、水产品和蛋制品的人均消费量均显著高于农村居民，上述特征预示着两个潜在的结果：一方面，目前中国居民的肉禽制品、奶制品和蛋制品的人均消费量还远远低于西方发达国家，随着今后城乡居民收入水平的继续上涨，上述食品的人均消费量仍然有很大的增长空间；另一方面，随着中国城镇化的持续推进，未来几十年内仍将有数以亿计的农村居民通过务工或考学的方式成为城市居民，这将进一步降低口粮的人均消费需求，同时推动肉禽制品、奶制品等食品的消费增长。

---

① 2013 年之前，《中国统计年鉴》尚未统计全国居民的人均口粮和人均食品消费情况数据，只有农村居民的数据，因此，本书以农村居民的食品消费数据为例进行分析。下同。

　　城乡居民食品消费结构的上述变化是否意味着中国粮食总需求在逐渐减少呢？答案显然是否定的。因为无论是肉类还是禽类或者是水产和蛋类食品，在生产的过程中都需要消费大量的粮食，差别在于动物养殖过程中消费的粮食主要是玉米、大豆等饲料用粮，而非水稻、小麦等口粮。因此，在城乡居民食品消费升级的大背景下，中国整体的粮食需求结构已经并且将持续发生重大变化：口粮的消费稳中有降，而饲料用粮的消费日益增长。为了更准确地理解中国城乡居民食品消费结构变化对饲料用粮需求的增长，本书选择用饲料消耗系数来测算饲料需求①，进而根据饲料需求量来估算玉米和大豆作为饲料用粮的市场需求。

　　表3-1为近年来国内学者在测算粮食需求量时所采用的饲料消耗系数，不同学者采用的数据差距较大，五位学者采用的饲料粮消耗系数平均值为：猪肉：2.48；牛肉：2.06；羊肉：2.00；禽肉：1.83；禽蛋：1.76；奶类：0.43；水产品：0.71。上市公司温氏股份和新希望2021年9月在投资者互动平台回答投资者提问时表示，目前生猪养殖全程饲料消耗系数在2.4~2.5，与上述测算的平均值很接近，考虑到还有部分中小规模的生猪养殖户，其生产效率相对较低，故将猪肉的饲料消耗系数设为2.6。牛肉和羊肉的饲料消耗系数采用相对保守一点的数值（比平均值略高），设定为2.1。考虑到禽、蛋的规模化养殖比例相对牛羊肉更低（目前农村地区大部分农民都有散养的家禽），因此，禽、蛋的饲料消耗系数采用比平均值更保守一点的数值，高定为2.0。同样的道理，将奶类饲料消耗系数设置为0.5。水产品来自两块：一是海洋捕捞的水产品，基本上以野生为主，不需要消耗饲料；二是淡水养殖的水产品，由于我国的湖泊和池塘面积相对固定，养殖规模和养殖方式也不会有太多变化，饲料的整体消耗大体保持稳定，因此，水产品的饲料消耗系数保持0.71的平均数不变。

---

　　①　本书作者认为，饲料消耗系数比料肉比的表述更准确。对于生猪、禽肉和禽蛋养殖来说，由于整个过程都是以粮食为主的饲料来喂养，因此，饲料消耗系数与料肉比基本是同一个数值；差异最大的是牛羊养殖行业，在牛羊养殖过程中，除了以天然草场为主要食物来源的放养模式之外，其他的规模化养殖都是以精料和粗料配合进行喂养的，其中精料主要由玉米、麸皮、豆粕等粮食类产品组成，粗料主要由玉米秸秆、小麦秸秆、稻草、牧草、青干草等非粮类产品组成，两者的配比大约为1:2.5。这意味着如果牛羊肉的饲料粮消耗系数为2，换算成料肉比则为7，两者之间有着非常明显的差距。

表 3 - 1 中国肉蛋奶水产品生产的饲料消耗系数估算

作者	猪肉	牛肉	羊肉	禽肉	禽蛋	奶类	水产品
马永欢、牛文元（2009）	2.1	1.4	1.4	1.4	1.4	0.3	0.7
张锦华、许庆（2012）	2.5	3	3	1.7	1.7	0.5	0.5
李国祥（2014）	2.2	1.8	1.7	1.8	1.7	0.4	1.1
韩昕儒等（2014）	2.87	1.71	1.53	2.09	1.67	0.55	0.45
曾鰓婷等（2021）	2.74	2.38	2.38	2.18	2.3	0.4	0.8
平均值	2.48	2.06	2.00	1.83	1.76	0.43	0.71
本书估算值	2.6	2.1	2.1	2.0	2.0	0.5	0.71

资料来源：本书选择的是近年来在国内权威和核心期刊发表的论文所采用的饲料消耗系数值。

饲料需求的具体计算方式如下：

$$Y = \sum a_i X_i \tag{3-1}$$

其中，Y 表示饲料用粮需求；a 表示肉、禽、蛋、奶、水产品等食品类别；X 表示不同类别产品的饲料消耗系数。然后根据各年肉、禽、蛋、奶和水产品的产量便可以估算出每年饲料的真实需求。本书测算了 2010～2019 年饲料的需求数据，肉、禽、蛋、奶、水产品的产量数据来自各年的《中国统计年鉴》，考虑到天然生产的水产品不需要投放饲料，因此，水产品的年产量只计算人工养殖的产量。具体的测算数据见表 3 - 2。

表 3 - 2 2010～2019 年中国饲料消费需求测算 单位：万吨

年份	猪	牛	羊	禽	蛋	奶	水产	总量
2010	13 359	1 321	853	3 396	5 554	1 606	2 719	28 808
2011	13 343	1 283	836	3 418	5 660	1 632	2 856	29 028
2012	14 154	1 292	851	3 646	5 770	1 654	2 829	30 196
2013	14 609	1 287	861	3 596	5 812	1 560	2 991	30 716
2014	15 135	1 294	899	3 502	5 860	1 639	3 120	31 449
2015	14 677	1 296	924	3 652	6 092	1 648	3 249	31 538
2016	14 108	1 296	966	3 776	6 322	1 587	3 403	31 458
2017	14 175	1 334	989	3 794	6 192	1 575	3 483	31 542
2018	14 050	1 352	998	3 988	6 256	1 589	3 544	31 777
2019	11 063	1 401	10 234	4 478	6 618	1 649	2 238	28 471

市场上通用饲料的组成成分中，玉米大约占 50%，豆粕大约占 20%，而豆粕的主要来源是豆类（主要是大豆），大豆的平均出粕率大约为 80%。根据以上数据，我们将每年度的饲料总需求量乘以 50% 就得到了每年度作为饲料用粮的玉米需求量；将每年的饲料总需求量乘以 20% 再除以 80% 就得到了作为饲料用粮的豆类需求量。具体的测算数据如表 3-3 所示。

表 3-3　　　2010~2019 年中国玉米、大豆作为饲料用粮的需求测算　　　单位：万吨

年份	玉米需求	豆类需求	总需求
2010	14 404	7 202	21 606
2011	14 514	7 257	21 771
2012	15 098	7 549	22 647
2013	15 358	7 679	23 037
2014	15 725	7 862	23 587
2015	15 769	7 885	23 654
2016	15 729	7 865	23 594
2017	15 771	7 886	23 657
2018	15 889	7 944	23 833
2019	14 236	7 118	21 353

由表 3-3 中数据可知，2010~2019 年，我国饲料用粮的总需求量大体保持在 21 000 万~24 000 万吨。结合表 3-2 可知，羊肉、禽肉、水产和蛋的饲料用消费一直保持缓慢的上涨趋势，牛、奶等的饲料需求基本没什么变化，而生猪养殖的饲料用粮需求则呈现较大的波动性，特别是 2019 年猪肉产量相比 2018 年下降了 21.3%，直接导致当年生猪养殖的饲料需求同比下降了约 3 000 万吨，从近年来的数据看，我国生猪的消费需求基本趋于稳定，增长空间相对有限。估计未来十年内，我国饲料用粮总需求将保持在 25 000 万吨左右。

粮食的消费需求包括四个部分，即口粮需求、饲料用粮需求、种粮需求和工业用粮需求。口粮需求可以根据全国城乡居民人均口粮消费量乘以当年平均人口得到。根据国务院发展研究中心和中华粮网的分类数据，目前中国种粮消费占比约为 2%，工业用粮占比约为 14%，口粮和饲料用粮占粮食总需求的比例总计高达 84%。本书先测算口粮消费需求，然后结合测算的饲料

用粮需求量以及这两类粮食的需求占比情况估算出中国近年来各个年度的粮食总需求。由于《中国统计年鉴》自 2013 年才开始统计全国居民的人均口粮消费数据①，因此，本书只估算 2013～2018 年的粮食消费需求，具体测算结果如表 3－4 所示。

表 3－4　　　　　　　　　2013～2019 年中国粮食总需求估算　　　　　　单位：万吨

年份	口粮需求	饲料用粮需求	四大类粮食总需求②
2013	20 234	23 037	51 513
2014	19 286	23 587	51 039
2015	18 489	23 654	50 170
2016	18 362	23 594	49 948
2017	18 085	23 657	49 693
2018	17 749	23 833	49 502
2019	18 215	21 353	47 105

本书的测算结果显示，由于全国城乡居民人均口粮消费量的逐年下降，中国口粮总需求量由 2013 年的 20 234 万吨下降到 2019 年的 18 215 万吨，绝对需求量减少了约 2 000 万吨；同期饲料用粮需求保持稳定，除了 2019 年因生猪养殖规模大幅下降导致需求减少之外，其他年份的饲料用粮需求基本维持在 23 000 万～24 000 万吨，由于口粮消费的逐渐下降使得稻谷、小麦、玉米和大豆四大类粮食总需求稳中有降，大体保持在 50 000 万吨左右。考虑到工业用粮还有一定增长空间，同时饲料用粮总需求受生猪价格影响较大，在生猪价格上升周期，养殖户会扩大生猪养殖规模，从而会推动饲料用粮需求上涨。此外，禽肉、羊肉、蛋、水产等消费需求尚处于上升期，对饲料用粮的需求整体上仍然会保持小幅增长态势，而口粮消费的下降速度未来会逐渐趋缓③。因此，预计未来我国粮食需求总体上还存在一定的上涨空间。我们

---

① 2013 年之前只统计了农村居民的人均口粮消费数据。

② 四大类粮食总需求中还包括种粮需求和工业用粮需求，相关测算数据本书没有列出，感兴趣的读者可向作者索取。

③ 口粮消费具有一定的需求刚性，不可能一直维持下降趋势。

估计未来十年中国稻谷、小麦、玉米、大豆四大主粮的市场需求量大约在 55 000 万吨以内，加上每年约 4 000 万吨左右的杂粮消费，预计年均粮食需求总量为 59 000 万 ~ 60 000 万吨[①]。

（二）中国粮食供给能力与外贸依存度测算

1. 中国粮食供给能力测算。在最近 40 年内，中国的粮食产量整体保持稳步上涨趋势，粮食总产量由 1978 年的 30 477 万吨增长到 2019 年的 66 384 万吨，净增长额为 35 907 万吨，增长比例为 117.82%。在此期间中国粮食产量也出现了短期的波动，例如，1998 年粮食产量达到 51 229.5 万吨的历史新高，随后在 1999 年国务院出台了《关于进一步完善粮食流通体制改革政策措施的通知》，决定适当调减粮食保护价收购范围，并从 2000 年新粮上市起实行。这一粮食收购政策的出台给生产者以强烈的信号，加上此前粮食市场价格长期低迷，导致随后的粮食播种面积和总产量显著下降，政策颁布当年中国粮食总产量尚有 50 838.6 万吨，而到了 2000 年粮食产量迅速下降为 46 218 万吨，下降比例高达 9.09%，随后的几年内粮食总产量继续保持下降态势，到 2003 年粮食总产量已经下降到 43 069.5 万吨，相比 1998 年的历史高点下降了 15.93%。粮食产量的持续下降引起了决策层的高度重视，为了提高农民种粮积极性、稳定粮食产量，国家于 2004 年推行粮食最低收购价政策，引导粮食产量逐步回升。2004 ~ 2015 年，中国粮食产量实现了 11 连增，其间于 2007 年重新回到 50 000 万吨的水平，并在 2013 年迈入 60 000 万吨的新台阶，最近四年中国粮食总产量基本稳定在 66 000 万吨的水平。

根据用途的不同大体上可以将粮食划分为三个类别：口粮、饲料用粮和杂粮。其中，口粮主要是稻谷和小麦，饲料粮主要指玉米和大豆，杂粮则包括各种薯类。21 世纪以来，中国粮食总产量由 46 218 万吨增长到 2018 年的 65 789 万吨，增长幅度为 43.34%；而三大粮食类别的产量增长幅度是存在显著差异的，如图 3 – 1 和图 3 – 2 所示。其中，口粮产量由 2000 年的 28 754

---

① 由于饲料用粮占粮食总需求的比例超过 60%，而饲料用粮中生猪养殖消耗的粮食占比将近 50%，所以由生猪价格波动导致的养殖规模变化会对总体的粮食需求产生较大影响，这也是导致粮食需求量出现波动的重要原因。此外，根据《中国统计年鉴》的数据，中国每年的杂粮消费在 3 500 万 ~ 4 000 万吨。

万吨增长到 2018 年的 34 357 万吨，增长幅度为 19.49%；饲料粮产量由 2000 年的 12 141 万吨增长到 2018 年的 27 222 万吨，增长幅度为 124.22%；杂粮的年产量则变化不大，长期保持在每年 3 000 万~4 000 万吨。由上述数据可知，自 2000 年以来，中国粮食总产量虽然增长了约 20 000 万吨，但主要是由饲料粮的增长贡献的，更确切地说是由玉米的产量增长贡献的（由 2000 年的 10 600 万吨增长到 2018 年的 25 717 万吨）①，而稻谷、小麦等口粮的产量增长总计才 5 000 多万吨。因此，在粮食产量 11 连增的数据背后，我们需要清醒地认识到中国真正用于满足口粮消费的粮食并没有数字上看起来那么富余。不过考虑到 21 世纪以来中国人均口粮消费一直在下降，2016 年、2017 年、2018 年的口粮消费总量分别为 1.84 亿吨、1.81 亿吨和 1.77 亿吨②，目前国内口粮年产量大约相当于消费量的 2 倍，口粮的市场需求还是能够得到满足的。

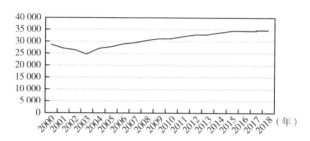

图 3-1　2000~2018 年中国口粮产量变化趋势

资料来源：历年的《中国统计年鉴》。

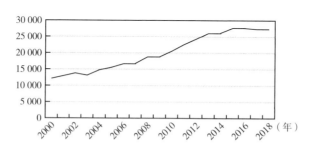

图 3-2　2000~2018 年中国饲料粮产量变化趋势

资料来源：历年的《中国统计年鉴》。

---

① 这期间国内大豆的年产量实际上是下降的。
② 根据《中国统计年鉴》上的全国居民人均口粮消费量乘以各年的人口数量得到。

2. 中国粮食外贸依存度测算。21世纪初以来中国的粮食进口量一直在快速增长，2000年粮食进口总量还只有1 391万吨，2015年已经增长到12 447.5万吨的历史高点，2018年由于中美之间发生贸易摩擦，中国出于贸易反制的考虑大幅减少了从美国进口农产品，导致当年的粮食进口总量出现了较大幅度的下降，但全年粮食进口总量也有10 851万吨，相比上一年（2017年）下降了1 261万吨，下降幅度为10.41%（见图3－3）。如果按照绝对值来算，中国每年超过1亿吨的粮食进口量显得规模巨大，基本上占到近几年全国粮食总产量18%左右。根据联合国粮农组织的数据，自2010年以来全球粮食贸易的总量平均在5亿吨左右，初看起来中国粮食进口量似乎占到全球粮食贸易总量的20%。从以上两个数据来看，似乎中国的粮食需求对国际粮食贸易的依存度很高。

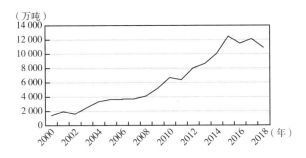

图3－3　2000～2018年中国粮食进口量变化趋势

资料来源：历年的《中国统计年鉴》。

然而，真实情况却不是这么简单：在联合国粮农组织统计的粮食种类中只有稻谷、小麦和粗粮三类（其中，粗粮主要指玉米和大麦），因此，每年5亿吨的国际粮食贸易总量只表示谷物的贸易量，大豆贸易并不包括在内。而中国则是把大豆计入粮食统计指标当中，并且更为重要的是，在中国进口的粮食种类中比重最高的就是大豆，如图3－4所示，2000～2018年大豆进口量平均每年约8 000万吨，占全国粮食进口总量的平均比例为76.01%，而稻谷、小麦、玉米等谷物的进口量是相对比较少的，近五年中国进口的稻谷、小麦、玉米、大麦等谷物平均在2 000万吨左右，约占全球谷物贸易总量的4%，谷物进口量占粮食总产量的比例大约只有3%，跟中国的人口数量相比这两个指标都算是一个比较低的数值，说明中国谷物消费对进口的依存度并不高。如果单纯以口粮来计算，根据海关的统计数据，近三年来中国大米、稻谷和小麦等口粮的年均进口量在 300 万 ~ 400 万吨，与平均每年34 000万吨左右的口粮产量相比，口粮的进口依存度只有1%左右。

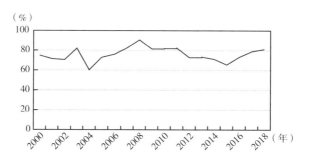

图 3 - 4   2000 ~ 2018 年中国大豆进口占粮食进口的比重

资料来源：历年的《中国统计年鉴》。

但作为饲料用粮的大豆进口依存度相当高，根据历年《中国统计年鉴》的数据可知，2000 年中国大豆进口量尚只有 1 042 万吨，2017 年直线上升到9 554 万吨，2018 年因中美发生贸易摩擦，而美国又是中国最大的大豆进口国之一，因此，当年的大豆进口量稍有下降，但也高达 8 804 万吨。2000 年中国大豆的进口依存度只有 40.34%，2018 年则上升到 85.40%。图 3 - 5 为根据《中国统计年鉴》数据绘制的 2000 ~ 2018 年中国大豆进口依存度变化趋势，数据显示，自 2000 年以来中国大豆消费的进口依存度平均值为70.35%，而最近五年大豆进口依存度的平均值则为 86.35%。单纯从大豆的供给结构来看，目前国内大豆的进口依存度过高，一旦国际政治经济形式发生重大变化导致大豆进口受阻，对于以大豆作为主要原材料的行业可能会受到较大的冲击。

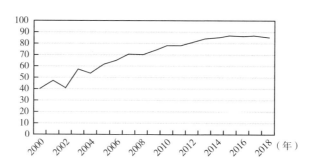

图 3 - 5   2000 ~ 2018 年中国大豆进口依存度变化趋势

二、中国粮食真实自给率测算

评估一个国家粮食安全保障能力的重要指标是粮食自给率，这一指标能够科学地评估当国家无法从国外进口粮食时，完全依靠本国的粮食生产来满足国民粮食需求的能力。关于我国粮食自给率的数据测算中，一个比较流行的版本是粮食整体自给率为80%多一点，谷物自给率为90%多，例如，有媒体报道说中国2017年的整体粮食自给率只有82.3%[1]，低于90%的世界粮食安全标准，谷物自给率保持在95%左右[2]。从各个媒体发布的粮食自给率数据来看，都是简单地用粮食总产量除以粮食净进口量与总产量的和表示，即粮食自给率=粮食总产量÷（粮食净进口量＋粮食总产量）。笔者认为，这种测算粮食自给率的方法不尽合理，会导致得出来的粮食自给率数据偏离真实值。这种计算方法成立的一个前提条件就是我国每年生产出来的所有粮食都全部用于当年的消费，没有任何结余。在粮食短缺的21世纪，这个条件显然是成立的，但在中国粮食总产量持续增长的背景下，每年生产的粮食并没有都被消费掉，而是有相当一部分变成了国家的粮食储备。而且近年来随着国家从农民手中收购的粮食越来越多，导致国家的粮食储备快速增加。2005年的时候国家按最低收购价从农民手中购买的粮食只有1 250万吨，到了2015年，国家按最低收购价和临时收储政策从农民手中购买的粮食达到了1.75亿吨。随着收购量的增长，中国的粮食库存也随着快速上涨。根据学者马晓河（2017）的研究，2004年末我国的粮食库存总量为1.5亿吨，而到2015年末粮食库存已经突破了5亿吨。根据光明网的报道，2019年我国小麦、玉米、大米三大主粮库存仍然结余2.8亿多吨。

虽然我国每年进口的粮食总量达到上亿吨，但其中绝大部分（80%）都是大豆，大米、稻谷、小麦等口粮的进口数量并不多，表3－5列出了上述三类口粮2017~2019年的进口总量。我国每年都会从东南亚的泰国和越南进口大米或者稻谷，但这类进口并不是因为国内的大米（稻谷）产能无法满

---

[1] 粮食自给率逐年下降，中国虽然是农业大国，每年仍需大量进口［EB/OL］. https：// www.sohu.com/a/311165504_120030567.

[2] 高云才. 国内粮食供应充足 谷物自给率保持在95%以上［N］. 人民日报，2020 － 04 － 05 （2）.

足居民的基本消费需求，而是随着收入水平的上涨，国民对粮食的品质提出了更高的需求，因此，品质和口感皆佳的泰国香米开始越来越多地出现在国人的餐桌上。小麦的进口量虽然达到300万~400万吨的水平，也只是因为国外的小麦品质好，而且价格显著低于国产小麦。因此，平均每年不到400万吨的口粮进口量，对我国粮食安全并没有任何影响，因为同一时间国内每年生产的谷物类粮食在扣除消费之后节余的数量比进口量更多，这些节余的谷物并没有被浪费掉，而是转化成了国家的粮食库存，当发生全球范围内的粮食危机导致我国无法从国外进口粮食的极端情况下，这些库存存在粮食是能够随着拿出来供国民消费的。因此，简单以粮食进口量的多少来测算自给率显然是不合理也不科学的。

表3-5 2017~2019年中国口粮进口量 单位：吨

年份	大米	稻谷	小麦
2017	28 206	18 137	430万
2018	36 815	15 793	288万
2019	42 041	23 121	320万

资料来源：中国海关统计数据库。

为了更准确地评判新冠肺炎疫情全球暴发情况下中国粮食需求的自给能力，本书接下来将分别对2013~2018年口粮自给率、饲料粮自给率和四大类粮食综合自给率的年度数据进行估算。其中，口粮和饲料粮的需求数据采用前面测算的相关数据①，稻谷、小麦、玉米和大豆等四大类粮食的总需求数据为口粮需求和饲料粮需求之和；各类粮食的产量数据来自各年的《中国统计年鉴》。具体测算方法如下：口粮的测算直接使用稻谷和小麦的年产量除以当年的口粮需求量，如果得出的数值大于1则以"＞100%"表示。根据前面的数据，我们测算的口粮自给率如表3-6所示。

表3-6 2013~2018年我国口粮自给率测算

项目	2013年	2014年	2015年	2016年	2017年	2018年
口粮需求量（万吨）	20 234	19 286	18 489	18 362	18 085	17 749

---

① 包括大豆的需求量也没有直接用国内产量加进口量的方式表示，而是采用前文测算的数值。

续表

项目	2013 年	2014 年	2015 年	2016 年	2017 年	2018 年
口粮产量（万吨）	33 000	33 793	34 478	34 436	34 701	34 357
口粮自给率	>100%	>100%	>100%	>100%	>100%	>100%

在饲料粮自给率的测算中，不能简单地用饲料用粮总产量除以饲料用粮需求量，例如，在测算玉米的自给率时就需要从保障整个玉米产业消费结构平衡的视角来考量，国家粮油信息中心数据显示，我国玉米消费中的比例分别为饲料 60%、深加工 31%、食用 8%、种用 1%。我们用历年的饲料用粮玉米需求量除以 60% 就得到了维持产业消费结构平衡的玉米需求产量，再根据每年的实际玉米产量测算玉米作为饲料用粮的自给率。根据表 3 - 3 的数据，我们得到如表 3 - 7 所示的估算值。

表 3 - 7　　2013 ~ 2018 年维持产业消费结构平衡的玉米需求产量和自给率测算

项目	2013 年	2014 年	2015 年	2016 年	2017 年	2018 年
玉米需求产量（万吨）	25 596	26 208	26 282	26 215	26 285	26 580
玉米实际产量（万吨）	24 845	24 976	26 499	26 361	25 907	25 717
玉米自给率（%）	97.07	95.30	100.83	100.55	98.56	96.75

本书认为，粮食自给率是用来评估一个国家在面对外界粮食危机时的自我保障能力，真实的粮食自给率应当是在无法从国外进口粮食之后，单纯依靠国内的粮食生产水平来满足整个社会粮食需求的能力。估算粮食自给率时应当以满足基本生存需求为主，而不是以能不能吃到口感更好的泰国香米或者购买到质优价廉的美国小麦为标准。因此，在综合评估中国的粮食自给率时，我们重点需要考虑的是当粮食进口渠道受阻之后，国内生产的粮食能否对进口粮食形成替代，例如，当中国从泰国进口的香米减少 1 万吨的时候，国内有 1 万吨甚至更多的籼米或者粳米富余产量，此时我们便认为国内的粮食产量对国外粮食进口形成了完全替代，在此情况下即使粮食进口受阻也不会影响国家的粮食自给水平。因此，我们进一步测算极端条件下，当完全无法从国外进口粮食时，我国的粮食自给率情况，具体测算结果如表 3 - 8 所示。

表 3 - 8   2013～2018 年极端条件下的四类粮食自给率测算

项目	2013 年	2014 年	2015 年	2016 年	2017 年	2018 年
四类粮食总需求（万吨）	51 513	51 039	50 170	49 948	49 693	49 502
四类粮食总产量（万吨）	59 040	59 984	62 156	62 091	62 052	61 579
四类粮食自给率	>100%	>100%	>100%	>100%	>100%	>100%

资料来源：根据《中国统计年鉴》数据计算所得。

在表 3 - 8 的测算结果中，极端条件下我国水稻、小麦、玉米、大豆四类粮食的总自给率超过了 100%。目前，我国每年进口近亿吨大豆用于饲料用粮，然而即使不进口这些大豆，正常的养殖业也不会受到特别重大的影响，只不过由于饲料成分中豆粕的比例减少导致营养成分下降，最终使得禽畜产品的生产周期加长，但这并不会对全体国民的基本生存问题造成严重影响，其他粮食或者食物可以对大豆形成某种程度上的替代（即使效果并不如大豆那么好）。当出现全球性粮食危机的情况下，正确评估中国粮食自给率的判断标准就是当无法从国外进口粮食时，国内生产的粮食是否能对国外的进口粮食形成效用上的替代。本书所采用的粮食自给率估算方法能够更科学地评估中国单凭自身的粮食产能来保障国家粮食安全的能力。

这里面需要解释的一个问题是，既然我们测算的中国口粮自给率都超过100% 了，为什么每年还从国外进口大米和小麦？本书作者认为，是否进口粮食以及粮食进口量的多少跟一个国家的粮食自给率之间并没有必然的关系。如果因为本国的粮食产量无法满足国内的基本需求，从而只能通过进口粮食来解决，此时用进口量来估算粮食自给率是正确的；但如果一个国家进口粮食只是因为国外的粮食更便宜，或者只是为了满足部分国民对国外优质粮食的高端需求，此时用进口量来评估粮食自给率就会出现结果失真，当前中国面临的显然是后一种情况。在测算粮食自给率时，应当回归到粮食最基本的属性，即满足人类的生存需求，而不是获得更好体验的改善型需求，这也是维护粮食安全的本质。

三、我国中长期粮食安全保障能力评估

随着新冠肺炎疫情地持续扩散，世界各地民众开始囤积粮食与日用品，

多国政府部门也先后启动了粮食库存计划，以保障粮食供应充足。俄罗斯、越南、哈萨克斯坦、印度等十几个国家则开始实施粮食出口禁令或者进行粮食出口配额管制。针对当前全球粮食贸易领域弥漫的恐慌信息，联合国粮农组织、世界卫生组织和世界贸易组织呼吁世界各国在采取行动遏制新冠肺炎疫情的过程中，必须将对供应的潜在影响或全球贸易和粮食安全的意外影响降至最低水平。自2019年下半年以来，全球粮食生产环境相对往年来说更为恶劣，先是全球重要的粮食出口国澳大利亚发生了持续数个月的大火，接下来东非、中东和南亚地区又发生大规模的蝗灾，这些受灾地区的粮食减产已经不可避免，再加上现在新冠肺炎疫情的影响，全球粮食供给面临严峻考验。类似新冠肺炎疫情这类全球性公共卫生危机未来仍然有可能再次发生，可能因为局势的恶化导致国际粮食贸易受阻甚至完全中断的局面出现，在这种情况下中国单纯依靠自身的粮食生产能力和粮食战略储备是否能够保障本国的粮食需求得到满足？为解答这个问题，本书根据全球性公共卫生危机可能面临的发展趋势，以及其对全球粮食贸易的冲击后果，分几种情况来进行讨论。

（一） 全球性公共卫生危机对国际粮食贸易造成轻微冲击

第一种情况是全球性公共卫生危机在爆发后的几个月内基本得到控制，但短时间内负面影响仍然难以消除，各国基本维持一定的防控力度，全球部分粮食出口国开始限制本国的粮食出口，特别是限制大米、稻谷、小麦等口粮的出口，但全球谷物贸易并没有中止，只是贸易量相对正常年份有限减少。在这种情况下先受到冲击的是那些低收入的贫粮国家，因为这些国家本来就需要依靠国际粮食援助或者从国外进口粮食来保障本国的需求，在国际粮食贸易量减少之后，由于市场需求并不会减少，反而会因为疫情影响而新增对于粮食的避险需求，这种供需的不平衡会导致国际粮食价格出现大幅上涨，在"价高者得之"的市场规律下，低收入的贫粮国家将有可能率先出现粮食危机。虽然中国也从国外进口稻谷、小麦、大米、玉米等粮食，而且从数据上来看近年来平均每年进口约2 000万吨的谷物（2017～2019年分别为2 559万吨、2 047万吨和1 785万吨），但真正的口粮进口数量并不多（表3－9为2017～2019年中国口粮进口数据）。

表 3 – 9   2017 ~ 2019 年中国口粮进口量及进口来源国分布

年份	大米		稻谷		小麦	
2017	总进口量	28 206 吨	总进口量	18 137 吨	总进口量	430 万吨
	泰国	28 153 吨	缅甸	13 097 吨	澳大利亚	190 万吨
	越南	50 吨	俄罗斯联邦	3 500 吨	美国	156 万吨
	美国	2 吨	老挝	1 539 吨	加拿大	52 万吨
2018	总进口量	36 815 吨	总进口量	15 793 吨	总进口量	288 万吨
	泰国	36 806 吨	缅甸	15 619 吨	加拿大	138 万吨
	新加坡	3.6 吨	老挝	174 吨	哈萨克斯坦	54 万吨
	中国台湾	2.7 吨	—	—	澳大利亚	49 万吨
2019	总进口量	42 041 吨	总进口量	23 121 吨	总进口量	320 万吨
	泰国	42 037 吨	缅甸	21 670 吨	加拿大	166 万吨
	中国台湾	4.6 吨	老挝	860 吨	法国	48 万吨
	—	—	俄罗斯联邦	591 吨	哈萨克斯坦	40 万吨

资料来源：中国海关统计数据库。

　　自 2017 年以来，中国每年进口的大米、稻谷、小麦等口粮总量为 300 万 ~ 400 万吨，其中，大米的年均进口量约为 3 万 ~ 4 万吨，主要进口来源国为泰国，平均占比在 99% 以上；稻谷的年均进口量大约为 2 万吨，进口来源国主要是缅甸、老挝和俄罗斯联邦，其中，缅甸进口占比在 70% ~ 99%（不同年度有波动）；小麦的年均进口量最大，为 300 万 ~ 400 万吨，主要进口来源国为加拿大、澳大利亚、哈萨克斯坦、法国等，其中，加拿大近几年的进口量上升明显，而来自澳大利亚的小麦进口则迅速下降，2019 年已经掉出前三大进口国名单；此外，哈萨克斯坦自 2018 年开始成为我国前三大小麦进口来源国，法国则是在 2019 年成为中国第三大小麦进口来源国。在我国口粮的主要进口来源国中，2020 年 3 ~ 4 月新冠肺炎疫情暴发初期，越南、哈萨克斯坦和俄罗斯联邦先后实施了粮食出口禁令或者出口配额管制，随着新冠肺炎疫情的持续暴发，不排除其他国家也会实施粮食出口管制措施，如果出现这种情况，对我国的口粮进口确实会造成一定影响，但对我国的口粮供应基本没有影响。因为我国每年的口粮进口总量很少，而且进口的粮食完全是属于"改善型需求"，而不是出于最基本的"温饱型需求"，国内的稻谷和小麦产量就足以满足全国人民的口粮需求，因此，这些国家实施的粮食出口管制政策对国内口粮供应的影响几乎可以忽略，唯一的区别可能就是以后购买泰国香玉等进口大米的费用可能会上涨。

（二）全球性公共卫生危机持续扩散导致全球粮食贸易部分中止

第二种情况是全球性公共卫生危机爆发之后持续扩散，全球感染人数和死亡人数持续攀升，如果一些农业大国和粮食出口大国感染人数的迅速增长，将会导致全球粮食产量的严重下降，有可能激发全球民众对于粮食危机的恐慌情绪。在此情况下全球口粮贸易将有可能完全中止，即使美国、加拿大和欧洲国家的新冠肺炎疫情能够得到控制，有富余的粮食可供出口，但在很大程度上这些粮食也会在联合国或者其他国际组织的统一安排下优先支持那些粮食自给率很低的亚非拉低收入贫粮国家，在此情况下中国可能完全无法从国际市场上购买到稻谷（大米）、小麦和玉米等谷物。对于大豆国际贸易来说，由于联合国或者其他国家并不把大豆视为粮食，相比于作为人类的口粮，大豆生产出来的豆粕更多被视为禽畜等动物的口粮，因此，在粮食危机发生的初期，国际大豆贸易仍然有可能继续存在，但贸易量可能会有所减少。此时对于中国来说，口粮的需求完全不受任何影响，但由于每年进口的大豆在 9 000 万吨左右，国际大豆贸易量的减少将会对中国的大豆进口造成冲击，饲料生产企业可能需要花费更高的价格从国际市场上购买大豆。

如表 3 - 10 所示，2017～2019 年中国的大豆进口来源国高度集中，主要是巴西、美国、阿根廷、乌拉圭和加拿大五个国家，2017～2019 年这五个国家进口的大豆占中国大豆进口总量的比例在 99% 以上。其中，来自巴西的大豆进口量占比最高，2017～2019 年占比分别为 51.16%、75.06% 和 65.20%。根据百度发布的新冠肺炎疫情实时大数据报告，截至 2021 年 12 月 20 日，巴西新冠肺炎感染人数已经超过 2 136 万人。假设巴西、阿根廷等南美国家的新冠肺炎疫情对本国的大豆出口造成冲击，导致中国大豆进口量减少一半，即由每年 9 000 万吨下降到 4 500 万吨，加上国内平均 1 500 万以上的大豆生产能力（2017 年、2018 年、2019 年国产大豆分别为 1 455 万吨、1 595 万吨和 1 810 万吨），市场大豆总供给可以保障在 6 000 万～6 500 万吨的水平，这与我们前面测算的中国大豆需求（平均约 7 500 万吨）尚存在一定缺口，但由于大豆油的短期可替代品很多，而且豆粕在饲料中的添加量也可以有一定的调整空间，饲料用粮需求基本能够得到满足。

表 3 – 10 　　　　　2017～2019 年中国大豆进口量及主要进口国分布

项目		2017 年	2018 年	2019 年
全年总进口量（万吨）		9 954	8 804	8 846
主要进口国进口量（万吨）	巴西	5 093	6 608	5 768
	美国	3 285	1 664	1 689
	阿根廷	658	120	879
	乌拉圭	257	146	207
	加拿大	205	179	227
前 5 进口占比（%）		99.41	99.02	99.13

资料来源：中国海关统计数据库。

（三）全球性公共卫生危机失控导致全球粮食贸易完全中止

第三种情况是全球性公共卫生危机扩散速度越来越快，感染人数和死亡人数也越来越多，导致现有的医疗救护资源和防控措施已经无法对其进行有效控制，最后如英国首相鲍里斯·约翰逊（Boris Johnson）曾提出的那样，国外被迫采取群体免疫的防治方法。在这种情况下全球粮食供应链将会遭受严重破坏，世界主要粮食出口国有可能完全禁止包括粮食在内的所有农产品出口，世界粮食贸易也极有可能完全中止，最终会引发全球性的粮食危机。当全球性公共卫生危机对国际粮食贸易的冲击发展到这种极端情形时，中国不仅无法从国外进口大米、稻谷、小麦等口粮，就连大豆和玉米这类饲料粮也将失去进口来源。此时，中国的口粮安全仍然是能够得到保障的，但由于国内大豆的刚性需求量较大，而国内大豆产量极其有限，一旦国际大豆贸易完全中止，对中国整体粮食安全还是会造成一定程度的影响。

我们在前面测算的中国大豆刚性需求为每年 7 500 万吨左右，根据《中国统计年鉴》，国内大豆产量在 2015 年的时候只有 1 178 万吨，2015 年之后国家开始调减玉米种植面积，调减出来的耕地主要用于种植大豆，使得大豆种植面积从 2015 年的 0.99 亿亩增加到 2019 年的 1.4 亿亩，大豆产量在 2019 年也达到了 1 810 万吨的阶段高点，2020 年还可以调减 1 000 万亩左右的耕地种植大豆，推动国内大豆的产量达到将近 2 000 万吨的水平[①]。但 2 000 万吨的年产量基本也就是中国大豆的最高产出水平，毕竟国内耕地总量有限，大部分耕地还是要用于稻谷、小麦和玉米三大主粮的生产，农业农村部的数据显示，自 2016 年我国实施玉米供给侧改革以来，玉米种植面积连续两年大幅下降，至 2018 年累计调减面积已达到 5 000 万亩，与此同时国内大豆主产区面积出现小幅回升态势。但由于我国耕地总面积有限，未来已经没有更多的调减空间。即使国内大豆达到 2 000 万吨的年产量，在大豆国际贸易完全中止的情况下，国内仍然有 5 500 万吨的缺口，占大豆总需求的 3/4，这将会对饲料行业造成重大冲击，进而影响畜牧业、禽类养殖业、水产养殖业等行业的发展，有可能导致肉、禽、蛋等农产品价格显著上升，从而推动居民消费价格指数上涨。除此之外，国际大豆贸易的中止还将会冲击中国食用油的市场供应，以 2018 年为例，当年国产食用油总量约为 2 500 万吨，其中，大豆油产量为 1 600 万吨，大豆油产量占食用油总产量的比重高达 64%。[②] 假设因新冠肺炎疫情冲击国际粮食贸易完全中断，从而导致我国无法从国外进口大豆，国产大豆按 2 000 万吨每年的极限值计算，国产大豆的出油率按照 17% 计算[③]，则可计算得到在没有大豆进口的情况下我国大豆油的极限产量为 340 万吨，与现在的产量（1 600 万吨）相比下降了 78.75%，在其他情况不变的条件下这意味着国内食用油总产量将下降 50% 左右，总产量将由 2 500 万吨下降到 1 240 万吨左右（以 2018 年的产量为例），这有可能会引发国内局部地区出现食用油供应危机。

当全球性公共卫生危机爆发导致国际粮食贸易完全中止这种极端情况发生的时候，中国粮食安全的大局仍然是完全可控的。联合国粮农组织的数据显示，2018 年中国的谷物库存为 4.27 亿吨，占全球谷物库存总量（8.87 亿吨）的比重为 48.13%，2018 年中国的粮食储备不仅总量位居世界第一，即使按人均来计算也远远高于美、日、欧、加、俄、印等大国，因此，我国的粮食安全保障能力也远远高于上述国家。依靠规模庞大的粮食储备和广阔的国土面积，国家有充足的时间和空间来调整粮食生产结构或者出台相应的解决方案。

---

① 2020 年我国大豆的实际产量为 1 960 万吨。
② 相关数据来自《中国统计年鉴》。
③ 目前国产大豆的出油率普遍在 12% ~17%，进口大豆的出油率则普遍在 15% ~18%。

本书认为，可以适当减少大豆和玉米的种植面积，将调整出来的耕地用于种植花生。如表 3 – 11 所示，花生的蛋白质含量为大豆的 69.86%、玉米的 306.17%，脂肪含量为大豆的 256.07%、玉米的 1 165.79%，而且更为关键的是花生的单位产量远远高于大豆，2017 年中国大豆的单位产量约为 1 800 千克/公顷，同年全国花生的平均单位产量为 3 710 千克/公顷，新疆、安徽、河南三个高产省份分别达到 5 136.9 千克/公顷、4951.1 千克/公顷和 4 599.4 千克/公顷。同样 5 000 万亩耕地，如果用于种植大豆，只能增加 600 万吨的产量，而用于种植花生则可以增加 1237 万吨产量（按 2017 年的平均单位产量计算），1 237 万吨花生可以生产出相当于 864 万吨大豆的蛋白产量，以及相当于 3 166 万吨大豆的食用油产量。关于花生产油率比大豆高已经是公认的事实，基本上已没有任何疑虑，问题是以花生为原料生产的花生粕能否替代以大豆为原料生产的豆粕？已有研究表明，在畜、禽和水产养殖领域，花生粕对豆粕具备非常高的替代性。[1] 因此，相对于用玉米替代大豆的方案，用花生替代大豆无论是在饲料蛋白的产量还是在食用油产量方面的替代率都非常高，具备较高的经济效益和可行性，如果发生全球性公共卫生危机导致国际大豆贸易长时间中止，扩大花生种植规模是一个切实可行的解决方案。

表 3 – 11　　　　　　　　　**玉米、大豆和花生的营养成分比较**　　　　　单位:%

类别	粗蛋白质	粗脂肪	粗纤维	无氮浸出物[2]	粗灰分	干物质总量
玉米	8.1	3.8	1.9	70.5	1.2	85.5
大豆	35.5	17.3	4.3	25.7	4.2	87
花生	24.8	44.3	1.5	21.7	2.1	94.4

资料来源：《中国饲料成分及营养价值表》（2019 年第 30 版）。

第二节　政策性农业保险对粮食产出的激励效应

政策性农业保险作为当前政府惠农政策的重要组成部分，其最重要的目

---

[1]　解佑志等（2016）、彭鹏等（2014）、姚大龙和刘勇（2013）分别研究了花生粕替代豆粕对生猪、三黄鸡和草鱼生长性能的影响，均证明两者之间具有高度的替代性。

[2]　无氮浸出物的主要成分为淀粉。

标就是保障粮食安全、提高农民收入。有关农业保险对粮食产出影响的研究最早可追溯到 20 世纪 80 年代。早期的理论研究均认为，农业保险会改变农民对农药、化肥等生产要素的投入决策（CH Nelson and ET Loehman，1987；RG Chambers，1989）。然而，在农业保险究竟会激励农民增加要素投入还是减少要素投入的问题上，现有研究却并未达成共识。一部分学者的研究支持农业保险会导致化肥、农药、农膜等要素投入减少的观点。巴布科克和轩尼诗（Babcock & Hennessy，1994）、文森特·史密斯和巴里·古德温（1996）分别针对美国中西部玉米种植者和小麦种植者进行实证分析，发现购买农业保险的农民相比没有购买农业保险的农民，其农药和化肥的使用量更少，这说明农业保险与化肥、农药等农用化学品投入之间形成了一种替代关系。另一部分学者则认为，农业保险会激励农民增加农药、化肥等要素的投入量。约翰·霍洛维茨和埃里克·利希滕伯格（1993）同样研究了农业保险对美国中西部地区玉米种植者农药和化肥施量的影响，由于实际选择的研究区域不同，因此，他们的研究结论也与前人的研究迥异。他们研究发现，购买了农业保险的玉米种植者相比没有购买农保险的农民，每亩氮肥的施用量增加了19%，农药的施用量增加了 21%。而扎拉·法德利亚尼（Zaura Fadhliani，2016）针对印度尼西亚水稻种植者进行实证研究，发现农业保险对农民要素投入的影响与风险保障水平和政府提供的保费补贴有关，保费补贴比例的增长会导致农民减少农业生产的要素投入，当风险保障水平高于 40% 且继续增加的时候，同样会诱使农民减少农业生产的要素投入。

　　还有学者认为，政府补贴下的农业保险会影响农民的土地利用决策，进而会影响农作物产量。山内（1986）研究发现，"二战"后日本的农作物保险计划在鼓励高风险地区水稻种植方面作用显著，自农作物保险计划在冻害严重的北海道（Hokkaido）地区实施之后，水稻种植面积从 13.1 万公顷增加到 20.3 万公顷，整个日本的水稻产量也从 20 世纪 50 年代初的 940 万吨增长到 20 世纪 60 年代末的 1 410 万吨。奥登（Orden，2001）利用美国部分农场的数据进行的研究也表明，农作物保险补贴对高风险地区的农产品产量有明显的激励作用，1998～2000 年部分地区农作物的产量最高增加了 4.1%。杰弗里·T. 拉弗朗斯等（Jeffrey T. LaFrance et al.，2001）构建了一个作物生产的随机局部均衡模型，从理论上探讨了由农业保险对农民土地利用决策的影响，分析结果显示：如果收取的保费是精算公平的，农业保险对农民的土地利用决策没有影响；如果对农业保险提供保费补贴，农民将会有扩大土地生产边界的激励。不过，也有一些学者的研究表明农业保险对农民土地利用行为的影响极其微小：巴里·K.古德温等（2004）对美国大平原地区玉米和大豆生产者进行实证研究，发现参与农作物保险虽然在某些情况下会导致耕地面积出现统计意义上的变化，但这种变化并不明显，即使是在统计结果最为显著的地区，在农业保险保费补贴增加30%的情况下，参保农民耕地面积的增加比例也只有0.2%~1.1%。

从笔者前期在农村地区的实地调研来看，导致研究者对农业保险粮食增产效应所得结论大相径庭的主要原因，可能在于学者们所选择的研究区域本身的自然灾害风险等级存在较大差异，导致不同风险等级地区的农民从农业保险补贴中所获取的福利增量存在显著差距，最终导致农业保险对农民的农业行为产生了不同的激励效应。基于此，本书将结合耕地的资源禀赋、自然灾害的发生概率以及政策性农业保险的保障水平和保费补贴比例等一系列因素，分别从单位产出水平和粮食作物种植面积这两个层面探讨农业保险补贴政策对我国粮食总体产出水平的激励效应，同时也尝试解释现有研究在农业保险促进粮食增产问题上出现分歧的原因所在。

一、政策性农业保险对粮食作物单位产出水平的激励

粮食作物的单位产出水平取决于耕地资源禀赋、农药和农肥的投入以及作物良种的选择等，在给定耕地类型的情况下，采用优良的作物品种、适当增加农药和化肥的实施量能够显著增加粮食作物的单位产出水平，但这也会导致农业生产投入成本的增加。因此，农民在决定生产资料投入时必须考虑粮食作物预期的产出水平，以保障自己农业经营收益的最大化。理论上而言，农业保险有助于稳定粮食作物的预期收益水平，降低发生重大自然灾害时农民的经济损失，当政府提供保费补贴时更有助于提高农民的农业经营预期收益。然而，目前国外学者关于农业保险对农民生产资料投入影响的实证研究并未得出一致的结论。针对这种争议性结果，笔者根据自己在农村长期生活的经验以及近几年在农村的实地调研提出，农业保险对农民生产资料投入的影响取决于多种因素：农业保险的保障水平、保费补贴比例、耕地的资源禀赋条件、自然灾害发生的概率等。上述因素中任何一项的差异都足以导

致研究者得出不一样的研究结论。

为了分析各种因素对农业保险粮食增产效应的影响，本书做一个简单的假设：假定农民种植粮食作物的亩均成本为 χ 元，耕地的资源禀赋为 h_i，每亩粮食作物的预期最大产量为 $q(\chi|h=h_0)$[①]，粮食的市场价格为 p_i（上一年的价格为 p_0，本年的价格为 p_1，以此类推）。再假定农作物发生损失率为 $p(0 \leqslant p \leqslant 1)$、自然灾害概率为 $\kappa(0 \leqslant \kappa \leqslant 1)$。在没有购买农业保险的情况下，给定某一块耕地（$h=h_0$），农民从事农作物耕种的预期净收益 R 的表示式如下：

$$R = q(\chi|h=h_0)p_i(1-\kappa) + q(\chi|h=h_0)p_i(1-\xi)\kappa - \chi \tag{3-2}$$

式（3-2）中 κ 和 p 不能同时为 1，否则表示农民在耕地上种植农作物将无法获取任何收成，理性的农民必然会选择放弃在这类耕地上进行农业生产。在满足上述条件之后，给定任何一处耕地，农民种植粮食作物的净收益取决于本年农产品的市场价格 p_1、灾害损失率 p、灾害发生的概率 κ、耕地的资源禀赋 h_i 和农产品的投入成本 χ。农业生产的投入成本是一个数值可变的参数，因为农民在生产过程中可以通过采用更优良的种子、更先进的生产技术或施用更有效的农肥来增加产量，当然这样也会导致农业生产的投入成本 χ 增加。

式（3-2）两边对投入成本 χ 求导可得：

$$R' = q'(\chi|h=h_0)p_i(1-p\kappa) - 1 \tag{3-3}$$

令 $R' = q'(\chi|h=h_0)p_i(1-p\kappa) - 1 = 0$ 可求得农民净收益最大化的成本投入条件，即满足：

$$q'(\chi_0|h=h_0) = \frac{1}{p_i(1-p\kappa)} \tag{3-4}$$

其中，χ_0 为农民净收益最大化时的最佳成本投入数量。农产品的当期价格 p_1 只有在农作物收获之后才能确定，在决定投入成本的农作物生产期，农民一般以上一年的市场价格 p_0 作为参照，因此，在农民做成本投入决策时农产品的市场价格也可以视为一个定值。如此一来，能够影响农民成本投入决

[①] 粮食作物的产量与农民的投入成本和耕地的资源禀赋相关，投入越高和耕地质量越好，粮食作物的单位产出水平也就越高。

策的就只有耕地的资源禀赋 h、农作物的损失率 p 以及自然灾害发生的概率 κ。然而，耕地资源禀赋本身就包含了该耕地的地理环境和气候信息，因此，在某耕地上生产农作物的损失率以及自然灾害发生的概率都是耕地资源禀赋的一部分。对于任何一个从事农业生产的农民来说，一旦他所拥有的耕地禀赋条件 h 确定了，那么 p 和 κ 便也确定了。由于农业生产投入所带来的农作物单位产量的增长是有限的，在较高的产量水平，每一单位成本投入所带来的产量增长是逐渐减少的，可知 $q(\chi)$ 必然满足以下条件：即 $q'(\chi) > 0$，$q''(\chi) < 0$，并且由式（3-4）可知，p 和 κ 均是 $q'(\chi)$ 的增函数。结合式（3-4）易知，当耕地的资源禀赋较好以及发生农业自然灾害的概率 κ 和预期损失比例 p 都较低时，满足农民净收益最大化的成本投入 χ 数量也较高；反之，当耕地资源禀赋较差、土壤贫瘠、水热条件不好，发生自然灾害的概率和损失率都较高时，满足农民净收益最大化的成本投入 χ 也较小。

假定每一个农民都是追求利润最大化的"理性经济人"，那么农民的最优决策是在等级较高的优质耕地上投入较多的生产资料以获取更高的单位产量，而在等级较差的贫瘠耕地上则投入较少的成本以防止亏损。如图 3-6 所示，纵轴表示农作物的单位产量 q，横轴表示每亩农作物的投入成本 χ，L_1 和 L_2 分别表示优质耕地的农业生产投入产出曲线和劣质耕地的农业生产投入产出曲线，χ_1 和 χ_2 分别表示农民净收益最大化时的成本投入量，q_1 和 q_2 分别表示农民净收益最大化时的单位产量水平。对于那些水热条件较好、土壤肥沃、灌溉便利等具有明显资源禀赋优势的优质耕地来说，每单位农业生产成本投入能够获得更高的单位产出水平，而且农作物单位产量的上限值也更高，其净收益最大化的成本投入量 χ_1 也较大，对应的单位产量水平 q_1 也较高；而对于禀赋条件较差、土壤贫瘠或不易灌溉的旱地以及地势低洼的易涝耕地等劣质耕地来说，由于自身的资源禀赋条件有限，单位农业生产成本投入所能够获得的预期农作物产出增量相对较少，而且农作物产量的上限值也相对较低，农民净收益最大化的成本投入量 χ_2 也显著低于优质耕地，对应的单位产量水平 q_2 也较低。事实上在农业生产过程中，农民在优质耕地上所投入的成本基本上都已经达到或者接近理论上的最佳水平。而对于那些劣质耕地，由于农作物的收成不够稳定，大部分农民采取放任自流的方式，并不会投入太多的时间和生产资料，从而导致这类耕地的单位产出水平较低。

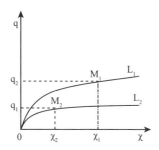

图3-6　不同等级耕地农作物的投入产出

政策性农业保险提供的风险保障和政府提供的保费补贴有没有可能激励农民提高高风险耕地的单位产出水平呢？继续沿用前面的假设条件，另外再假定农业保险的保险费率为δ，保障水平为$\mu(0 < \mu < 1)$，政府为农业保险提供的保费补贴比例为$\lambda(0 < \lambda < 1)$。当农民购买政策性农业保险之后，他从事农业生产所获得的净收益将变为以下形式：

$$\overline{R} = \begin{cases} q(\chi \mid h = h_o)p_i(1 - \kappa) + q(\chi \mid h = h_0)p_i(1 - p)\kappa - \chi \\ \qquad - q(\chi \mid h = h_0)p_i\delta(1 - \lambda) \qquad (p < 1 - \mu) \\ q(\chi \mid h = ho)p_i\mu - \chi - q(\chi \mid h = h_0)p_i\delta(1 - \lambda) \qquad (p \geq 1 - \mu) \end{cases}$$

$$(3 - 5)$$

其中，第一个表达式$q(\chi \mid h = h_o)p_i\delta(1 - \lambda)$为农民自己承担的农业保险保费支出，它作为农民农业生产成本的一部分。式（3-5）的第一个表达式跟式（3-2）相比，只是多出了一个农业保险自付保费部分的支出项，这说明当农业自然灾害导致的损失率p较小$(p < 1 - \mu)$时，农民从事农业生产的净收益与没有购买农业保险时相比基本上没有什么差别，此时是否购买农业保险并不会显著改变农民的农业生产决策。换言之，针对风险等级较低、资源禀赋条件较好的优质耕地，由于预期的产量损失较小，即使购买了农业保险也不会激励农民加大生产投入以提高农作物的单位产出水平。

接下来再看式（3-5）中的第二个表达式$q(\chi \mid h = h_o)p_i\mu - \chi - q(\chi \mid h = h_o)p_i\delta(1 - \lambda)$，该表达式包含三个部分，除了农民自付的农业保险保费和农业生产投入成本之外，还有一项是由农业保险所保障的农业生产收入$q(\chi \mid h = h_o)p_i\mu$，它表示无论农业自然灾害导致的农作物损失率有多高（$p \geq 1 - \mu$），

购买了政策性农业保险的农民都能够通过保险补偿获得数量为 $q(\chi|h=h_o)p_i\mu$ 的生产性收益。

我们将式（3-5）的第二个表达式单独列出来，即令：

$$\tilde{R} = q(\chi|h=h_o)p_i\mu - \chi - q(\chi|h=h_o)p_i\delta(1-\lambda) \quad p \geqslant 1-\mu \qquad (3-6)$$

式（3-6）两边分别对农业生产投入 χ 求导可得：

$$\tilde{R}' = q'(\chi|h=h_o)p_i\mu - 1 - q'(\chi|h=h_o)p_i\delta(1-\lambda) \qquad (3-7)$$

令农民收益函数的一阶导数等于零（即 $\tilde{R}'=0$），经整理后可求得农民净收益最大化的农业生产投入成本必须满足的条件为：

$$q'(\chi|h=h_o) = \frac{1}{p_i[\mu-\delta(1-\lambda)]} \qquad (3-8)$$

式（3-8）表明，在购买了农业保险之后，高风险耕地的成本投入最优水平已经与自然灾害发生率和损失率无关，在农产品价格给定的情况下，只与保险费率 δ、保障水平 μ 和政府为农业保险提供的保费补贴比例 λ 相关。由函数 $q'(\chi|h=h_o)$ 的单调性可知，农业保险的保障水平 μ 和保费补贴比例 λ 均是 $q'(\chi|h=h_o)$ 的增函数，而农业保险费率 δ 则是 $q'(\chi|h=h_o)$ 的减函数。

接下来再来比较购买农业保险之前和之后农民的最佳生产成本投入情况。由于我们已经知道 $q'(\chi|h=h_o)$ 的函数特性，因此只需要比较式（3-4）和式（3-8）右边项的大小即可，式（3-4）右边项的表达式为 $\frac{1}{p_i(1-p\kappa)}$，式（3-8）右边项的表达式为 $\frac{1}{p_i[\mu-\delta(1-\lambda)]}$，令：

$$E = (1-p\kappa) - [\mu-\delta(1-\lambda)] \quad p \geqslant 1-\mu \qquad (3-9)$$

然后将 $p=1-\mu$ 代入式（3-9），经整理后可得：

$$\bar{E} = (1-\kappa)(1-\mu) + \delta(1-\lambda) \qquad (3-10)$$

由于自然灾害发生的概率满足 $0 \leqslant \kappa \leqslant 1$，农业保险费率满足 $0 < \delta < 1$，农业保险的保障水平满足 $0 < \mu < 1$，保费补贴比例也满足 $0 < \lambda < 1$，再结合 (3-10) 中 $\bar{E}$ 的表达式可知 $\bar{E}>0$，进一步推算易知，在满足 $p \geqslant 1-\mu$ 的条件下，必然有 $(1-p\kappa) > [\mu-\delta(1-\lambda)]$。由式（3-4）和式（3-8）可知，农民在购买农业保险之后，在高风险耕地上进行耕作净收益最大化时的成本投入大于没有购买农业保险时的情况。由于农作物的单位产出水平 $q(\chi)$ 是

成本投入 χ 的增函数，因此购买政策性农业保险之后，能够激励农民提高生产成本投入进而提升高风险耕地的单位产出水平。

需要注意的是，针对高风险耕地的农业保险保障水平并不是越高越好，当保障水平过高时，农民在高风险耕地上进行耕作都能够获得一份超预期的保险赔偿，无论农民是加大成本投入还是减少成本投入，他们所获得的保险赔偿都是相同的，因此，追求利润最大化的理性农民将会减少农业生产的成本投入已实现收益的最大化，从而会诱发道德风险。因此，农业保险会提高农民对高风险耕地的成本投入，进而提升农作物的单位产出水平，上述结果的成立需要满足一定的前提条件，即农业保险的保障水平必须在适度的区间之内。保险的主要功能是平滑投保人的风险损失，而不是让投保人通过购买保险来获得额外收益，因此，对于高风险等级的耕地来说，其最高的保障水平应当满足以下条件：农民在最高保障水平下耕作高风险耕地的无风险收益小于等于没有购买保险时农民的期望收益，如此方能有效避免道德风险的发生。即当 $p \geq 1 - \mu$ 时，必须满足以下不等式。

$$q(\chi | h = h_o)p_i\mu - \chi - q(\chi | h = h_o)p_i\delta(1 - \lambda) \leq q(\chi | h = h_o)p_i(1 - \kappa) +$$
$$q(\chi | h = h_0)p_i(1 - p)\kappa - \chi$$
$$(3 - 11)$$

式（3 - 11）的左边为购买农业保险之后农民在高风险耕地从事农业生产的无风险收益，右边为没有购买保险情况下农民在高风险耕地从事农业生产的期望收益，经整理后可得到保障水平 λ 的取值范围，即：

$$\mu \leq 1 - p\kappa + \delta(1 - \lambda)$$

其中，$p\kappa$ 为高风险耕地种植农作物的预期损失率，$\delta(1 - \lambda)$ 为农业保险费率中扣除政府补贴后由农民自身承担的部分，由此我们可以得到高风险耕地农业保险保障水平的上限值为 $\mu = 1 - p\kappa + \delta(1 - \lambda)$。本书的分析结果有助于理解学者们关于农业保险道德风险的争议，奎金等（1993）以及约翰·K. 霍洛维茨和埃里克·利希滕贝格（1993）都对美国中西部地区玉米种植者在购买农业保险之后的化学品投入情况进行了研究，前者得出了农业保险会减少农用化学品投入的结论，而后者却得出了农业保险会增加农用化学品的相反结论。本书认为，造成研究者所得结论迥异的主要原因可能在于不同学者选定研究区域的耕地风险等级存在显著差异。不同风险等级耕地的农业保险保障水平的适度区间也不同：风险等级越高的耕地，其适度保障水平的上限值越低。如果研究者选定的是风险等级较高的耕地进行研究，当政府补贴下的农业保险实际保障水平高于该类耕地适度保障水平的上限值时，在利润最大化目标的激励下，农民将减少化肥、农药等农用化学品的投入，从而导致道德风险的发生；当研究者选定的区域是风险等级相对较低的耕地类型时，由于政府补贴下的农业保险实际保障水平尚未达到该类耕地适度保障水平的上限值，此时增加生产投入能够使农民获得更多的收益，因此，在利益的驱动下农民会增加农药、化肥等生产资料投入以提升农作物的单位产量。虽然前述两位学者都是以美国中西部地区作为研究对象，而且所选地区的农业保险保障水平也是相同的，但如果他们所选择的具体研究区域在耕地风险等级上存在显著差异，最后得出完全相反的研究结论也是可以从理论上得到解释的。[1]

二、政策性农业保险对粮食作物种植规模的激励

除了单位产出水平，影响粮食总产量的另一个重要因素就是种植规模。中国人多地少的现实国情决定了广大农村地区绝大部分农民目前仍然采用传统的小农经济生产模式，这种生产模式的一个显著特点就是农民会采用多样化的种植方式来规避自然风险和市场风险，对一个典型的农民来说，他在自己有限的耕地上既种植粮食作物，同时也会种植经济作物。为分析的简便，本书假定农民只生产两种农作物，即粮食类作物 F 和经济类作物 E，两种农作物的市场价格分别为 p_F 和 p_E，单位产量水平分别为 $q(\chi_F)$ 和 $q(\chi_E)$，种植面积分别为 M_F 和 M_E，发生灾害损失的概率分别 κ_F 和 κ_E，预期灾害损失率分别为 p_F 和 p_E，农作物的亩均成本投入为 χ_F 和 χ_E，由上述假设可得出粮食作物和经济类作物的收益函数 R_F 和 R_E 的表达式如下：

$$R_F = q(\chi_F)p_F M_F(1-\kappa_F) + q(\chi_F)p_F M_F(1-p_F)\kappa_F - \chi_F \qquad (3-12)$$

$$R_E = q(\chi_E)p_E M_E(1-\kappa_E) + q(\chi_E)p_E M_E(1-p_E)\kappa_E - \chi_E \qquad (3-13)$$

假定每个农民都是追求利润最大化的"理性经济人"，他们在做生产决

---

[1] 耕地的风险等级受多种因素的影响，即使是同一个村的耕地，由于地形地势、灌溉条件、日照时间不同，都可以划分为各种不同的风险等级，对于广大的美国中西部地区来说，两位学者所选定的研究区域耕地风险等级存在差异在某种程度上说是一种必须而非偶然。

策时已经实现了资本 χ 的最优配置，此时我们需要分析的是农民利润最大化时粮食作物和经济作物种植面积的分配。根据生产者行为理论，在土地资源总量确定的情况下，农民的最优土地利用决策必须满足以下条件：单位土地面积上所种植的农作物所获得的边际收益相等。由式（3-12）和式（3-13）分别对种植面积 M 求导可得：

$$R'_F = q(\chi_F)p_F(1 - p_F\kappa_F) \tag{3-14}$$

$$R'_E = q(\chi_E)p_E(1 - p_E\kappa_E) \tag{3-15}$$

由农民收益最大化的土地利用决策条件 $R'_F = R'_E$，可求得相应的替代条件为：

$$\frac{q(\chi_F)p_F}{q(\chi_E)p_E} = \frac{1 - p_E\kappa_E}{1 - p_F\kappa_F} \tag{3-16}$$

式（3-16）左边单位产量水平与市场价格的乘积 $q(\chi)p$ 表示粮食作物和经济作物的亩均收益，右边的表达式 $1 - p\kappa$ 代表的是农作物实际产量与预期最高产量的比值，其中，$p\kappa$ 表示由灾害因素导致的农作物预期损失率。因此，由式（3-17）可知农民收益最大化的土地利用决策满足如下条件：在每亩土地上种植粮食作物和经济类作物的产出收益之比是它们每亩实际保留产量比例的倒数。

如果政府部门只将粮食作物列为农业保险试点险种，经济类作物无法享受农业保险服务，粮食作物的保险费率为 δ，保障水平为 $\mu(0 < \mu < 1)$，政府为农业保险提供的保费补贴比例为 $\pi(0 < \pi < 1)$，此时农民种植粮食作物的预收纯收益 $\overline{R}_F$ 的表达式如下：

$$\overline{R}_F = \begin{cases} q(\chi_F)p_FM_F(1 - \kappa_F) + q(\chi_F)p_FM_F(1 - p)\kappa_F - \chi_F \\ \qquad - q(\chi_F)p_FM_F\delta(1 - \pi) \qquad (p < 1 - \mu) \\ q(\chi_F)p_FM_F\mu - \chi - q(\chi_F)p_FM_F\delta(1 - \pi) \qquad (p \geqslant 1 - \mu) \end{cases}$$

$$\tag{3-17}$$

其中，当 $p < 1 - \mu$ 时，粮食作物实际发生的损失率较小，尚未触发保险赔偿时农民的收益函数，与没有购买农业保险时相比，此时农民多出了农业保险自付保险这一个支出项；当 $p \geqslant 1 - \mu$ 时，说明粮食作物的实际灾害损失较大，触发了农业保险赔偿，此时农民的收益函数包括了三个部分：第一部分

$q(\chi_F)p_F M_F \mu$ 是获得保险赔偿之后农民的粮食作物经营收益，后面两部分分别是农业生产的成本投入和农民自付保费支出项。我们将式（3 - 17）两边分别对粮食作物的种植面积 M_F 求导可得：

$$\overline{R}'_F = \begin{cases} q(\chi_F)p_F[1 - p\kappa - (1-\lambda)\delta] & (p < 1 - \mu) \\ q(\chi_F)p_F[\mu - (1-\lambda)\delta] & (p \geq 1 - \mu) \end{cases} \qquad (3-18)$$

在粮食作物的预期损失率 p 较小或者农业保险的保障水平 μ 较低（p < 1 - μ）时，由于农民的最佳土地利用决策必须满足每亩粮食作物和经济作物的边际收益相同，结合式（3 - 15）和式（3 - 18）可得此时必须满足的条件：

$$\frac{q(\chi_F)p_F}{q(\chi_E)p_E} = \frac{1 - p_E\kappa_E}{1 - p_F\kappa_F - (1-\lambda)\delta} \qquad (3-19)$$

我们比较一下式（3 - 19）与式（3 - 16）的区别可以发现，两者唯一的差别在于（3 - 19）右边的分母多了一个负数项 $(1-\lambda)\delta$，导致分母变小了，要保持等式的平衡条件就必须使 $q(\chi_F)p_F$ 项增加，在市场价格 p_F 不变的情况下，根据边际产量递减原理，只有减少粮食作物的种植面积才能实现。上述分析结果表明，当粮食作物的预期损失率 p 较小或者农业保险的保障水平 μ 较低（p < 1 - μ）时，购买农业保险之后农民的最优土地利用决策是减少粮食作物的种植面积，这实际上就意味着在此情况下农民根本没有购买农业保险的必要。

接下来进一步分析当农业保险的保障水平较高或者粮食作物的预期损失率较大（即 p ≥ 1 - μ）时，购买农业保险之后农民的土地利用决策。根据每亩粮食作物与经济作物边际收益相同的原则，易求得此时农民收益最大化的土地利用决策需满足的条件如下：

$$\frac{q(\chi_F)p_F}{q(\chi_E)p_E} = \frac{1 - p_E\kappa_E}{\mu - (1-\lambda)\delta} \qquad (3-20)$$

我们只需要比较 $1 - p_F\kappa_F$ 与 $\mu - (1-\lambda)\delta$ 的大小便可以知道农民的最佳土地利用决策。令：

$$Y = (1 - p_F\kappa_F) - [\mu - (1-\lambda)\delta] = 0 \qquad (3-21)$$

可求得 $\mu = 1 - p_F\kappa_F + (1-\lambda)\delta$，由式（3 - 21）可知，保障水平 μ 是 Y 的减函数，从而当农业保险的保障水平 $1 - p_F \leq \mu \leq 1 - p_F\kappa_F + (1-\lambda)\delta$ 时，都满足 Y ≥ 0，结合式（3 - 16）和式（3 - 20）可知，此时农民收益最大化

的土地利用决策是减少粮食作物的种植面积或者保障原有的种植结构不变，换言之，在上述保障水平之下，农民根本没有购买农业保险的必要；当农业保险的保障水平 $\mu > 1 - p_F \kappa_F + (1 - \lambda)\delta$ 时，都满足 $Y < 0$，此时粮食类作物的边际收益将会因政府提供的农业保险保费补贴而增加。扩大粮食作物的种植面积，同时减少经济类作物的种植面积，能够增加农民的农业生产总收益。因此，在满足此条件的农业保险保障水平下，农民会将原来用于种植经济类作物的土地转为种植粮食类作物，直到两类作物的边际收益重新回归平衡为止。

如图 3 - 7 所示，农民所拥有的土地总量 $M = M_F + M_E$，M_F、M_E 分别表示投入粮食作物和经济作物生产的土地要素；资本总量 $K = K_F + K_E$，K_F、K_E 分别表示投入到粮食作物和经济作物生产上的资本要素。R_F、R_E 分别表示粮食作物和经济作物的边际收益曲线。左下角以 F_0 为中心，横轴上箭头所指的方向表示粮食作物 F 的土地要素投入量，纵轴上箭头所指的方向表示粮食作物 F 的资本要素投入量；右上角以 E_0 为中心，横轴上箭头所指的方向表示经济作物 E 的土地要素投入量，纵轴上箭头所指的方向表示粮食作物 E 的资本要素投入量。G_0 表示未开展政策性农业保险时农民粮食作物与经济作物的要素投入平衡点（满足粮食作物与经济作物的边际收益 $R_{F_0} = R_{E_0}$，满足利润最大化条件），此时，农民粮食作物的土地投入要素为 M_{F_0}，经济作物的土地投入要素为 M_{E_0}；如果政府对粮食作物提供较高保障水平和保费补贴的政策性农业保险服务，将导致粮食作物的边际收益增加，如图 3 - 7 所示，粮食作物的边际收益曲线从 R_{F_0} 上升到 R_{F_2}，并与经济作物的收益曲线在 G_2 形成新的均衡点。G_2 即为实施农业保险政策之后，农民利润最大化的最佳要素投入决策。此时，农民在粮食作物上投入的土地要素数量从 M_{F_0} 增加到 M_{F_2}，在经济作物上投入的土地要素数量从 M_{E_0} 减少到 M_{E_2}，并且满足 $M_{F_2} - M_{F_0} = M_{E_0} - M_{E_2}$。这说明较高保险水平和保费补贴的政策性农业保险导致粮食作物和经济类作物的边际收益发生了改变，进而影响了农民的种植决策，基于利润最大化的考虑，农民会减少经济作物的种植规模，将空出来的土地用于种植粮食作物。本书分析的是只对粮食作物（将经济作物排除在外）提供财政补贴的政策性农业保险服务的假设。如果将两类农作物同时纳入政策性农业保险，但实施不同的保障水平和提供不同的保费补贴比例，其研究结论同样是成立的，只不过两种农作物的种植规模实现新均衡的条件不同罢了。上述理论分析表明，当政府对粮食作物和经济作物实施差异化的农业保险补贴政策时，在保障水平达到门槛值之后，将会使得农民改变两类农作物的种植规模，进而使它们的总产量发生变化。

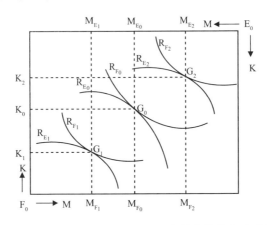

图 3 – 7　粮食作物 F 和经济作物 E 利润最大化的土地利用决策

第三节　基于粮食安全视角的农业保险补贴政策评价与优化

中国是一个发展中的人口大国，同时也是一个农业生产大国，粮食安全问题始终是中国农业生产过程中的重要议题，也是确保中国经济社会持续健康发展的关键问题（杨静，2017）。近年来，虽然中国粮食总产量实现了 11 连增，但这是基于 2003 年粮食产量历史低点的反弹，而且粮食产量的增长主要源于玉米产量的提高，口粮增长十分有限（毛学峰等，2015）。粮食安全与社会和谐、政治稳定和经济持续发展息息相关，随着中国人口数量的持续增长和城镇化的进一步推进，预计未来相当长一段时间中国的粮食需求数量将进一步上升（胡鞍钢等，2015），但粮食供给形势在当下却面临着诸多挑战：一方面，随着中国城镇化的不断提升，城市人口规模日益膨胀，大中城市不断向周边地区扩张，相当大一部分城郊适耕土地转变为建设用地，导致优质耕地资源数量逐渐减少；另一方面，随着"80 后""90 后"等新生代农民工大规模涌入城市务工，并逐渐适应了城市的生活模式，大部分人都不愿意回到农村从事农业经营，导致农村劳动力年龄结构逐渐老化。粮食生产的土地要素数量减少和劳动力要素质量下降的趋势，预计在未来相当长一段时间内还将持续下去，中国今后的粮食安全形势依然不容乐观。

政策性农业保险最重要的目标就是稳定农民收入、提高农民种粮的积极性，2020 年我国政策性农业保险的保费收入已经超过了 800 亿元，各级财政的保费补贴资金也超过 600 亿元，如此大规模的财政补贴是否达到了激励农民从事粮食生产的政策目的？是否有更好的补贴方案来促进我国粮食产量的稳步增长？要准确回答上述问题，需要对现行政策性农业保险补贴政策的粮食增产效应进行客观评估。

一、粮食主产区农业保险的财政补贴政策与执行效果

2007 年中央财政提供保费补贴的政策性农业保险制度正式启动试点，至 2016 年，政策性农业保险的覆盖范围已由最初的湖南、新疆、内蒙古、江苏、吉林、四川扩展至全国。第一批纳入政策性农业保险试点的品种基本上都是粮食作物，包括水稻、小麦、玉米、大豆和棉花[①]，首批就将全部粮食作物纳入政策性农业保险的试点品种当中，充分说明了中央财政利用政策性农业保险来保障粮农收益进而达到维护粮食生产安全的政策目的。首批中央财政确定的农业保险补贴险种以 "低保障、广覆盖" 为原则确定保障水平，保障金额原则上为农作物生长期内所发生的直接物化成本，主要包括种子成本、化肥成本、农药成本、灌溉成本、机耕成本和地膜成本，农民在农业生产过程中投入的劳动成本并不包括在内。2007 年政策性农业保险开始试点时的保费由省级财政和中央财政各承担 25%，剩下 50% 的保费由农民承担。

之后政策性农业保险的试点范围不断扩大，试点险种也逐年增加，各级财政承担的保费补贴比例也越来越高。截至 2016 年，政策性农业保险已经覆盖到港澳台以外的中国所有省、自治区、直辖市试点险种也扩展到十几个品种（见表 3 - 12）。在此期间，政策性农业保险的保费补贴比例也有明显增加，根据 2016 年 12 月财政部印发的《中央财政农业保险保险费补贴管理办法》，种植业保险在省级财政至少补贴 25% 保费的基础上，中央财政对中

---

① 第一批试点省份中的新疆是中国长绒棉的主要产区，因此将棉花纳入首批试点品种当中。

西部地区补贴 40% 的保费，对东部地区补贴 35% 的保费（见表 3 - 12）。目前，中央和地方各级财政实际承担的农业保险保费补贴比例普遍在 70% ~ 80%，农民自己承担的保费很少，这种由财政资金提供高保费补贴的发展模式，正是我国农业保险近几年来发展迅速的主要推动因素。

表 3 - 12　　　　　2007 ~ 2016 年农业保险财政补贴政策的变化情况

年份	试点险种	保费补贴比例	覆盖范围
2007	水稻、小麦、玉米、大豆和棉花	试点省份省级财政承担 25%，中央财政承担 25%，剩下的 50% 保费由农民承担	湖南、新疆、内蒙古、江苏、吉林、四川
2016	玉米、水稻、小麦、棉花、马铃薯、油料作物、糖料作物、能繁母猪、奶牛、育肥猪、青稞、牦牛、藏系羊、天然橡胶、已基本完成林权制度改革、产权明晰、生产与管理正常的公益林和商品林以及财政部确定的其他品种	种植业在省级财政至少补贴 25% 的基础上，中央财政对中西部地区补贴 40%、对东部地区补贴 35%，对纳入补贴范围下的中央单位①，中央财政补贴 65%。对省级财政给予产粮大县三大粮食作物②农业保险保费补贴比例高于 25% 的部分，中央财政承担高出部分的 50%。其中，农民负担保费比例低于 20% 的部分，需先从省级财政补贴比例高于 25% 的部分中扣除，剩余部分中央财政承担 50%。在此基础上，如省级财政进一步提高保费补贴比例，并相应降低产粮大县的县级财政保费负担，中央财政还将承担产粮大县县级补贴降低部分的 50%。对中央单位符合产粮大县条件的下属单位，中央财政对三大粮食作物农业保险保费补贴比例由 65% 提高至 72.5%	除港、澳、台以外的全国所有省份

资料来源：财政部关于印发《中央财政农业保险保费补贴试点管理办法》的通知和财政部关于印发《中央财政农业保险保险费补贴管理办法》的通知。

从财政部制定的农业保险补贴政策来看，对粮食类作物的保险还是格外照顾的。2007 年第一批试点的五种农作物中就包括了水稻、小麦和玉米三大

---

① 包括新疆生产建设兵团、中央直属垦区、中国储备粮管理总公司、中国农业发展集团有限公司等。

② 三大粮食作物是指水稻、玉米和小麦。

粮食类作物。2016 年最新出台的政策则对产粮大县农业保险的保费实施了特殊补贴标准，例如，为了鼓励地方财政对产粮大县三大粮食作物的保费补贴力度，针对省级财政保费补贴比例高于 25% 的部分，中央财政还承担高出部分的 50% 等（见表 3 – 13）。从目前全国各省份颁布的农业保险补贴政策来看，对保费补贴比例的执行还是严格到位的，即使是经济发展水平较低的中西部省份，中央财政与地方各级财政共同承担的试点险种保费补贴比例也都基本达到了 80% 左右。但是，本书通过对全国各省份农业保险补贴政策进行梳理后发现，不同省份对确定农业保险保障金额的"物化成本"概念的理解却存在严重"偏差"。

表 3 – 13   中国部分省份主要农业保险险种的保费补贴与保障水平

省份	类别	玉米	小麦	水稻	大豆	棉花	油菜
上海	保障金额（元）	1 000①	400	1 000	—	—	600
	保费补贴（%）	40	60	80	—	—	70
安徽	保障金额（元）	282	367	406	170	394	270
	保费补贴（%）	80	80	80	80	80	80
黑龙江	保障金额（元）	145	125	200	120	—	—
	保费补贴（%）	80	80	80	80	—	—

资料来源：各省份最新颁布的农业保险补贴文件，"—"表示该省份没有开展此类农业保险项目。

表 3 – 13 为上海、安徽、黑龙江政策性农业保险补贴政策中所规定的各险种的保障水平和保费补贴比例。从农业保险的保费补贴比例来看，经济相对欠发达的安徽和黑龙江各级财政的补贴都达到了最高的 80% 一档；而经济最发达的上海市在种植业保险当中只有水稻保险的保费补贴达到了 80%②，其余则在 40% ~70%。从保费补贴比例来看，似乎上海市对农业保险的财政补贴力度还不及安徽和黑龙江等粮食产出大省。但如果从农业保险的保障水平来比较则容易发现，上海市种植业保险的保障水平远远高于其他两个粮食产出大省。例如，上海市水稻保险的保障水平达到 1 000 元/亩，分别是安徽和黑龙江的 2.5 倍和 5 倍，玉米保险的保障水平分别是安徽的 3.4 倍、黑龙

---

① 上海玉米保险的承保对象为鲜食玉米，实际上是经济类作物的范畴。
② 上海市养殖业保险中的能繁母猪、生猪和奶牛保险险种保费补贴标准都为 80%。

江的 7 倍,油菜保险的保障水平是安徽的 2.2 倍。保费补贴比例和风险保障水平对于农业保险来说是一枚硬币的两面:提高保费补贴比例固然能够减轻农民的经济负担,但如果农业保险的保障水平很低,在发生较大自然灾害导致农业经营损失时,农民无法通过农业保险来获取经济补偿,那对于农民来说农业保险的风险管理功能便不复存在。农业保险最重要的功能就是为农业生产提供风险保障,通过降低农业保险的保障水平来减轻财政补贴负担,即使将保费补贴比例提高到 80% 的高水平,也与中央财政推出政策性农业保险的初衷背道而驰,是一种舍本逐末的做法。在较低的保障水平下,农业保险的基本功能都难以得到发挥,更谈不上实现促进粮食生产、维护粮食安全的政策目标。

二、中央财政补贴政策对粮食主产区地方财政的挤出效应

同样的政策环境下导致不同省份农业保险保障水平差异巨大的原因在哪里?本书认为,一方面确实与各个省份的经济发展水平有关,另一方面也与当前中央财政制定的农业保险财政补贴机制有关,不甚合理的农业保险财政补贴机制对部分省份的地方财政形成了负向激励。目前,中国的省级行政单位依据经济发展水平和财政实力大概可划分为三类,不同类型的地方政府对待农业保险的态度和财政补贴方式存在显著差异。

第一类是以上海、北京为代表的东部经济发达城市,也包括江苏和广东的部分经济发达城市。这类城市经济和财政实力雄厚,对农业保险的支持力度最大,在农业保险的保费补贴力度维持中央财政要求的补贴标准的前提下,保障水平远远高于中央财政约定的物化成本,这样高保障的农业保险服务是以地方政府强大的财政实力为依托的。对这类地区而言,地方政府制定的农业保险补贴政策基本上是独立于中央财政补贴政策的,农民在这类地区能够享受到最好的农业保险服务。然而这类地区是以工业占主导地位、经济高度发达的沿海城市,并非我国传统的粮食主产区。第二类是以东北三省为代表的地区。这类地区是我国粮食作物的主要产区,农业产值占国民生产总值的比重仍然较高,然而受累于经济发展缓慢,地方政府对农业领域的财政投入不足。具体在农业保险方面,地方政府既要满足中央规定的政策性农业保险 80% 左右的保费补贴要求,同时又要考虑本身有限的财政实力,权衡之

下只能选择降低农业保险的保障水平，导致主要粮食作物的保障水平远远低于农作物的物化成本，甚至还明显低于西部欠发达省份（参照表 3 – 13 黑龙江的数据）。对于这类地区而言，现行中央财政制定的农业保险补贴政策超出了地方财政的承受能力，地方政府为了减轻农业保险补贴的财政压力不得不降低保障水平，从而导致了省级财政层面的负向激励。第三类是以湖北、湖南等近年来经济发展迅速的中部粮食主产区为代表的地区。这些省份虽然整体经济实力和财政实力有限，但辖区内的核心城市如武汉、长沙等已经达到了较高的工业化水平。对于这类地区而言，省一级财政在保持 80% 保费补贴的前提下，基本上会根据中央财政的要求制定一个接近于物化成本的保障水平，而辖区内经济发达城市的市一级财政则有实力为辖区内的农业保险提供更高的财政补贴力度。不过由于这类城市并不具备像上海、北京那样直接由地方财政为农业保险提供高额补贴的经济实力，因此在制定农业保险补贴政策时，中央财政试点的品种与地方政府开展的特色农业保险品种在保障水平方面存在很大差别。

　　表 3 – 14 为湖北省省级财政与武汉市市级财政农业保险补贴标准的比较。目前湖北省级财政确定的政策性农业保险试点品种有水稻、棉花、油菜、能繁母猪、奶牛和森林六个类别，保费补贴比例平均在 75% 左右，保障水平在全国范围来说处于中等水平。武汉市除了省财政确定的农业保险试点品种之外，还开展了鲜食玉米、露地蔬菜、水果、水稻制种等 20 多种特色农业保险业务。值得关注的是，武汉市开展的水稻保险和油菜保险等属于省级财政确定的险种，其保障水平与全省其他地区一样，分别为 400 元/亩和 200 元/亩。武汉市开展的特色农业保险虽然保费补贴比例略低于中央财政的试点险种，但保障水平却明显高出很多，像鲜食玉米、露地蔬菜、水果等品种最高档次的保障水平已经达到或者接近了上海同类品种农业保险的保障水平[①]。如果按照每亩农作物的实际补贴来算，列入中央财政试点的水稻和油菜保险的亩均财政补贴显著低于武汉市级财政开展的鲜食玉米等特色农业保险险种。换言之，当前中央财政设计的农业保险补贴机制对个别经济较发达城市的市级财政保费补贴产生了效应：由于中央财政设计的多层次财政补贴

---

① 2017 年上海市鲜食玉米的保障水平为 1 000 元/亩，露地蔬菜为 3 500 元/亩，普通水果为 2 500~4 000 元/亩，杂交水稻制种为 2 500 元/亩。

机制中，农业保险的保障水平是由各省统一确定的一个固定数值，而非一个可选区间，导致经济相对发达的城市在制定本地区的农业保险补贴方案时，将列入国家试点范围的农业保险品种按照国家或省级财政统一的标准确定保障水平，而那些可以由市级财政自由确定保障水平的非中央财政试点品种则往往设定相对更高的保障水平。由于三类粮食类作物在第一批就被列入中央财政农业保险保费补贴试点，因此，在现行农业保险补贴机制下，类似于武汉这类经济较发达城市粮食类作物的保障水平显著低于经济类作物的保障水平[1]。当同一地区经济类作物的保障水平远远高于粮食类作物，而且在两者的保费补贴比例相关不大的情况下，将更多的土地用于种植经济类作物显然是符合农民利润最大化的生产决策的。因此，理性的农民将会减少粮食类作物的种植面积，将空出来的土地用于种植经济类作物。最后的结果是农业保险财政补贴对粮食产出增长的正向激励效应没有得到发挥。

表3-14　　　　湖北省与武汉市政策性农业保险保障水平的比较

湖北省政策性农业保险补贴标准						
险种类别	棉花	水稻	油菜	能繁母猪	奶牛	森林
保障水平（元/亩）	400	400[2]	200	1 000	6 000	500
保费补贴（%）	75	75	75	75	90	60

武汉市政策性农业保险补贴标准						
险种类别	鲜食玉米	水稻	油菜	露地蔬菜	水果	水稻制种
保障水平（元/亩）	600~1 000	400	200	500~2 000	2 000~5 000	1 500~2 000
保费补贴（%）	60	75	75	60	60	60

资料来源：湖北省数据来源于《关于印发湖北省2017年农业保险工作实施方案的通知》；武汉市数据来源于《武汉市2017年政策性农业保险实施方案》。

三、基于粮食安全视角的农业保险补贴政策优化

前面的分析表明政策性农业保险可以通过两种途径影响粮食产量：一是

[1]　如果武汉这类城市的经济进一步发展，其地方政府也很可能会像上海、北京一样完全不用考虑中央财政的补贴政策，完全由地方财政出资为农民提供更高保障水平的农业保险服务。

[2]　2017年刚提升到400元/亩，原来一直是200元/亩。

通过鼓励农民增加高风险耕地的农业生产投入成本以提高粮食作物的单位产量水平；二是通过对粮食作物实施比经济作物更高的农业保险保障水平和保费补贴，以诱导农民减少经济作物的耕种规模，同时增加粮食作物的种植规模。但上述两种政策效应的实现需要满足一系列前提条件：粮食作物所处的生长环境发生灾害损失的概率较高；政策性农业保险的风险保障水平以及保费补贴比例都达到或超过足以改变农民种植决策的临界值水平；政府对粮食作物和经济类作物采取了不同的农业保险补贴政策，使粮食作物的种植收益显著高于经济类作物。然而，当前中国粮食主产区地方财政在农业保险补贴方面的作用没有得到完全发挥，主要源于两个因素：一方面源于部分粮食生产大省的经济和财政实力十分有限，由于粮食产出大省往往并不是经济强省，这种财政补贴支出与收入的错配，导致农业保险的保费补贴成为地方财政的重大负担；另一方面是源于当前中央财政设计的农业保险补贴政策缺乏灵活性，在保费补贴构成上也不尽合理，导致在政策执行层面出现了各种超出预期的结果，使得政策效果大打折扣。从维护中国粮食安全的考虑，从中央财政到地方各级财政都需要对农业保险补贴政策进行优化和调整，在发挥中央财政主导作用的同时，还需要制定一个能够鼓励地方财政积极参与的政策性农业保险财政补贴机制，以保障粮食主产区的农民能够充分利用农业保险提供的风险保障功能。基于前面的分析结果，本书认为政府部门可以从以下几个方面对现行的农业保险补贴政策进行优化。

（一）中央财政应为农业保险各类粮食作物险种设定一个最低保障水平

2007 年中央财政刚开始试点农业保险保费补贴政策时，就提出保障水平应以农作物的直接成本为标准。而直接物化成本是指农业生产过程中除了人工成本和土地租金之外的投入成本，包括种子、农药、化肥、农机、农膜等生产资料的投入成本。在信息畅通、物流高效的现代社会，上述生产资料的价格在全国各地基本无明显差异，因此，在不同省份同一类农作物的直接物化成本应该是相差较大的一个数据。但目前从各省份公布的政策性农业保险补贴方案来看，即使是纳入中央财政补贴的同一险种，其保障水平也存在明显的省际差异，东部经济发达省份的保障水平甚至比中西部省份高出几倍之多。鉴于农作物生产的直接物化成本并不存在显著的地域差异，因此，中央财政针对试点范围内的每一项农业保险类别都可以设定一个相对固定的最低保障水平。这个保障水平可以是一个具体的数值，比如说将水稻保险的保障水平设定为 500 元/亩；也可以是一个变动幅度相对较小的数值区间，比如将水稻保险的保障水平设定为 400～500 元/亩。这样做的目的是避免部分财政实力较差的省份为了减轻财政负担将农业保险的保障水平降到一个严重不合理的区间。

为了鼓励地方财政加大对农业保险的保费补贴力度，适当提高粮食类作物保险的保障水平，对于粮食主产区农业保险超出最低保障水平的部分，中央财政在原定补贴基础之上应当再提供一定的配套补贴。例如，中央财政设定的水稻保险最低保障水平为 400 元/亩，假定某粮食主产区省份设定的本省水稻保险的保障水平为 500 元/亩，这高出的 100 元保障金额所导致的农业保险保费增量为 5 元，该省制定的农业保险补贴政策规定各级财政承担的保费补贴比例为 80%，那么这增加的 5 元保费中应当由财政承担的保费为 4 元，这 4 元农业保险保费可由中央财政与地方财政共同承担，具体分配比例可以根据不同省份的经济发展水平来区别划分。

（二）优化中央与地方财政的农业保险保费补贴分担机制

中央财政设定一个全国统一的农业保险最低保障水平必然会造成部分农业补贴负担较重的省份无力承担相应的保费支出，最后导致政策无法落实。因此各级财政的农业保险保费补贴分配机制也必须进行相应的改革。根据财政部关于印发《中央财政农业保险保险费补贴管理办法》的通知，中央财政对中西部地区种植业保险的保费补贴为 40%、对东部地区补贴 35%；对纳入补贴范围下的中央单位，中央财政补贴 65%。本书认为，中央财政对于东部经济发达地区的保费补贴比例可以适当降低，让地方财政承担更多的保费补贴责任。事实上东部地区的北京、上海等经济发达城市农业在国民经济中的比重已经不到 1%，农业补贴的财政负担非常小，工业反哺农业的条件和实力都已完全具备，这类地区开展政策性农业保险不需要中央财政再提供保费补贴，地方财政完全有能力承担相应的财政支出，中央财政可以不承担保费补贴责任。而像广东、山东、江苏等沿海经济发达省份，虽然其辖区内部也存在不同程度的经济发展不平衡情况，但省级财政的实力仍然远远强于中西部地区，因此，对于这类地区中央财政的保费补贴比例可以降到 20%

左右。

广大的中西部地区由于整体经济发展水平较低，受自身经济实力的制约
地方财政提高农业保险风险保障的意愿不强，导致中西部省份农业保险的保
障水平明显低于东部省份，因此，对于这类省份中央财政还需要进一步提高
保费补贴比例。东北三省作为我国最大的商品粮基地，近二十年来经济状况
持续恶化，经济发展停滞不前，农业在国民经济中的比重仍然处于相对较
高的水平（接近20%），羸弱的地方财政已经难以负担沉重的农业补贴支
出。从稳定粮食生产、提高农民种粮积极性的角度考虑，中央财政应当将
东北三省农业保险的保费补贴比例提升到50%以上，从而保证在提高农业
保险保障水平的同时，并不会大幅增加地方政府的财政负担。其他省份也
都可以根据其农业保险补贴规模占地方财政收入的比重来确定中央财政的
保费补贴比例，保费补贴规模/财政收入的比重越高，意味着地方财政的
负担越重，那么中央财政的补贴额度就需要相应提高。随着未来中西部省
份经济发展水平的进一步提升，中央财政保费补贴的整体比例可以稳步下
降，但对于国家重要的粮食产区，中央财政还是需要保持一定程度的政策
支持。

（三）　制定灵活可变的补贴政策以满足不同农业经营主体的差异化保险需求

目前，中国从事农业生产的农民根据其收入结构和生产规模可以划分为
传统农民和专业农民两类。传统农民以小农经济生产模式为主，他们或者是
以农业经营性收入为家庭收入的主要来源，或者是以外出务工收入来负担家
庭的主要经济支出。不管是哪种收入结构，传统农民通常会在有限的耕地上
种植多种农作物，对于这类农民来说，或者自身有限的经济实力制约了他们
购买更高保障农业保险的能力，或者农业经营性收入占家庭收入的比重很
低，同时多样化种植的方式也在很大程度上分散了农业生产过程中的灾害风
险，对农业保险形成了一种有效的替代效应，因此，对于这类农民来说，保
障程度较低、保费补贴比例较高的农业保险模式是他们的最优选择。专业农
民是指粮食种植大户、家庭农场等新型农业经营主体，这类农民以农业经营
作为家庭收入的主要来源，他们的农业生产规模较大、集约化程度高、专业
性强，为了追求规模经济效益，农作物的种植品种也相对单一。这类农民的
整体收入水平远远高于传统农民，但由于他们的收入结构单一，而且种植的

农作物品种单一，导致抵抗农业自然风险的能力很差。对于他们而言，较高保障水平与较低保费补贴比例组合的农业保险更能契合他们的风险保障需求。

为了契合不同农业经营主体的差异化保险需求，中央和地方财政在制定农业保险补贴政策时需要保持制度的灵活性。在目前的农业保险补贴政策下，如果省级财政为某农作物保险制定了一个保障水平，那么中央财政就参照该标准拨付保费补贴资金，同时市、县一级财政也必须根据省级财政确定的保障水平开展本辖区的农业保险业务。如果某个经济发达城市想将本市的农业保险保障水平提高到省级财政确定的水平之上，那么它将无法获得中央财政和省级财政的保费补贴，必须完全由市级财政承担保费补贴责任。在这种僵化的制度模式下，像武汉这类经济较发达但地方财政的实力尚不能独立发展高保障水平农业保险服务的城市，不得不将中央财政试点的农业保险与本市开展的特色农业保险制定为不同的保障水平，并且后者的保障水平明显高于前者。当前从中央到地方财政的农业保险补贴机制，导致市、县级财政对农业保险的支持作用难以发挥，政策性农业保险多层次财政补贴体系的政策效用受到严重制约。建议省级财政在保费补贴总支出不变的情况下，设置多种组合的农业保险产品，比如40%的保障水平与80%的保费补贴比例、60%的保障水平与50%的保费补贴比例或者70%的保障水平与40%的保费补贴比例等不同组合，在保持保费补贴财政支出总量不变的前提下，可以满足不同农业经营主体的差异化风险保障需求。

（四）中央财政应进一步提高对粮食主产区农业保险的补贴力度

前面的理论分析表明，较高的保费补贴和保障水平才能激励农民增加粮食作物的生产投入，进而提高粮食作物的单位产出水平。实际上，国内一些学者的实证研究也间接证明了本书的观点：徐斌、孙蓉（2016）的研究显示，现阶段农业保险促进了农民农业收入的增加，但对其种粮积极性的提升并不理想，整体来看财政补贴力度较大的东部地区强于中西部地区。从当前全国范围内各省市出台的农业保险补贴政策来看，无论是东部经济发达地区还是中西部欠发达地区，目前中央和地方各级财政实际承担的农业保险保费补贴比例普遍在70%～80%，已经达到了一个相对较高的水平。但大部分地区、特别是粮食主产区农业保险的保障水平却没有得到相应的提高。如表 3 – 15 所示，作为我国粮食生产大省的河南和黑龙江其粮食作物保险的保障水平仍然较低，特别是近几年经济发展缓慢的黑龙江省，其玉米、小麦和水稻保险的每亩保障金额分别只有 114 元、125 元和 200 元，已经远远低于农作物生产的物化成本。同处北方地区的北京市，玉米、小麦和水稻保险在保费补贴比例同为 80% 的情况下，每亩保障金额分别为600 元、700 元和 600 元，明显高于河南和黑龙江。而作为我国经济最发达城市的上海市，辖区内主要粮食作物水稻保险其每亩保障金额更是高达1 000 元/亩。

表 3 – 15　我国部分省市粮食类作物农业保险补贴比例和保障金额比较

省份		类别	玉米	小麦	水稻	大豆
粮食主产省区	河南	保障金额（元）	329	447	487	174
		保费补贴比例（%）	80	80	80	80
	黑龙江	保障金额（元）	145	125	200	120
		保费补贴比例（%）	80	80	80	80
经济发达地区	上海	保障金额（元）	1 000	400	1 000	—
		保费补贴比例（%）	40	60	80	—
	北京	保障金额（元）	600	700	600	500
		保费补贴比例（%）	80	80	80	80

资料来源：数据来自各地区最新的农业保险补贴文件。

导致同各粮食作物在不同地区保障金额存在如此显著差距的最根本原因就在于地方财政的经济实力不同，像上海和北京这类经济发达地区，农业生产总值占 GDP 的比重已经下降到 1% 以内，地方财政有足够的能力支持农业发展，因此对农业保险的补贴力度也很大。而河南和黑龙江是传统的农业大省，整体经济发展水平相对较低，农业产值占 GDP 的比重相对较高，地方财政承担的保费补贴负担较重，无力为农业保险提供足够的资金支持。这种由经济发展差距导致的粮食类作物农业保险风险保障水平差距在短时间内难以消除，因此，需要由中央财政发挥调节作用，通过对中西部粮食主产省区水稻、玉米、小麦等农作物保险提供更高的补贴力度来提高其风险保障水平，比如可以对主要粮食类作物保险规定一个相对较高的基准保障金额，任何省市农业保险设定的保障金额均不能低于基准金额，同时中央财政对粮食主产省区粮食类作物的保费补贴比例可以提高到 50% 以上，以减轻地方财政的保费补贴负担，激励地方政府提高农业保险的保障水平，达到促进粮食产出增长的政策目标。

（五）针对粮食作物和经济作物实施差异化的补贴政策

给定土地资源不变的情况下，农民选择用多少数量的土地来种植粮食类作物，取决于每一单位土地上种植粮食类作物和经济类作物的边际净收益。初始阶段，农民种植每一单位的粮食作物和经济作物的边际净收益是相等的，这符合利润最大化的种植决策条件。无论是提高粮食类作物的预期收益还是降低粮食类作物的生产成本，都会增加每一单位耕地上种植粮食类作物的净收益，而通过对粮食类作物和经济类作物实施差异化农业保险补贴可以实现这一目标。如果各级财政对粮食类作物提供比经济类作物更高的保费补贴或者更高的风险保障水平，都会导致种植粮食类作物的单位净收益大于经济类作物，从而激励追求利润最大化的农民将更多的土地用于种植粮食类作物。

目前我国实现的政策性农业保险制度对粮食作物和经济作物的财政补贴标准基本没有差别，虽然提到对省级财政给予产粮大县三大粮食作物农业保险保费补贴比例高于 25% 的部分，中央财政承担高出部分的 50%。但由于产粮大县大部分位于中部和东北地区，这些地区省级及以下财政的实力有限，农业保险的风险保障水平很低，甚至很多地方都达不到农业生产的物化成本。而前面的理论分析显示，在较低的保障水平下即使提高粮食类作物保险的保费补贴比例，也难以诱导农民选择将种植经济作物的耕地用于种植粮食作物。因此，可以在保持较高保费补贴比例的情况下，进一步提高粮食类作物保险的保障水平，使粮食作物的预期生产收益明显高于经济类作物，以此来激励农民扩大粮食作物的种植面积。现阶段我国粮食需求总量稳步增长，而粮食供给的外部环境极其复杂：目前全球谷物年贸易量在 3 亿吨左右，只相当于我国粮食年产量的一半，其中，大米的贸易量只占我国消费量的 25% 左右，在这种情况下如果国内粮食供给出现较大波动，将会对国际粮食市场的供需平衡造成重要影响。在我国粮食自给率逐年下降的现实背景下，适当提高粮食作物的农业保险财政补贴力度，对粮食类作物和经济类作物采取差异化补贴政策，有利于提高广大农民群众的种粮积极性，保障我国粮食安全。

（六）针对粮食种植大户试点政策性保险与商业保险相结合的农业保险模式

以家庭农场、种养大户为代表的新型农业经营主体是国家大力扶持的农业组织形式，与忙时务农、闲时务工的兼职农民相比，新型农业经营主体的家庭收入几乎全部来自农业生产，收入来源的单一性导致他们成为抵御农业风险能力最差、最需要农业保险提供收入保障的群体（张伟等，2017）。对于专业从事农业生产的种粮大户来说，仅仅只保农业生产过程中的基础成本并不能保证他们获得稳定的经营收益，目前政策性农业保险根据物化成本确定的保障水平已经无法满足他们的风险保障需求，有必要根据种粮大户等新型农业经营主体的风险特征提供高更保障水平的农业保险服务，以化解农民从事规模化粮食生产所面临的自然风险。

然而，由于各级政府的财政资金有限，中国作为一个发展中的传统农业大国，中央和地方各级财政也没有足够的实力为所有种粮大户提供高保障、高补贴的农业保险服务。在此情况下，引入商业化农业保险，将其与原来的政策性农业保险实现有机结合便成为一种可能的解决方案。具体来说，可以设计这样一种政策性农业保险与商业化农业保险相结合的机制：一方面，原来低保障、高补贴的政策性农业保险继续保留，只不过用于补偿发生小规模灾害时农民的经济损失；另一方面，引入完全由农民自己承担保费的商业化农业保险，当发生重大自然灾害，农民的实际损失金额超过政策性农业保险约定的最大保险金额之后，剩下的部分再由商业化农业保险进行赔偿。假如某农民种植一亩水稻的收益为 1 000 元，政策性农业保险为其提供的保障金额为 400 元/亩，商业化农业保险为其提供的保障金额同为 400 元/亩，绝对免赔额为每亩 100 元，当发生 500 元以内的灾害损失时，完全由政策性农业保险进行补偿[①]。当灾害损失达到 900 元/亩时，扣除免赔额之后的实际赔偿金额为 800 元，其中，由政策性农业保险承担 400 元的损失赔偿，剩下的 400 元损失由商业农业保险承担。

以往商业化农业保险难以发展起来的根本原因在于农业自然灾害的发生

---

① 500 元的灾害损失扣除 100 元的免赔额之后，实际赔偿金额只有 400 元，正好在政策性农业保险的保障金额之内。

频率高，费率居高不下，导致农民失去购买意愿。然而需要注意的是，农作物发生小规模损失的频率虽然很高，但导致其大幅度减产甚至绝收的概率从全国范围内来说还是比较低的，如果商业化农业保险只承担重大自然灾害导致的农作物损失，将小规模的农作物损失交由政策性农业保险来承担，完全可以将农业保险的费率降到一个农民可以接受的合理水平。因此，这种通过将政策性农业保险与商业化农业保险相结合的制度设计，使其分别承担不同损失程度的灾害赔偿，不仅可以构建高保障水平的农业保险风险防范机制，满足种粮大户等规模化农业生产者的风险保障需求，同时也能够解决纯商业化模式下农业保险费率过高的痼疾，使广大种粮大户都能够以较小的成本获得较高的经济保障。

| 第四章 |

政策性农业保险的收入增长效应

自然灾害一直是导致农村贫困的重要影响因素。自然灾害对贫困的影响主要体现在以下两个方面：一是自然灾害的发生极大地降低了农业生产力，提高了农民因灾致贫和因灾返贫的发生率；二是自然灾害使农民生计财产遭受重大损失，导致农民收入的稳定性和持续性遭受破坏，进而影响农民的贷款履约能力，使他们难以获得信贷支持以扩大农业生产规模和提高农业收入水平。

中国数千年来都是一个容易遭受各类自然灾害冲击的农业大国，因灾导致的饥荒和贫困一直是历史上各朝各代都无法回避的现实问题。为了更直观地认识自然灾害对农业生产的影响，我们根据《中国统计年鉴》的历年数据，整理出了 2010～2019 年我国自然灾害的损失情况（见表 4－1）。由表 4－1中数据可知，这 10 年时间内我国年均农作物受灾面积为 2 576.4 万公顷，年均农作物绝收面积为 288.64 万公顷，年均受灾人口 25 777.8 万人次，年均因灾死亡人口 1 834 人，年均因自然灾害导致的直接经济损失超过 3 857.6亿元。

表 4－1　　　　　　　2010～2019 年我国自然灾害损失情况

年份	农作物受灾面积（万公顷）	农作物绝收面积（万公顷）	受灾人口（万人）	死亡人口（人）	直接经济损失（亿元）
2010	3 742.6	486.3	42 610	6 541	5 340
2011	3 247.1	289.2	43 290	1 014	3 096
2012	2 496.2	182.6	29 412	1 530	4 186

年份	农作物受灾面积 （万公顷）	农作物绝收面积 （万公顷）	受灾人口 （万人）	死亡人口 （人）	直接经济损失 （亿元）
2013	3 135.0	384.4	38 819	2 284	5 908
2014	2 489.1	309.0	24 354	1 818	3 374
2015	2 177.0	223.3	18 620	967	2 704
2016	2 622.1	290.2	18 912	1 706	5 033
2017	1 847.8	182.7	14 448	979	3 019
2018	2 081.4	258.5	13 554	589	2 645
2019	1 925.7	280.2	13 759	909	3 271
平均数	2 576.4	288.64	25 777.8	1 834	3 857.6

资料来源：国家统计局网站。

在精准扶贫战略实施之前，频繁发生的自然灾害导致我国每年有数百万农民因灾致贫或因灾返贫。国务院扶贫办 2017 年的摸底调查显示，曾经我国的贫困农民中因病致贫的占 42%，因灾致贫的占 20%，因学致贫的占 10%，因劳动能力弱致贫的占 8%，其他原因致贫的占 20%。由此可见，自然灾害在很长一段时间内都是我国第二大单一致贫因素，以往每 5 个贫困人口中就有 1 个是因灾致贫的。虽然我国在 2020 年已经消除了绝对贫困，但要帮助数以亿计的农民实现共同富裕，未来仍然有赖于农村金融的大力支持。作为农村金融体系的重要组成部分，农业保险主要是平滑农民收入，抵御自然灾害对农民收入的冲击，使农民的农业经营收入能够长期保持在一个较为稳定的水平。如果农业保险的保障水平足够高，在发生重大自然灾害时仍然能够保障投保农民获得一份相对稳定的收入，从而可以在很大程度上缓解因灾害导致的收入下降的风险，帮助更多以农业生产为家庭主要收入来源的农民实现稳收和增收。因此，研究政策性农业保险的增收效应，在此基础上进一步完善和优化农村金融精准增收机制，为广大农民提供更加完善的农业风险管理方案，无疑具有重要的理论和现实意义。

第一节　农业自然灾害、农业信贷与农业保险
增收的内在联系

目前，国内外研究农村金融与农民收入的文献主要集中在农业信贷扶贫

方面，关于保险增收特别是农业保险增收的文献相对较少。鉴于自然灾害曾经是我国第二大单一致贫因素，能够帮助农民抵御自然灾害冲击的农业保险，在农村金融体系中理应扮演至关重要的角色。我们在前期研究中发现，农业保险和农业信贷在帮助农民增收方面各有所长，通过科学合理的机制设计，可以充分发挥农业保险与农业信贷的协同增收效应，进而全面提升农村金融体系的整体增收效率。基于此，我们先从自然灾害对农民收入的影响、农业信贷与农村保险增收的内在关系展开分析。

一、自然灾害对农民收入的影响

自然灾害每年都会给全球带来巨大的经济损失，并呈现明显的递增趋势。亚洲减灾中心（Asian Disaster Reduction Center，2000）的数据显示，20 世纪60 年代全球平均每年因自然灾害造成的经济损失只有 755 亿美元，到 90 年代已经攀升到 6 599 亿美元。作为传统的农业大国，中国也一直深受自然灾害的影响，在中华民族数千年的历史发展过程中，贫困、饥荒总是与洪涝、干旱等自然灾害联系在一起。回顾中国上下五千年的历史，自然灾害一直都是导致国民贫困和饥荒的重要因素：从三皇五帝时期大禹治水的古老传说，到 21 世纪全国军民抗洪抢险的当代传奇，数千年来中国人民一直都在与自然灾害及其所带来的贫困做斗争。

（一）自然灾害与农村贫困的关系

自然灾害会通过影响人类健康和农业生产率，进而对收入水平和收入增长产生显著的负向影响（Gallup，2000；Bloom，2003），在经济欠发达的发展中国家，这种情况表现得更为明显（Carter，2007；Robin Leichenko，2014）。自然灾害冲击（尤其是洪水和干旱）会导致人类发展水平的显著下降和贫困水平的显著上升，对经济增长和贫困程度、贫困陷阱的形成都会产生影响。就具体的灾害类型而言，风暴、洪水和干旱这三种自然灾害均对家庭收入和支出存在负面影响，其中，贫民社区更容易受到洪水等极端气候变化的影响（Arouri M et al.，2015），而大范围的干旱则可能会使整个国家处于紧急状态，同时导致经济衰退，造成农村居民的普遍贫困（Dungey & Nguyen，2014）。由于依赖于以自然资源为基础的生计活动，农民对自然灾害天生敏感，灾害会使得农民生计财产遭受重大损失，生活方式发生显著变化，最终导致农民收入的稳定性和持续性遭受破坏。詹姆斯·瑟洛等（James Thurlow et al.，2012）利用动态均衡模型分析了自然灾害对赞比亚农民贫困的影响，研究发现平均而言自然灾害在10年内使国内生产总值减少4%，并导致2%的人口处于贫困线以下。卡特等（Carter M R et al.，2007）采用最小二乘法（OLS）对自然灾害及贫困陷阱的影响进行了分析，评估了自然灾害对农村资产存量和经济增长的长期影响，他们的研究结果表明，自然灾害极易剥夺穷人的资本，使其陷入贫困陷阱而难以自拔。

自然灾害会导致农村贫困这一观点，国内学者也已经达成了广泛共识。众多学者均认为，灾害与贫困具有高度的内在关联性，灾害的发生加大了贫困的深度和广度，是造成长期以来中国贫困人口数量居高不下的主要原因之一（黄承伟，2016；陈烨烽，2017）。自然灾害导致了农业弱质性，使低收入农民极易陷入贫困，而早先救灾减灾机制的不完善，使得农民抵御灾害冲击的能力不足，造成大量脱贫人口返贫（马世铭，2014）。自然灾害频发区往往与贫困地区存在空间叠加关系，导致因灾致贫、返贫效应长期恶性循环且难以消除（王晟哲，2016）。进一步研究表明，自然灾害不仅对整个农村居民的农业和非农业收入有双重抑制性（杨浩等，2016），而且对贫困农民的影响显著大于非贫困农民（杨宇等，2018）。导致这种情况的原因在于：一方面，贫困人口常常居住在更加边缘和更易受灾的地方，对灾害的暴露程度更高（陈光燕和杨浩，2017）；另一方面，在经济落后的不发达地区由于本身的抗灾救灾能力较弱，受到的自然灾害影响也更加严重（张倩，2014）。

（二）自然灾害对农村贫困的影响机制

自然灾害通过造成不可挽回的人力、物力和资本损失，容易使低收入农民落入贫困陷阱。此外，自然灾害等不利冲击则会导致原来已经脱贫的个体再次返贫并难以恢复，一些贫困人口会逐渐陷入恶性循环，灾害中贫困人口会受到更大的损失，包括劳动力受到伤害或死亡、生产资料损失、丢失土地、暂时或长久的移民、欠债等，所有这些负面影响都会导致这些人口的进一步贫困，并由此跌入贫困陷阱之中。卡特等（2007）基于对埃塞俄比亚和洪都拉斯的数据进行研究，发现最贫困的家庭在自然灾害之后承受着更持久的冲击，而且影响更剧烈。在面临因自然灾害导致的农业风险时，一方面，贫困农民往往表现出更加规避风险的态度而不敢开展更高期望收益的农业生产活动，这种事前预防行为，会对正常资产积累产生不利影响，致使其陷入低水平均衡（Mahmud Yesuf et al.，2009）；另一方面，自然灾害也会直接损害农民资产，当其资产水平降低到资产阈值以下时，农民将陷入"贫困陷阱"之中而难以脱身（Barnett et al.，2008）。

由自然灾害引致的农业生产风险是农民致贫和贫困农民不易脱贫的主要原因（商兆奎和邵侃，2018），如何避免和减缓农业生产过程中的风险冲击、帮助贫困农民实施科学有效的农业风险管理是当前脱贫攻坚关键时期急需解决的重要问题（陈新建和韦圆圆，2019）。关于扶贫的理论研究、政策拟定、制度实施过程中对于灾害因素关注不够，扶贫开发计划大多数都有忽视灾害风险的问题（德巴拉蒂·古哈－萨皮尔和英迪拉·桑托斯，2016），导致防灾减灾与扶贫减贫的疏离和脱节（商兆奎和邵侃，2018）。作为一个自然灾害频发的农业大国，中国仍然存在因灾害导致的贫困问题，为了提高反贫困效率，加大农村金融扶贫政策创新势在必行（王超和刘俊霞，2018）。因此，有学者建议政府部门应加大对贫困地区农村保险、信贷的支持力度（周力和孙杰，2016），建立、健全农业自然灾害的风险保障体系，在制度层面形成一个有效解决农村贫困问题的长效机制（潘泽泉和罗宇翔，2015）。

二、农业信贷对农民收入的影响

金融扶贫是引导贫困人口脱贫的有效手段，农村金融市场的健康发展对于提高农民收入水平、缩小收入差距及缓解贫困具有重要意义。因此，为农村人口提供优质且可持续的金融服务一直是过去几十年来发展中国家政府推动农村改革与发展的重要目标，也是私人机构和国际捐赠者长期努力的方向。学者们研究发现，贫困农民可以通过获得金融支持改变自身的初始禀赋约束，利用借贷资金进行农业投资、扩大生产规模，进而增加农业收入（温涛等，2015）。由于农业生产具有周期性，农民的收入并不稳定，农民在歉收的年份还可以通过金融渠道来平滑消费、填补福利性支出缺口以及缓解经济困境（朱喜等，2009）。此外，农村金融的发展也在一定程度上促进了农村社区的发展，并能够带动贫困群体有效增收（余新平等，2010）。

（一）传统农业信贷的增收效应

学者们普遍认为，以农业信贷为主的农村金融发展对农民的农业产出具有决定性影响，并能显著改善贫困农民的福利水平。有效的农村金融扶贫方式能够更有利于提高贫困人口脱贫致富的能力，真正实现贫困人口的"造血"功能（Khandker et al.，2016）。虽然农业信贷能够促进农民增收已成为业内共识，但大部分发展中国家农村金融市场的运行效率并未得到有效改善，许多农民尤其是贫困农民面临正规信贷约束的现象仍然十分普遍（Jehona Shkodra，2016）。作为传统的农业大国和世界最大的发展中国家，中国农村居民特别是贫困农民也长期面临着严重的信贷约束问题（刘西川和程恩江，2009）。学者们研究发现，无论是正规金融机构还是非正规金融机构都倾向于向具有良好社会资本的农民提供信贷支持（徐璋勇和杨贺，2014；黄莉和王定祥，2018），超过半数以上的农村金融机构存在明显的目标客户偏移，贫困县农民（尤其是特困户）面临的金融排斥最为严重（张颖慧和聂强，2016），导致绝大多数有信贷需求的贫困农民都难以从正规金融机构获得贷款（贺立龙等，2018），信贷约束对农村居民的福利水平产生了显著的负向影响（余泉生和周亚虹，2014）。

（二）农村小额信贷的增收效应

1974年穆罕默德·尤努斯（Muhammad Yunus）创办了孟加拉乡村银行，以贫困家庭中的妇女作为主要目标客户，提供小额短期贷款，实行按周期还款、整贷零还的模式，孟加拉乡村银行实施的小额贷款扶贫模式取得了巨大成功，并成为发展中国家贫困群体脱贫致富的有效手段，世界各国纷纷加以效仿，有关小额贷款扶贫的研究也开始成为学术界关注的热点议题。根据世界小额信贷峰会组织（Microcredit-Summit Campaign）估算，截至2015年，全球约有1.75亿个极端贫困家庭从小额信贷中获益。国外学者的研究对小额信贷的扶贫效应大都给予了充分肯定。阿图亚·格洛林（Atuya Glorine，2014）利用肯尼亚的村一级层面的农民数据进行研究，发现收入与文化层次较低的家庭以及在非正规部门就业的人口更可能受益于信贷扶贫；克丽蓬等（Crepon et al.，2015）借助摩洛哥村户借贷的随机试验数据进行研究，发现小额信贷有助于增加贫困农民的农业和畜牧业投资，但经营收益增加会引起务工减少而削弱减贫效应；阿萨德（Asad et al., 2015）基于巴基斯坦农民数据的实证研究发现，在健康支出、家庭收入以及居住质量方面，小额信贷明显改善了贫困家庭的生计状况。

国内学者早期针对农村小额信贷减贫增收效应的研究却以否定结论居多。刘西川等（2007）研究发现，当前中国仿照孟加拉乡村银行实施的小额信贷项目，其实际瞄准目标已从低收入户、中等偏下收入户上移到中等收入户和中等偏上收入户，甚至高收入户；张颖慧和聂强（2016）对西北5个省份的15个国家级贫困县进行调研，发现尽管近六成小额信贷经理人向贫困户发放过贷款，但业务量总体较少；还有学者研究发现，农村金融机构及其从业人员对于开展扶贫小额信贷的积极性不高（曾小溪和孙凯，2018），扶贫小额信贷对提升贫困人口生计能力的作用不明显（肖建飞等，2018）。

（三）精准扶贫战略实施之前我国农业信贷扶贫存在的问题

信贷扶贫一直以来都是政府最为倚重的农村金融扶贫模式，我国自1986年开始实施扶贫贴息贷款政策，迄今已有35年时间。在精准扶贫战略实施之前，无论是以农业银行、农信社为代表的传统农村信贷，还是仿照孟加拉乡村银行开展的扶贫小额信贷，虽然都取得了一定的成绩，但整体扶贫效果并不是很显著，扶贫资金的使用效率也比较低（谢玉梅等，2016；张颖慧和聂强，2016）。学者们认为，我国早期农村金融扶贫效率之所以不高，主要源于以下两个方面。

一是贫困户目标瞄准不精准。学者们研究发现，我国扶贫政策的瞄准错误率较高，扶贫贷款的主要受益者并不是最穷的农民，而是变成了贫困地区政府、非贫困人群或者是一般贫困人群，扶贫资金被非贫困群体挤占现象相当严重，部分真正困难的农民被排斥在精准识别之外（左停等，2015；黄承伟，2016），导致扶贫资金不能得到很好的运用，削弱了扶贫贷款的扶贫效应（邢成举等，2013）。在瞄准偏离和贷款服务利用不足的成因上，许多学者从供给的角度给出了解释。学者们普遍认为，成功的小额信贷依靠的是严格的客户甄别机制，信贷机构在审查贷款申请时会对农民的风险状况进行精确识别，以确保借出去的贷款能够按时偿还，在此过程中许多风险高、还贷能力差的贫困农民被挤出信贷市场。从政府角度来看，贫困识别机制和识别方法存在明显问题：中国扶贫政策的识别对象以区域为单位，没有细化识别到农民,一些地区的乡村干部不经入户调查,通过"推估"的办法确定贫困户,也有一些地方政府为带贫困县帽子弄虚作假,挤占和浪费国家有限的扶贫资金,最终都会导致对贫困户的瞄准出现偏差(邓玲和吴永超,2014)。

二是扶贫贷款的风险管理机制不健全。首先,从扶贫信贷机构的角度来看,由于贷款对象是贫困人口,他们大多数是从事农业生产的农民,而农业生产过程中容易受自然环境因素和市场经济因素的影响,其收益的不确定性较大,贫困农民又缺乏足够抵御各种风险的财产和经济能力,这就会导致贷款农民有可能因为农业经营亏损而无力还贷(张建军等,2012;谢玉梅等,2016b),因此,一般情况下,贫困农民信贷违约的风险概率要远远高于富裕农民(魏岚,2013),这使得信贷机构出于业绩考核压力不愿向贫困农民发放贷款(徐忠和程恩江,2004;操基平,2016);其次,从贫困农民自身的角度来看,他们的收入主要来自农业生产,在缺乏有效风险保障的情况下,自然风险对贫困农民的收入影响甚大,利用贷款扩大农业生产规模虽然有可能提高贫困农民的收入水平,但潜在的风险冲击也可能导致他们债台高筑,这使得很多贫困农民因为担心无法偿还贷款而不愿进入信贷市场(黄莉和王定祥,2018)。如果不能解决贫困农民面临的农业生产风险,单独通过扶贫贷款来提高贫困农民收入水平的策略将难以取得显著成效(谢玉梅等,2016)。

三、农村保险对农民收入的提升效应

保险的扶贫功能一直受到国内外学者的高度肯定。保险作为最专业、最基本的风险管理方式,其经济补偿功能在最优状态下能够帮助受损家庭恢复到受损前的状态,极大降低家庭因突发事件而陷入贫困陷阱的可能性(Raimund Kovacevic & Georg Pflu,2011;黄薇,2019)。较早受到国内学者关注的是农村医疗保险和养老保险的扶贫效应。学者们研究发现,"新农保"的养老金收入显著提高了农村老年人的收入水平、减少了贫困的发生(高翔等,2018;刘二鹏和张奇林,2018);而"新农合"则通过减少现金自付医疗支出和灾难性医疗支出发生概率等方式,直接和间接地发挥了贫困缓解作用(黄薇,2017;鲍震宇和赵元凤,2018)。

自2007年政府实施保费补贴以来,农业保险渐渐成为国内保险和农村金融研究领域的热点议题，国内众多学者在农业保险的各个方向展开了深入研究，并取得了非常丰硕的成果。在农业保险研究最为发达的欧美国家，以规模化农业经营为主的农场主并不是贫困群体，因此，目前国外直接研究农业保险扶贫效应的文献并不是很多，而国内学者也是近几年才开始关注农业保险扶贫的相关问题，相关的理论和实证研究也不是特别充分。根据与研究主题的相关性，我们分别从农业保险对农民收入的影响、农业保险对农民信贷可得性的影响和农业保险的减贫效应这三个层面展开。

（一）农业保险对农民收入的直接影响

国外学者的研究表明，农业保险对农民收入的影响主要表现为平滑农业收入波动和提高农业收入水平。学者们研究认为，农业保险可以对冲自然风险（Cory Walters，2015；Bokhtiar，2018），补偿农民因农作物产量和价格下降导致的农业收入损失（Dennis A. Shields，2015；Majid Farzaneha et al.，2017；Mote Siddesh Sudhir et al.，2017）。无论是以欧美发达国家为样本的研究，还是以亚洲、非洲欠发达国家为样本的研究，均证实了农业保险对农民收入的积极影响。杰佛罗伊·恩乔拉斯等（Geoffroy Enjolras et al.，2014）利用法国和意大利 9 555 个农场 2003～2007 年的数据，研究了农业保险对农民收入波动的影响，其分析表明，农业保险能够有效改善收入并减少其波动性；阿尔巴·卡斯塔涅达·维拉等（Alba Castañeda Vera et al.，2017）针对西班牙农民的研究表明，农作物保险或收入稳定工具（IST）都有可能提高农场对收入变化的适应能力；迈克尔·达菲（Michael Duffy，2016）对美国农业保险保费补贴与土地产出收益的研究表明，农业保险的补贴价值和风险保障对土地产出收益产生了积极影响。阿希姆韦·奥利弗（Ashimwe Olive，2016）研究了农业保险计划对非洲卢旺达呼耶（Huye）地区农民家庭收入的影响，发现参保农民比非参保农民的家庭年收入平均高出 100 美元；阿尔芒·克里斯托弗等（Armand Christopher et al.，2018）则研究了菲律宾作物保险公司稻米保险计划对农民收入的影响，发现参与稻米保险计划显著减轻了农民的经济负担，平均而言，每个参保农场的收入损失相比不参保农场减少了 94%。

国内也有学者就农业保险对农民收入影响的问题展开了研究。理论研究层面，学者们对农业保险稳定和提高农民收入均持肯定态度。邢鹏和黄昆

（2007）提出，随着农业保险保障水平的提高，农民务农收入会趋于上升和稳定，补贴率的高低也对农民收入有明显影响；罗向明和张伟（2011a；2011b）认为，政策性农业保险的损失分摊功能能够实现农民群体之间的收入调节，而政府提供的保费补贴又具有转移支付作用，可提高农民的可支配收入水平；屈晓娟等（2013）、李琴英等（2018）均认为，农业保险主要通过促进农村居民经营纯收入和转移性收入的增长来带动家庭总收入水平的提高；柴智慧（2014）则提出，从理论上看，农业保险可以降低农民收入波动，具有减轻农业风险、弥补因灾损失、稳定农民收入的政策效应。

然而，在实证研究层面，学者们的结论却出现了分歧。一部分学者的实证研究支持了农业保险会提高农民收入的观点。张建军和许承明（2013）基于江苏、湖北两省的调研数据所做的研究表明，信贷与保险互联能有效改善农民信贷配给，显著提高了农民的农业收入。张小东和孙蓉（2015）的研究显示，除北京市以外，其余省份的农业保险对农民第一产业经营收入都有正向的促进作用，但各区域的贡献度差异明显，其中，较早获得财政补贴的省份以及地方政府重点扶持农业保险的省份，其农业保险对农民第一产业经营收入的贡献度更大。另一部分学者的研究却否定了农业保险对农民收入的促进作用。周稳海等（2014）研究发现，农业保险灾前效应对农民收入具有显著的负向影响，灾后效应对农民收入具有显著的正向影响，虽然农业保险总效应对农民收入具有正向促进作用，但作用力度较小。柴智慧（2014）、赵元峰等（Yuanfeng Zhao et al.，2016）的实证研究显示，在政策性农业保险制度实施之初，由于实行"低保障、广覆盖、低保费、低赔偿"的发展模式，农业保险的保费补贴政策难以发挥稳定农民收入的福利效应。

（二）农业保险对农户收入的间接影响

农业信贷的发展能够缓解农村贫困已成为业内共识，因此，如果农业保险能够提高贫困农民的信贷可获得性，就可以通过农业信贷这一中介工具间接发挥减贫效应。

针对农业保险对农民信贷可得性影响的问题，国内外有大量学者进行了理论和实证研究，并且普遍得出了肯定的研究结论（Cory Walters，2015；Marr A et al.，2016）。在早期的理论研究中，安德鲁·J.霍根（Andrew J. Hogan，1983）认为，农业保险可以有效降低因农民采用新技术而导致生产经营失败的风险，保障了农民收入的稳定性，进而降低农民贷款的违约率，提升了农民信贷可得性。普弗莱格和巴里（Pfleuger and Barry，1985）利用调查和仿真模拟方法，分析了美国伊利诺伊州农民参加农业保险对其财务绩效的影响，结果发现大约60%的贷款人对此有积极的信贷反应，愿意给予贷款。大卫·J. 利瑟姆等（David J. Leatham et al.，1987）从农民和贷款人双方表现出发，通过蒙特卡罗模拟方法对得克萨斯州小麦、高粱生产者进行研究，发现农作物保险是风险规避型农民的首选，而贷款人也会更倾向于向购买了农作物保险的农民提供贷款。卡特等（Carter et al.，2011）通过构建理论模型探讨了农业信贷和农业指数保险市场发展之间的关系，研究发现，农业信贷和农业指数保险互联互通的方式均有利于两个金融子市场的发展。

后续的实证研究也支持了理论研究所得出的结论。詹妮弗·伊夫特等（Jennifer Ifft et al.，2013）利用趋势得分模型对美国联邦农作物保险如何影响农民贷款情况进行实证研究，发现参与联邦农作物保险能够有效增加农民贷款。卡兰等（Karlan et al.，2014）、马塞尔·范·阿塞尔东克（Marcel van Asseldonk，2015）就农业指数保险缓解农民信贷配给和风险配给的农业决策进行了研究，发现农业指数保险能够帮助参保农民获得更多的信贷资金，并带来更多的农业投资和高风险的农业项目选择。阿迪亚等（Aditya et al.，2016）对印度吉拉特邦的研究表明，投保农业保险的农民从事风险性农业生产活动及获得农业信贷的比例明显高于未投保的农民。詹妮弗·伊夫特等（2017）以美国农场为样本，研究了农作物保险与农业信贷之间的关系，发现农作物保险能够让农民获得更多的信贷渠道，提高了农民获得经营性贷款的可能性。一项针对非洲国家马里的研究则表明，将农作物保险与信贷联系起来不仅有利于银行控制信贷风险，而且对小农民而言参加农业保险可以更好地获得信贷支持，并能够享受利率优惠（Duchoslav Jan，2018）。而一项针对菲律宾农民的研究发现，参加水稻保险计划成为农村金融机构向稻农发放贷款必须满足的基本前提条件之一（Armand Christopher C. et al.，2018）。

国内也有许多学者就农业保险与农业信贷的关系问题展开了研究，理论研究层面均得出了农业保险有助于提高农民信贷可得性的结论。刘作祥和黄权国（2012）在修改斯蒂格利茨和魏斯（Siglitz and Weiss）模型关于银行的信息生产能力及风险——收益关系假定的基础上引入农业保险，发现在竞争性信贷市场中，农业保险降低了信贷风险，提高了贷款人的收益和放贷意愿。张建军和张兵（2012）构建了农民、保险公司和银行参与的多期动态博弈模型，研究发现，农业保险带来的声誉信号传递能帮助达成贝叶斯纳什分离均衡，降低了银行的风险识别成本，提高了放贷可能性。左斐和罗添元（2016）则在信息不对称的理论框架下就农业保险与农业信贷的关系问题进行了探讨，发现在保障程度足够的条件下，农业保险的存在能够提高信贷机构的期望收益，改善农民的信贷可获得性。但有关农业保险与农业信贷的实证研究结论却出现了分歧，早期基于总量数据的研究均不支持理论分析结果。方首军（2012）基于1985～2009年的经验数据，建立时间序列计量分析模型对农业信贷和农业保险之间的互动机制进行定量分析，发现中国农业保险与农业信贷之间虽然具有正相关性，但缺乏长期稳定的协同关系。祝国平和刘吉舫（2014）使用全国227个城市2001～2009年的面板数据，构建面板计量模型分析了农业保险对农业信贷的促进作用，结果表明二者之间关系微弱，农业保险没能有效促进农业信贷的发展。而基于农民层面微观数据的研究均支持农业保险会提高农民信贷可得性的结论。任乐（2017）基于河南省农民的调研数据、张建军和张兵（2012）分别基于江苏和湖北两省的农民调研数据、刘祚祥和黄权国（2012）基于湖南岳阳的农民调研数据所做的实证研究，均表明农业保险能够有效改善农民风险配给，提高农民获得信贷的概率。

（三）农业保险的减贫效应

国外直接研究农业保险减贫效应的文献并不多见，在早期的研究中，维拉马尼等（Veeramani et al.，2003）认为，农业保险在稳定农民收入，尤其是在降低政府灾后偿付成本方面能够发挥重要作用，是一种重要的农村反贫困手段。何塞和维拉洛波斯（Jose & Villalobos，2013）在后续研究中指出，发展中国家的农业保险应当与农村信贷政策等其他手段相配合，才能更有效发挥扶贫支农的作用。蒙西·苏莱曼和迈克尔·穆里吉（Munshi Sulaiman & Michael Murigi，2018）基于对印度安得拉邦的研究发现，农作物保险计划能够保护农民免受因干旱和其他灾害造成的收入损失，同时还有助于消除农村的极端贫困状况。

　　国内关于农业保险扶贫的研究也是近几年才兴起，目前已逐渐成为农业保险研究领域的一个热点议题。理论研究方面，有学者提出，农业保险具有明显的扶贫乘数效应和福利溢出效应（张伟等，2017），是化解农业生产风险、降低农业灾害损失的重要保障（张伟等，2014；郑军和付琦玥，2018），在防范和化解脱贫攻坚的风险中具有不可替代的作用（周才云，2017；李非等，2018；郑伟等，2018）。我国民族地区贫困日益转向自然灾害威胁下的家庭生计脆弱，这一贫困性质的变化要求政府将政策干预转向农业保险支持（郭佩霞，2011；胡巍和肖金城，2017）。

　　实证研究方面，黄渊基等（2018）利用 DEA 模型测算了湖南省 14 个地州市 2008～2014 年政策性农业保险的扶贫效率，并运用 Tobit 模型分析扶贫效率的影响因素，研究表明，湖南省政策性农业保险市场总体上处于有效状态，参保农民数、风险保障、受益农民数、已决赔款和政府保费补贴显著影响农业保险扶贫效率。郑军和杜佳欣（2019）基于 2015 年全国 31 个省份的相关统计数据，运用 DEA 与 SFA 相结合的三阶段模型，对中国农业保险精准扶贫的效率进行了测度和分析，发现中国不同地区农业保险的精准扶贫效率存在一定差异，且固定资产投资会对扶贫效率产生负面作用，中部地区农业大省的扶贫效率比较低。邵全权等（2017）基于面板门槛回归模型进行研究，发现农业保险提高了农民消费和人类发展指数，并且只有当农民消费和人类发展指数的发展超过一定的门槛值以后，农业保险保费的反贫困效应才能发挥功效。

　　通过对国内外有关自然灾害、农业信贷、农业保险和农村贫困的文献进行梳理之后，我们可以得出以下结论：第一，农业自然灾害是导致农村贫困的重要原因，在中国历史上这一特征尤其明显，因灾致贫是曾经一度成为仅次于因病致贫的第二大单一致贫因素。第二，农业信贷的发展能够改善普通农民的收入状况，有利于提高低收入农民群体增收致富的能力。然而，受自然灾害等因素影响，农民的经营收入并不稳定，导致他们很难获得贷款支持。第三，农业保险能够显著降低农业生产的经营风险，缓解因灾导致的收入下降问题，同时还能提高贷款农民的信贷履约能力，有利于帮助低收入农民获得更多的信贷支持。由此可见，政策性农业保险在农村金融精准增收体系中能够起到关键作用。

第二节　政策性农业保险帮扶增收的制度优势和乘数效应

　　农业保险作为我国政策性金融的重要组成部分，在乡村振兴发展和农民稳收增收中的积极作用日益凸显。2016 年中国保监会和国务院扶贫开发领导小组办公室联合发布的《关于做好保险业助推脱贫攻坚工作的意见》中提出，要充分发挥保险行业体制机制优势，履行扶贫开发社会责任，全面加强和提升保险业助推脱贫攻坚能力，助力"十三五"扶贫开发工作目标如期实现。在"精准对接脱贫攻坚多元化的保险需求"部分中还专门强调，要精准对接农业保险服务需求。2019 年中共中央办公厅、国务院办公厅印发了《关于促进小农民和现代农业发展有机衔接的意见》，提出建立健全农业保险保障体系，从覆盖直接物化成本逐步过渡到覆盖完全成本，发展与小农民生产关系密切的农作物保险、主要畜产品保险、重要"菜篮子"品种保险和森林保险，推广农房、农机具、设施农业、渔业、制种等保险品种，推进价格保险、收入保险、天气指数保险试点，鼓励地方建立特色优势农产品保险制度，鼓励发展农业互助保险，建立第三方灾害损失评估、政府监督理赔机制，确保受灾农民及时足额得到赔付，同时加大针对小农民的农业保险保费补贴力度。虽然现阶段我国已经消除了绝对贫困，但"相对贫困问题还将伴随着我国社会主义初级阶段长期存在，需要我们继续努力做好有关工作"，而且农村地区也是相对贫困人口聚焦的主要区域，如何发挥农业保险特有的风险管理职能来稳定和提升相对贫困农民的收入水平，健全防止返贫监测和帮扶机制，是巩固拓展脱贫攻坚成果的重要工作内容。[①]

一、精准扶贫战略实施初期我国农村低收入群体的收入特征分析

　　贫困的原因之一为家庭收入和消费支出的不对等，当农民的消费总支出

---

　　① 中华人民共和国中央人民政府网站. 国务院新闻办发布会：介绍防止返贫监测和帮扶工作情况 [EB/OL]. http：//www. gov. cn/xinwen/2020 - 12/02/content_5566464. htm.

大于总收入时，必然会导致该农民家庭陷入贫困。而对于刚刚脱贫的低收入农民来说，一次突发的消费支出（例如重大疾病导致的医疗费支出）冲击便可能导致家庭重返贫困境地。因此，从政策角度来说，要消除农村贫困问题政府可从缓解农民消费支出压力和提高农民收入水平这两个方面着手。由于目前暂时没有关于相对贫困人口的具体统计数据，我们选用《中国农村贫困监测报告》（2016 年）的贫困人口数据与全国农村居民的整体数据做一个对比，分析双方在消费和支出结构上的差异。表 4-2 列出了 2015 年中国农村贫困人口消费支出与全国农村居民平均消费支出的对比，从表中数据可知，虽然 2015 年农村贫困人口的人均消费支出（6 657 元）只有全国平均水平（9 223 元）的 72.2%，但双方在各细分消费项上的支出占总支出的比重是非常相近的。对于一个典型的农村贫困家庭来说，衣、食、住、行等生活必需品的消费支出占家庭消费总支出的比重超过 70%，教育和医疗保健支出占家庭总支出的比重约为 20%。我国在教育和医疗领域实施了一些有助于减轻贫困人口经济负担的惠民政策。例如，国家推行了九年制义务教育，免除了农村学生小学和初中的学费，降低了贫困农民家庭的教育支出。此外，国家近年来逐渐在农村地区普及新型农村合作医疗保险，大幅降低了参保农民的家庭医疗支出，当农民家庭成员面对重大疾病冲击时，新型农村合作医疗保险能够起到平滑家庭医疗支出的作用，有效降低了农村居民因病致贫或返贫的概率。伴随着中国经济的持续稳定发展，国家对农村医疗和教育领域的财政支持预计还会持续增加，未来农村地区因病返贫或者因子女教育支出返贫的问题将大幅减少。

表 4-2 　　　　　　2015 年农村贫困人口消费支出与全国平均水平的比较

项目	农村贫困人口		全国农村居民平均水平	
	支出金额（元）	占总支出的比例（%）	支出金额（元）	占总支出的比例（%）
人均消费支出	6 657	100	9 223	100
食品烟酒	2 411	36.2	3 048	33.1
衣着	405	6.1	550	5.9
居住	1 376	20.7	1 927	20.9
生活用品及服务	411	6.2	546	5.9
交通通信	693	10.4	1 163	12.6

项目	农村贫困人口		全国农村居民平均水平	
	支出金额（元）	占总支出的比例（％）	支出金额（元）	占总支出的比例（％）
教育文化娱乐	680	10.2	969	10.5
医疗保健	567	8.5	846	9.2
其他用品和服务	114	1.7	174	1.9

资料来源：《中国农村贫困监测报告》（2016 年）。

我们先来比较一下贫困地区农村居民的收入水平和收入结构与全国平均水平的差异。我们采用《中国农村贫困监测报告》（2016 年）所收集的县一级层面农民收入数据，将农村贫困人口聚集的县划分为民族地区县、陆地边界县、沙漠化县、较少民族聚居村所在县四个组别进行分类统计（见表 4 - 3）。数据显示，2015 年中国农村居民人均可支配收入 11 422 元，其中，工资性收入 4 600元，经营净收入 4 503 元，财产净收入 251 元，转移净收入 2 066 元，占总收入的比重分别为 40.3%、39.4%、2.2%、18.1%[①]。就全国范围内来说，工资性收入已经取代了传统的农业经营收入，成为农民家庭收入的主要来源。2015 年民族地区县、陆地边界县、沙漠化县和较少民族聚居村所在县的人均可支配收入依次为 7 235 元、7 562 元、7 419 元和 6 993 元，分别只有全国平均水平的 63.3%、66.2%、65% 和 61.2%。这说明在我国精准扶贫战略实施初期，贫困地区农民的收入水平与全国农民的平均收入水平还是存在很大差距的。

表 4 - 3　　　　　2015 年精准扶贫战略实施初期贫困地区农村居民
收入水平与收入结构

项目	民族地区县		陆地边界县		沙漠化县		较少民族聚居村所在县	
	收入金额（元）	占总收入的比例（％）	收入金额（元）	占总收入的比例（％）	收入金额（元）	占总收入的比例（％）	收入金额（元）	占总收入的比例（％）
人均可支配收入	7 235	100	7 562	100	7 419	100	6 993	100
工资性收入	2 132	29.5	1 748	23.1	2 620	35.3	1 842	26.4

① 《中国统计年鉴》（2016 年）。

续表

项目	民族地区县		陆地边界县		沙漠化县		较少民族聚居村所在县	
	收入金额（元）	占总收入的比例（%）	收入金额（元）	占总收入的比例（%）	收入金额（元）	占总收入的比例（%）	收入金额（元）	占总收入的比例（%）
经营净收入	3 657	50.5	4 431	58.6	3 304	44.5	3 862	55.2
财产净收入	87	1.2	131	1.7	103	1.4	92	1.3
转移净收入	1 359	18.8	1 254	16.6	1 392	18.8	1 197	17.1

注：括号内数字为各类收入占总收入的百分比。

资料来源：《中国农村贫困监测报告》（2016 年）。

进一步将精准扶贫实施初期贫困地区农民的收入结构与全国平均水平进行比较可知，在农民收入来源的四个分类项中，财产净收入和转移净收入占总收入的比重基本都在 20% 左右。但两者在工资性收入和经营净收入占总收入的比重方面存在显著差异。如表 4 - 3 所示，2015 年四类贫困县农民的工资性收入占总收入的比重分别为 29.5%、23.1%、35.3%、26.4%，远远低于 40.3% 的全国平均值；而上述四类贫困县农民的经营净收入占总收入的比重分别达到 50.5%、58.6%、44.5%、55.2%，显著高于 39.4% 的全国平均值。四类贫困县农民经营净收入的绝对值与全国平均水平的差距并不是特别大，普遍在 1 000 元左右，但工资性收入的绝对值与全国平均水平的差距达 2 000 ~ 3 000 元，大部分贫困县农民的工资性收入连全国平均水平的一半都不到。至此，我们可以得出一个显而易见的结论：在国家精准扶贫战略实施初期，我国贫困地区农民的收入来源中，工资性收入的比重相对较低，传统的农业经营性收入仍然是家庭收入的主要来源，家庭总收入水平主要受制于农业经营性收入的增长。贫困地区工资性收入比重低，说明当地大部分农民不愿意选择举家外出务工的工作模式，而是更愿意在本地从事农业生产，农业经营性收入过低是导致农民贫困的最主要原因。虽然 2020 年之后这些地区的农民已经实现了全面脱贫，但他们当中的大部分人仍然是农民群体中的相对低收入群体，或者说是相对贫困群体，由于这类群体仍然是以农业经营收入作为家庭收入的主要来源，因此，要帮助他们增加收入以实现共同富裕，需要从提高他们的农业经营性收入着手。

二、政策性农业保险帮助农民增收的制度优势

中国的扶贫资金来源主要包括中央扶贫贴息贷款、中央财政专项扶贫资金、中央专项退耕还林还草工程补助、中央拨付的低保资金、省级财政安排的扶贫资金、国际扶贫资金、其他扶贫资金七类,自 1982 年中国首次实施专项扶贫计划到 2013 年习近平同志提出精准扶贫之前,我国的扶贫工作走的是一条粗放式扶贫路线,扶贫资金的使用效率并不高。2014 年 1 月,中共中央办公厅详细规制了精准扶贫工作模式的顶层设计,推动了"精准扶贫"落地。精准扶贫是中共中央和国务院针对粗放扶贫而言的,是指针对不同贫困区域环境、不同贫困农户状况,运用科学有效的程序对扶贫对象实施精确识别、精确帮扶、精确管理的治贫方式。自政府推动的精准扶贫政策实施以来,我国的扶贫攻坚工作取得了快速发展,并在 2020 年实现了全部人口的顺利脱贫,消灭了绝对贫困。至此,全国共有 8.38 亿贫困人口先后在政府的支持下完成脱贫,其成就令世界瞩目。在肯定扶贫成就的同时,我们也必须客观承认之前在粗放式扶贫模式下,部分传统扶贫政策在运行过程中存在着诸多问题。例如,一些地方政府官员把国家的扶贫政策和扶贫资金视作予取予夺的"唐僧肉",从省、市级扶贫办到最基层的乡、村一级,扶贫资金被层层克扣、贪污挪用的现象屡禁不止,扶贫对象弄虚造假等问题在全国少数地方仍然存在。即使最后到了负责扶贫资金发放的村干部手中,如何认定贫困户以及如何发放扶贫资金也有很大的操作空间。个别地区真正需要扶持的贫困户无法获得政府的扶贫款,而那些生活小康的富裕农民由于跟村干部关系好或者通过行贿而获得扶贫资金,农村基层社区的扶贫人口认定和扶贫款发放仍然存在管理不善的问题,导致扶贫资金的使用效率不高。精准扶贫政策的推行在很大程度上杜绝了粗放式扶贫模式下的各种弊端,最大限度避免了扶贫资金的贪污和挪用问题,提高了扶贫资金的使用效率。

随着绝对贫困问题的解决,未来我国帮扶工作的重心是进一步提高相对贫困人口的收入水平,以及在发生重大自然灾害的时候为受灾群体提供及时的帮扶,这其中必然会涉及帮扶资金的使用问题。虽然在当前较为完善的制度模式下,能够有效避免政府帮扶资金的贪污挪用,并且基层的村干部也能

够严格按照要求发放扶助款，但仍然面临一个难以解决的重要问题：传统帮扶模式下，政府机构通常都规定了一个受灾农民获得帮扶资金的最低收入门槛值，人均可支配收入低于这个门槛值的人可以领取帮扶款。在这个政策之下，任何一个受灾农民只要可支配收入低于门槛值，不管是低于 10 元还是 1 000 元、2 000 元甚至更多，其领取的帮扶款并没有因为损失程度的不同而呈现那么严格的区分。更值得关注的问题是，这种直接发放现金的帮扶方式虽然能够在某种程度上缓解低收入农民的经济压力，但由于帮扶资金的总量有限，并不足以从根本上补偿受灾农民的经济损失（特别是那些遭受重大灾害损失的农民），因此，直接向受灾农民发放现金的帮扶方式，其实际的帮扶效果并不是特别理想。授人以鱼不如授人以渔，我们认为，与直接给农民发放帮扶资金相比，利用财政资金帮他们提高收入水平的方法才是从根本上帮助受灾农民减少灾害损失、实现共同富裕的最佳方案。利用农业保险来取代传统帮扶和补贴模式，不仅可以鼓励农民更加积极地从事农业生产，同时也能够达到精准增收的政策效果。

为了更好地理解农业保险帮扶模式对于传统上发放现金帮扶模式的优势，我们做出以下假设。假定某地区有 10 个农民，用 M_i（$i = 1,2,3,\cdots,10$）表示，每个农民的总收入 T_i 由两部分组成：农业经营收入 L_i（L_i 表示无自然灾害情况下该农民所能够获得的最高收入），其他收入 A_i（包括工资性收入、财产净收入和转移净收入）。某年度因自然灾害导致的收入损失率为 p_i，在没有购买农业保险的情况下，每个农民实际可得的收入为：

$$T_i = L_i + A_i(1 - p_i) \tag{4-1}$$

从式（4-1）可知，当无自然灾害发生（$p_i = 0$）时，每个农民都能够获得理论上的最高收入 $L_i + A_i$，如果发生极端自然灾害导致农作物绝收（即 $p_i = 100\%$）时，农民的农业经营收入降为 0，此时他只能获得"其他收入" A_i，由于发生极端灾害导致农作物绝收的概率相对较小，因此，农民的实际收入 T_0 满足下列不等式：

$$L_i + A_i(1 - p_i) \leqslant T_0 \leqslant L_i + A_i \tag{4-2}$$

假设在重大自然灾害发生时，政府为这 10 位农民提供的帮扶资金总额为 N，在没有农业保险的传统模式下，一旦所有农民的损失金额达到给定的门槛值，不管个体之间的实际损失金额存在多大差距，每个农民都会获得等额的帮扶资金资助，其金额均为 $\dfrac{N}{10}$。这种平均分配帮扶资金的方式让损失较小的农民获益，在灾害中损失较大的农民通过政府扶助获得的经济补偿比例较小，帮扶资金并没有根据农民灾害损失程度的不同而起到精确补偿的效果。

如果用这笔帮扶资金来为这 10 位农民购买农业保险，则在重大自然灾害发生时，农民从事农业生产的经济损失将通过保险赔偿来支付。出于预防道德风险的考虑，农业保险不可能对农作物的损失提供 100% 的保障，因此，农民获取保险赔偿也有一个门槛值（即保险合同约定的损失率），只有实际损失高于门槛值的农民才能够获得农业保险赔偿。在采用农业保险对受灾农民进行帮扶的模式下，实际损失超过门槛值越多的农民，最后获得的赔偿资金也越多，换言之，如果购买了农业保险，农民在重大自然灾害发生后获得的赔偿金额与他们的实际损失成正比。假定农业保险为这 10 位农民提供的保障水平为 μ，此时每个农民的期望收入为：

$$T_i = \begin{cases} L_i + A_i(1 - p_i) & (p_i \leqslant 1 - \mu) \\ L_i + A_i\mu & (p_i > 1 - \mu) \end{cases} \tag{4-3}$$

式（4-3）表示，当农业自然灾害的损失较小（$p_i \leqslant 1 - \mu$）时，尚未触及农业保险赔偿的门槛值，此时农民从农业经营中所获得的收入与没有购买农业保险时的情况是一样的，都为 $I_i + A_i(1 - p_i)$。但当农业自然灾害造成的损失较大，并且触发了保险赔偿门槛值之后（$p_i > 1 - \mu$），农民从农业经营中所获得的收入始终为一个固定值 $A_i\mu$。事实上，这个固定的"农业经营收入" $A_i\mu$ 包括两部分：一部分是农民实际从事农业生产经营所获取的收入，由于农业生产受到自然灾害的影响而减产，农民的这部分收入是出售减产农作物所得，其具体金额为 $A_i(1 - p_i)$；另一部分是保险公司对农民受灾部分农作物的赔偿收入，其具体金额为 $A_i(\mu + p_i - 1)$。当自然灾害中的损失触发了保险赔偿之后，保险公司便需要为受灾农民提供经济补偿。在上述假设条件下，受灾农民的实际损失为 $A_i p_i$，他所获得的保险赔偿为 $A_i(\mu + p_i - 1)$（满足 $p_i > 1 - \mu$），我们容易计算得到农民获取的保险赔偿金与实际损失的比值：

$$\frac{A_i(\mu + p_i - 1)}{A_i p_i} = 1 - \frac{1 - \mu}{p_i} \tag{4-4}$$

由式（4-4）的表达式我们能够直观地看出，灾害损失率 p_i 越大，农民获得的农业保险赔偿与实际损失越接近。当 p_i 取最大值 100% 时，农业保险的赔偿也达到最大值 $A_i\mu$，此时保险赔偿与实际损失的比例为 μ。这表明在采用农业保险帮扶的情况下，农民在自然灾害中受到的损失越多，他从农业保险中获取的经济赔偿就越多。

农业保险能够实现完全根据农民的实际受灾情况来进行经济补偿，谁能够获取保险赔偿、能够获得多少保险赔偿完全取决于每个农民的实际损失：没有受灾或者受灾不严重的农民根本不具有领取保险金的资格，从而杜绝了帮扶资金被冒领的问题；受灾最严重的农民能够获得最多的保险赔偿，从而解决了传统帮扶资金发放不顾个体损失差异、按人头分配的平均主义问题。另外，由于政府拨付的帮扶资金是作为农业保险保费直接打到保险公司账上，后续保险赔偿金的发放也是由保险公司直接面对受灾农民，中间没有任何其他机构经手，从而完全避免了传统帮扶模式中贪污挪用资金的问题。以上这些特点，充分体现了农业保险在促进农民增收方面的优势所在，也充分说明了农业保险相比传统帮扶模式具备更高的资金使用效率，这种"政府＋市场"的新型帮扶模式不仅从根源上杜绝了寻租空间，保证了每一分钱都能够花在真正需要帮助的受灾农民身上，而且农业保险帮扶模式还实现了通过发放财政补贴资金鼓励农民从事农业生产的政策目标。[①]

三、政策性农业保险帮扶增收的乘数效应与福利溢出效应

（一）政策性农业保险帮扶增收的乘数效应

农业保险帮扶模式相比传统帮扶模式的一个优势是能够以较小的资金投入达到数倍甚至数十倍于自身规模的风险保障效果，换句话说，农业保险帮扶具有显著的增收乘数效应。如果政府某年度的帮扶资金总预算为 N，那么在传统帮扶模式下，受灾农民最终能够拿到手的帮扶资金总量 ω 的金额必然满足 $\omega \leqslant N$，即政府的帮扶资金一般情况下无法带动其他社会资金来帮助提高农民收入，最终的帮扶效果完全取决于政府的财政资金拨付。在此模式下，如果想达到较好的帮扶效果，惠及更多的受灾农民，必然要求政府加大

[①]　农业保险帮扶可以为农民的农业经营风险提供保障，提高了农民从事农业生产的积极性。另外，生产规模越大的农民从农业保险帮扶中获得的"补助资金"（以保费补贴的形式发放）也越多，这也会鼓励农民扩大农业生产规模，最终达到提高农业经营收入的政策目标。

帮扶资金的财政拨付力度，这无疑会加重财政负担，在实际操作过程中存在一定难度。

如果改用农业保险来对农民进行帮扶，则可以达到完全不同的效果。我们继续沿用前面的假设，在帮扶资金总量 N 不变的情况下改用农业保险帮扶模式，假定农业保险的保险费率为 δ，保障水平为 μ，政府利用帮扶资金为农业保险提供的保费补贴比例为 λ，在此假设条件下扶贫资金通过农业保险为农民提供的最大风险保障水平 $\bar{R}$ 的表达式如下：

$$\bar{R} = \frac{N}{\lambda \delta} \tag{4-5}$$

式（4-5）表示在发生极端自然灾害导致农作物大面积绝收的情况下，政府拨付的总金额为 N 的帮扶资金，最终能够让受灾农民获得总金额为 $\frac{N}{\lambda \delta}$ 的保险赔偿。为了更清楚地区分政府初始帮扶资金 N 与最终的农业保险赔偿资金 $\frac{N}{\lambda \delta}$ 的差异，我们对各个指标参数按照实际数据赋值以便进行直观比较。

保险费率方面我们参照上海市农业保险的费率标准，根据上海市农业委员会 2013 年发布的《上海市关于完善 2013-2015 年度农业保险补贴政策的通知》，政策性农业保险的费率如表 4-4 所示。

表 4-4　　　　　　　　　主要种植业和养殖业保险的参考费率　　　　　　　　单位:%

农产品类别	种植业				养殖业			
	水稻	小麦	油菜	玉米	能繁母猪	生猪	奶牛	羊
保险费率	2	3	4	3	6	1	2.5	1

资料来源:《上海市关于完善 2013-2015 年度农业保险补贴政策的通知》。

由表 4-4 可知，种植业中水稻保险的费率为 2%、小麦保险的费率为 3%、油菜保险的费率为 4%、玉米保险的费率为 3%，养殖业中能繁母猪保险的费率为 6%、生猪保险的费率为 1%、奶牛保险的费率为 2.5%、羊类保险的费率为 1%。上海种植业保险的平均费率为 3%，养殖业保险的平均费率为 2.5%。根据上海政策性农业保险的费率标准，本书的农业保险费率 δ 取值如下：

$$\delta = \begin{cases} 3\% & \text{(种植业)} \\ 2.5\% & \text{(养殖业)} \end{cases} \qquad (4-6)$$

式（4-6）表示种植业农业保险中的费率为3%，养殖业保险的费率为2.5%。在保险费率确定之后，我们进一步分析当政府利用农业保险进行帮扶的情况下，100万元（即 N = 100 万元）的初始资金在不同的保费补贴比例下最终能够达到的增收效果。表 4-5 列出了当农业保险的保费补贴比例在45% ~80%（以5%为一个递进单位，共 8 个取值）时，费率为3%的种植业保险和费率为2.5%的养殖业保险在不同保费补贴下所能够获得的最大风险保障金额。

由表 4-5 中的数据可知，当保费补贴比例介于45% ~80%时，种植业保险能够提供的最大风险保障金额处于 4 167 万 ~7 407 万元，这意味着当发生重大自然灾害时，受灾农民在 45% 的保费补贴比例下最多可以获得 7 407 万元的保险赔偿，即使保费补贴比例为 80%，也可以获得最多高达 4 167 万元的保险赔偿。这说明利用同样数量的资金进行帮扶，采用农业保险帮扶模式时最大赔偿金额可以达到初始帮扶资金（100 万元）的 41.67 ~74.07 倍，这一数值便是种植业保险对农民帮扶的增收乘数。同理，由表 4-5 中数据可知，当保费补贴比例介于45% ~80%时，养殖业保险能够提供的最大风险保障金额处于 5 000 万 ~8 889 万元，易得出养殖业保险对农民帮扶的增收乘数为 50 ~88.89。在传统帮扶模式下，100 万元的财政资金最多只能给予受灾农民 100 万元的经济补助，但在采用政策性农业保险帮扶模式时，100 万元的财政资金最多可以给予受灾农民将近 9 000 万元的经济补偿，农业保险稳收增收的乘数效应在此得到了充分体现。

表 4-5　　　　　100 万元初始财政资金采用农业保险精准
增收模式后的乘数效应

单位：万元

保费补贴比例（μ）	45%	50%	55%	60%	65%	70%	75%	80%
种植业风险保障金额（$\bar{R}$）	7 407	6 667	6 061	5 556	5 128	4 762	4 444	4 167
养殖业风险保障金额（$\bar{R}$）	8 889	8 000	7 273	6 667	6 154	5 714	5 333	5 000

（二）政策性农业保险帮扶增收的福利溢出效应

采用农业保险实施精准增收的另一个重大优势在于，它不仅能够为遭受严重自然灾害损失的农民提供比传统帮扶模式下更多的经济补偿，而且它还能产生显著的福利溢出效应。政策性农业保险帮扶机制的实施，有利于解决低收入农民的融资难问题，通过鼓励农民增加农业生产性投资、提高农业经营收入来实现稳收增收的政策目标。由于低收入地区大部分的农民家庭经济收入有限，并没有多余的资金用于改善农业生产条件，经济条件的限制也使得他们无法满足农业信贷机构的贷款资格，没有办法利用信贷融资来进行更有效率的规模化、集约化农业生产。只有少部分原本经济条件较好的农民能够利用自有资金或者信贷资金发展地方特色农业，这部分人正是低收入地区的高收入农民群体。

农业保险的福利溢出效应是如何产生的呢？我们知道，要巩固农村扶贫攻坚成果，不仅要有完善的制度保障农民的最低收入水平，同时也要通过政策激励提高农民从事农业生产的积极性，鼓励他们扩大农业生产规模，提高农业生产的技术水平。但由于农民群体自身收入有限，加上他们的贷款资金又是投入风险较大的农业生产项目，因此，出于信贷资金安全的考虑，一般情况下大部分农业信贷机构都不愿意向低收入农民发放贷款。但通过实施农业保险帮扶政策，可以在很大程度上解决低收入农民的贷款难问题。此处继续沿用前面的假设，在没有农业保险的情况下，农民的预期收入 $T = L + A(1-p)$，如果发生极端自然灾害导致农作物绝收（即 $p = 100\%$），农民的总收入将变为：$T = L = 4\,000$ 元（遵循前文的假设），此时农民将陷入因灾返贫的困境（前面假设的贫困线为 $9\,000$ 元），根本不具备任何还款能力，这也正是在缺乏农业保险的情况下信贷机构不愿意给低收入农民贷款的主要原因。

如果引入农业保险帮扶机制，使农民所种植的所有农作物或者养殖的所有禽畜均得到保险保障，便可以解决低收入农民的贷款难问题和潜在的信贷违约问题。假设某个农民面临一个预期最高收益为 $30\,000$ 元的农业投资项目，由于该农民自身资金不足，为了完成此项目投资需要贷款 $10\,000$ 元作为启动资金，贷款利率为 5%，如果农民申请贷款，则他总收入 T 的表达式变为：$T = 4\,000 + 30\,000(1-p)$。

此时农民是否应该申请贷款对该农业项目进行投资？信贷机构是否应当发放贷款呢？表 4-6 分别给出了在 60%、70% 和 80% 的保障水平下，农民贷款投资该农业生产项目最终能够获得的总收入分布。即使是在 60% 的较低保障水平下，农民贷款从事该农业生产项目后的总收入最小值仍然高达

22 000元，扣除贷款本金10 000元和利息500元，该农民最后获得的净收入最小值为11 500元，远远超出了前面设定的9 000元贫困线标准。即在极端灾害条件下，农民也可以在农业保险提供的风险保障下避免因灾返贫；而在最高80%的保障水平下，农民贷款从事该农业项目的总收入最小值为28 000元，扣除贷款本金和利息之后的净收入最小值为17 500元，已经进入到高收入农民群体的组别中。

表4-6　　　　　　不同农业保险保障水平下贷款农民的总收入分布　　　　　单位：元

60%的保障水平下贷款农民的收入分布										
p 值	100%	90%	80%	70%	60%	50%	40%	30%	20%	10%	0%
收入	22 000	22 000	22 000	22 000	22 000	22 000	22 000	25 000	28 000	31 000	34 000
70%的保障水平下贷款农民的收入分布										
p 值	100%	90%	80%	70%	60%	50%	40%	30%	20%	10%	0%
收入	25 000	25 000	25 000	25 000	25 000	25 000	25 000	25 000	28 000	31 000	34 000
80%的保障水平下贷款农民的收入分布										
p 值	100%	90%	80%	70%	60%	50%	40%	30%	20%	10%	0%
收入	28 000	28 000	28 000	28 000	28 000	28 000	28 000	28 000	28 000	31 000	34 000

显而易见，在采用农业保险帮扶增收的情况下，如果保障水平相对较高，而且农业项目的预期收益较好，那么农民通过贷款进行农业生产投资能够显著增加无风险收益，提升他们的总收入水平。由于农民在农业保险保障之下的最低收入足以归回贷款本息，并且剩余的净收入也完全能够让自己获得一定的投资回报，因而农业信贷机构此时向农民贷款并不用担心会存在违约问题。因此，采用政策性农业保险帮扶机制，能够使农民和农业信贷机构都从中获得额外的福利：对于农民来说，农业保险不仅可以为他们提供风险保障，同时也有助于缓解他们面临的融资约束问题，使他们能够更容易的获得贷款支持以从事更多农业生产项目，帮助他们提高农业经营收入；对于农业信贷机构而言，政策性农业保险帮扶机制提供的高额风险保障会鼓励农民增加贷款需求，进而扩大信贷机构的业务规模和盈利预期，同时，农业保险为农民提供的收入保障显著降低了农业信贷的违约风险，保证了信贷资金的安全。

第三节　收入结构分化下政策性农业保险增收
效应的导质性分析

国内外众多的理论研究均认为，政策性农业保险有助于提升农民收入，进而帮助低收入农民摆脱贫困的束缚。然而，在实证研究层面学者们却得出了不一样的结论，之所以会出现这种截然不同的情况，笔者认为可能是以下两个方面的原因：首先，不同地区农村居民的家庭收入结构不同，以农业经营性收入为主的农民家庭更容易受农业风险的影响，因而农业保险的增收效果会比较显著。而对以工资性收入来源为主的农民家庭来说，是否有农业保险对其家庭总收入变化的影响都不会很大。其次，不同地区农业保险的发展水平不同，险种的覆盖率也存在很大差异，导致其稳收增收效果出现明显的区域异质性。基于此，本书拟以中西部地区农民和东部地区农民为对象进行比较研究，从家庭收入结构特征入手研究农业风险对农民家庭收入冲击的影响，同时结合不同地区农业保险的风险保障水平，对政策性农业保险帮助不同收入结构农户家庭避免陷入"因灾返贫"困境的实施效果进行模拟测算。

一、农业自然灾害对不同收入结构农民家庭的收入冲击效应

理论上而言，自然灾害对处于不同收入水平的农民都会造成同等程度的影响，但实际上，由于不同收入层次的农民的收入结构存在明显差异，导致他们抵御自然灾害冲击的能力存在显著区别，因而最终因灾害导致的经济损失也完全不同。《中国农村贫困监测报告》（2019 年）的统计数据显示，低收入地区农民的家庭总收入来源中，农业经营性收入仍然占据首要地位。2018 年按不同类型划分的低收入地区常住居民收入结构中，民族地区县农民的农业经营性收入占家庭总收入的比重为 43.94%，陆地边境县农民的农业经营性收入占家庭总收入的比重为 47.72%，沙漠化县农民的农业经营性收入占家庭总收入的比重为 39.92%，而较少民族聚集村所在县农民的农业经营性收入占家庭总收入的比重达 48.03%，上述四类低收入地区中农村居民人均可支配收入不到 10 000 元，详细数据见表 4 - 7。而在经济相对发达的

东部地区，工资性收入已经成为农民家庭收入的主要来源。2018 年北京、上海、天津、浙江等东部省份农民的人均可支配收入均超过 20 000 元，上海更是迈过 30 000 元大关，其中，农业经营性收入占家庭总收入的比重分别只有 7.63%、5.77%、23.13% 和 24.46%，工资性收入占家庭总收入的比重则分别高达 74.85%、64.21%、58.83% 和 61.89%[①]，详细数据见表 4-8。

表 4-7　　2018 年按不同类型县划分的低收入地区农村常住居民人均可支配收入及来源结构

类型县	总收入（元）	收入结构							
		经营性收入		工资性收入		财产性收入		转移净收入	
		金额（元）	占比（%）	金额（元）	占比（%）	金额（元）	占比（%）	金额（元）	占比（%）
民族地区县	10 034	4 409	43.94	3 203	31.92	125	1.25	2 297	22.89
陆地边境县	9 620	4 591	47.72	2 884	29.98	155	1.61	1 990	20.69
沙漠化县	10 085	4 026	39.92	3 571	35.41	157	1.56	2 331	23.11
较少民族聚集村所在县	9 331	4 482	48.03	2 762	29.60	125	1.34	1 964	21.05

资料来源：《中国农村贫困监测报告》（2019 年）。

表 4-8　　　2018 年东部经济发达省市农村常住居民人均可支配收入及来源结构

地区	总收入（元）	收入结构							
		经营性收入		工资性收入		财产性收入		转移净收入	
		金额（元）	占比（%）	金额（元）	占比（%）	金额（元）	占比（%）	金额（元）	占比（%）
北京	26 490	2 022	7.63	19 827	74.85	1 877	7.08	2 765	10.44
上海	30 375	1 753	5.77	19 504	64.21	1 003	3.30	8 115	26.72
天津	23 065	5 335	23.13	13 568	58.83	922	4.00	3 241	14.05
浙江	27 302	6 677	24.46	16 898	61.89	784	2.87	2 943	10.78

资料来源：《中国统计年鉴》（2019 年）。

---

① 根据《中国农村统计年鉴》（2017 年）计算得到。

对于农民来说,工资性收入、转移净收入和财产性收入都是比较稳定的家庭收入来源,其金额大小基本不受农业自然灾害的影响。学术界普遍认为,目前中国已经到了刘易斯拐点,即当前中国农村劳动力已经由过去数十年的过剩状态转变短缺状态,近几年农民工工资的快速上涨即是很好的证明。在劳动力相对短缺的情况下,农民通过外出务工获取的工资性收入是相对比较稳定的,因此,非农收入占比较高的农民抵御自然灾害的能力明显更强。由于东部经济发达省份农民的主要收入来源为工资性收入和转移净收入,而中西部地区农民的收入来源仍然以农业经营性收入为主,因此,在遭受重大自然灾害冲击时,中西部地区农民遭受的经济损失必然更为严重。

为了更直观地说明农业自然灾害对低收入地区农民收入的冲击效应,本书根据前面分析得到的东部发达地区和低收入地区农民的收入特征,模拟测算遭受自然灾害冲击情况下不同收入结构的农民可支配收入的变化情况,先做出如下假设:a 和 b 分别为家庭人口结构相同的两个农民,其中,a 为东部经济发达地区的农民,b 为经济欠发达的西部地区农民,两位农民的收入结构中农业经营性收入占总收入的比重为 $\bar{L}_i(i=a,b)$,其他收入的比重为 $\bar{A}_i(i=a,b)$;另外,再假设两位农民在没有发生农业自然灾害情况下的最高收入为 $U_i(i=a,b)$,发生损失率为 $p(0 \leqslant p \leqslant 1)$ 的农业自然灾害的概率为 $\kappa(0 \leqslant \kappa \leqslant 1)$。由此可得到上述两位农民的可支配收入 $\bar{U}_i(i=a,b)$ 的表达式:

$$\bar{U}_i = U_i\bar{A}_i + U_i\bar{L}_i(1-p)\kappa + U_i \times \bar{L}_i(1-\kappa) \tag{4-7}$$

为了比较农业自然灾害对不同收入结构的农民可支配收入的影响,分别对农民 a 和农民 b 的收入结构权重进行赋值,参照表4-7和表4-8的数据,我们令 $\bar{L}_a = 20\%$、$\bar{A}_a = 80\%$、$\bar{L}_b = 50\%$、$\bar{A}_b = 50\%$,同时令农民 a 和农民 b 在无灾害条件下的可支配收入最大值分别为 $U_a = 20\,000$、$U_b = 8\,000$。根据式(4-7),本书分别测算了当自然灾害导致的农业收入损失率 p 分别为 $40\% \sim 100\%$ 的情况下,地处东部经济发达省市的农民 a 与西部欠发达地区农民 b 可支配收入的变化,详细数据参见表4-9。

表4-9　不同收入结构的农民在遭受自然灾害冲击时的可支配收入测算

项目	损失率									
	10%	20%	30%	40%	50%	60%	70%	80%	90%	100%
农民 a	19 600	19 200	18 800	18 400	18 000	17 600	17 200	16 800	16 400	16 000

项目	损失率									
	10%	20%	30%	40%	50%	60%	70%	80%	90%	100%
农民 b	7 600	7 200	6 800	6 400	6 000	5 600	5 200	4 800	4 400	4 000
收入比	2.579	2.667	2.765	2.875	3	3.143	3.308	3.5	3.727	4

由表 4-9 的数据可知，在发生同等损失等级的农业自然灾害时，收入结构的差异最终会导致农民总的可支配收入发生重大变化：以工资性收入作为主要收入来源的东部地区农民，其受农业自然灾害的影响较小，即使发生重大自然灾害导致农业经营性收入降为零，他们仍然能够有 80% 的预期可支配收入得到保障。而以农业经营性收入作为主要收入来源的西部地区农民，在遭受极端自然灾害导致农业经营性收入为零时，其预期可支配收入只有 50% 能够得到保障。无自然灾害条件下东部地区农民 a 的可支配收入（20 000 元）为西部地区农民 b 可支配收入（8 000 元）的 2.5 倍，随着灾害损失率的扩大，农民 a 与农民 b 的相对收入差距逐渐扩大，而在发生极端自然灾害导致农作物绝收的情况下，农民 a 的可支配收入（16 000 元）为农民 b 可支配收入（4 000 元）的 4 倍，这说明农业自然灾害不仅导致了农民收入的下降，同时也加大了中西部地区农民与东部地区农民之间的收入差距。可见，自然灾害对农村居民特别是农业经营性收入占比较高的西部地区农民收入具有重要的影响。因此，提高中西部地区农村居民抵御自然灾害的能力，缓解自然灾害对农民收入的负面冲击，这对于提高欠发达地区农户的收入水平和缩小农民群体之间的收入差距都具有重要意义。

二、政策性农业保险对不同收入结构农民因灾返贫的减缓效应

农业保险是当前世界各国广泛推行的农业风险管理工具，也是中国政府大力支持的农村普金融政策，在农村金融体系中具有举足轻重的地位，农业保险提供的风险保障还能够帮助农民避免陷入"因灾返贫"的困境。政策性农业保险是如何帮助农民缓解因灾返贫问题的呢？农民的家庭收入结构特征对政策性农业保险缓解因灾返贫有什么影响呢？我们继续沿用之前的假设条

件，同时假定政策性农业保险的费率为 δ，风险保障水平为 μ，各级财政提供的保费补贴比例为 λ，结合前面的其他假设条件可得出有了政策性农业保险之后农民的可支配收入 $\overline{U}'_i$ (i = a, b) 如下：

$$\overline{U}'_i = \begin{cases} U_i\overline{A}_i + U_i\overline{L}_i(1-p) - U_i\overline{L}_i\mu\delta(1-\lambda) & (p \leqslant 1-\mu) \\ U_i\overline{A}_i + U_i\overline{L}_i\mu - U_i\overline{L}_i\mu\delta(1-\lambda) & (p > 1-\mu) \end{cases} \tag{4-8}$$

式（4-8）中的第一项为自然灾害导致的农作物损失较小（p ≤ 1 - μ），尚未触发农业保险赔偿条件时，农民从农业生产中获得的净收入表达式。其中，$U_i\overline{L}_i(1-\delta)$ 为发生自然灾害之后农民从农业生产当中获得的收入；$U_i\overline{L}_i\mu\delta(1-\lambda)$ 为农民自己承担的农业保险保费。由于有中央和地方各级财政提供保费补贴，因此，其实际承担的保费比例只有总保费的（1 - λ）倍（0 < λ < 1）。式（4-8）中的第二项为自然灾害导致的农作物损失较大时（p > 1 - μ），由于触发了农业保险赔偿条件，此时无论灾害导致的损失有多大，农民从农业生产中所获得的收入都是一个固定值，与灾害损失率 p 的具体数值无关，即根据农业保险的风险保障水平所确定的收入。

为了更直观地了解农业保险对因灾返贫的减贫效应，本书仍然沿用之前的假设条件，同时将农业保险的费率 δ 设定为 4%①，保费补贴比例 λ 根据目前全国各省份政策性农业保险的实施标准设定为 80%，然后分别测算当农业保险的风险保障水平 μ 取不同值时，遭受不同程度自然灾害冲击的农民可支配收入（包括农业收入和非农收入，下同）的变化情况。根据当前中国政策性农业保险的发展实践来看，目前农业保险的最高保障水平达到 80% 左右，最低的保障水平则只有 30% ~ 40%。因此，本书将模拟测算中的风险保障水平 μ 设定为 40% ~ 80%（每 5% 作为一个划分档次）。根据上述假设条件，利用式（4-8），我们可以测算得到东部地区农民 a 在遭受农业自然灾害损失时可支配收入的变化情况，可以得到西部地区农民 b 在遭受农业自然灾害损失时可支配收入的变化情况。具体数据参见表 4-10 和表 4-11。

---

① 4% 的费率目前约为全国范围内农业保险的平均费率水平。

表4 - 10 购买政策性农业保险之后东部地区农民 a 的可支配

收入测算 单位：元

灾害损失率	保障水平								
	40%	45%	50%	55%	60%	65%	70%	75%	80%
0	19 987.2	19 985.6	19 984	19 982.4	19 980.8	19 979.2	19 977.6	19 976	19 974.4
10%	19 587.2	19 585.6	19 584	19 582.4	19 580.8	19 579.2	19 577.6	19 576	19 574.4
20%	19 187.2	19 185.6	19 184	19 182.4	19 180.8	19 179.2	19 177.6	19 176	19 174.4
30%	18 787.2	18 785.6	18 784	18 782.4	18 780.8	18 779.2	18 777.6	18 976	19 174.4
40%	18 387.2	18 385.6	18 384	18 382.4	18 380.8	18 579.2	18 777.6	18 976	19 174.4
50%	17 987.2	17 985.6	17 984	18 182.4	18 380.8	18 579.2	18 777.6	18 976	19 174.4
60%	17 587.2	17 785.6	17 984	18 182.4	18 380.8	18 579.2	18 777.6	18 976	19 174.4
70%	17 587.2	17 785.6	17 984	18 182.4	18 380.8	18 579.2	18 777.6	18 976	19 174.4
80%	17 587.2	17 785.6	17 984	18 182.4	18 380.8	18 579.2	18 777.6	18 976	19 174.4
90%	17 587.2	17 785.6	17 984	18 182.4	18 380.8	18 579.2	18 777.6	18 976	19 174.4
100%	17 587.2	17 785.6	17 984	18 182.4	18 380.8	18 579.2	18 777.6	18 976	19 174.4

表 4 - 11 为东部经济发达地区农民 a 在购买政策性农业保险之后的可支配收入变化情况，由于农民 a 的总收入中，工资性收入占绝大部分，农业经营性收入的占比相对较小，因此，农业自然灾害对其可支配收入的影响较小。在 40% 的农业保险保障水平下，无自然灾害发生时农民 a 的可支配收入为 19 987.2 元；当发生极端自然灾害导致农作物绝收，即农业经营性收入为零的情况下，农民 a 的可支配收入仍然高达 17 587.2 元，其因自然灾害导致的最大收入降幅仅为 2 400 元，因自然灾害导致的收入下降比例最大值为 12%。当农业保险的保障水平从 40% 提升到 80% 时，农民 a 在极端自然灾害导致农作物绝收时的可支配收入为 19 174.4 元，可算出农业保险保障水平提升之后农民 a 的可支配收入增加了 1 587.2 元，提升比例为 9.02%。

表4 - 11 购买政策性农业保险之后西部地区农民 b 的可支配收入测算 单位：元

灾害损失率	保障水平								
	40%	45%	50%	55%	60%	65%	70%	75%	80%
0	7 987.2	7 985.6	7 984	7 982.4	7 980.8	7 979.2	7 977.6	7 976	7 974.4
10%	7 587.2	7 585.6	7 584	7 582.4	7 580.8	7 579.2	7 577.6	7 576	7 574.4

灾害损失率	保障水平								
	40%	45%	50%	55%	60%	65%	70%	75%	80%
20%	7 187.2	7 185.6	7 184	7 182.4	7 180.8	7 179.2	7 177.6	7 176	7 174.4
30%	6 787.2	6 785.6	6 784	6 782.4	6 780.8	6 779.2	6 777.6	6 976	7 174.4
40%	6 387.2	6 385.6	6 384	6 382.4	6 380.8	6 579.2	6 777.6	6 976	7 174.4
50%	5 987.2	5 985.6	5 984	6 182.4	6 380.8	6 579.2	6 777.6	6 976	7 174.4
60%	5 587.2	5 785.6	5 984	6 182.4	6 380.8	6 579.2	6 777.6	6 976	7 174.4
70%	5 587.2	5 785.6	5 984	6 182.4	6 380.8	6 579.2	6 777.6	6 976	7 174.4
80%	5 587.2	5 785.6	5 984	6 182.4	6 380.8	6 579.2	6 777.6	6 976	7 174.4
90%	5 587.2	5 785.6	5 984	6 182.4	6 380.8	6 579.2	6 777.6	6 976	7 174.4
100%	5 587.2	5 785.6	5 984	6 182.4	6 380.8	6 579.2	6 777.6	6 976	7 174.4

表 4－11 为购买政策性农业保险之后西部地区农民 b 在遭受自然灾害冲击时的可支配收入测算数据。由表 4－11 中的数据可知，在农业保险的风险保障水平为 40% 的较低水平时，农民 b 只要遭受比较严重的自然灾害（即灾害损失率达到或超过 60%），其可支配收入将下降到最低值 5 587.2 元，相比没有任何灾害发生时的可支配收入 7 987.2 元，下降了 2 400 元，收入下降比例达 30%；如果将西部地区农业保险的保障水平从 40% 提升到 80%，农民 b 在极端灾害发生导致农业损失率达 100% 时，其可支配收入仍然有 7 174.4 元，比 40% 保障水平下的可支配收入最低值高出 1 587.2 元，农民 b 最低可支配收入的增长比例达 28.41%。可见，提高农业保险的风险保障水平，能够显著提升西部地区农民在极端灾害条件下的收入水平。此外，在没有农业保险的情况下，当自然灾害导致农业损失率达 100% 时，东部地区农民 a 的可支配收入为 16 000 元，而西部地区农民 b 的可支配收入为 4 000 元，前者是后者的 4 倍。同时，引入政策性农业保险之后，当自然灾害导致的农业损失率达 100%，东部地区农民 a 的可支配收入为 19 174.4 元，西部地区农民 b 的可支配收入为 7 174.4 元，前者的收入仅为后者的 2.75 倍。这充分说明较高保障水平的政策性农业保险能够缩小东部地区农民与西部地区农民在遭受重大农业自然灾害之后的收入差距。同时，表 4－10 和表 4－11 的测算数据也表明，政策性农业保险对西部地区农民的稳收和增收效应要远远高于东部地区农民。

第四节 灾害冲击下政策性农业保险与农业信贷的协同增收效应

2018 年 9 月中共中央和国务院联合出台的《乡村振兴战略规划（2018 – 2022 年）》明确提出，要进一步完善农村金融服务体系，完善涉农贴息贷款政策，降低农民和新型农业经营主体的融资成本，进一步优化农业保险政策体系，设计多层次、可选择、不同保障水平的保险产品。当前党和政府高度重视农村金融工作，积极鼓励农业保险和农业信贷的制度创新，在此背景下，研究农业保险和农业信贷的联合增收效应，构建效率更高的农村金融协同增收机制，不仅符合国家当前的政策导向，也能够帮助广大低收入农民提升家庭收入水平、早日实现共同富裕，具有极其重要的理论和现实意义。

目前，我国农村地区主要的政策性金融工具主要有政策性农业保险和政策性农业信贷，其他如"农信担"和"农信保"等①金融产品都是这两种金融政策工具的衍生工具。作为当前国家推行的两种最主要农村金融工具，农业保险和农业信贷是否有效提高了农民的收入？哪一种政策工具的增收效应更好？当前农村金融增收的政策机制是否还有进一步改进的空间？这些都是我们接下来需要解答的问题。由于自然灾害是仅次于因病致贫的我国第二大致贫因素，虽然自 2020 年之后我国已经消除了绝对贫困，但自然灾害对农业生产和农民收入的冲击和影响仍然是客观存在的，如果对农业自然灾害风险管理不当，那些刚刚脱贫的农民依然有可能会陷入因灾返贫的困境。因此，本书接下来的内容主要是分析在自然灾害的冲击下，不同农村金融工具对农民收入稳定和收入增长的作用，其最终目的是构建最有效的农村金融增收机制。

---

① "农信担"全称为农业信贷担保贷款，一般由政府财政补贴 50% 左右的担保费；"农信保"全称为农村信用贷款保证保险，通常与政策性农业信贷一起推出，政府补贴的保费通常在 50% 以上，例如，湖南目前在贫困地区推行该贷款保险由财政补贴 80% 的保费，同时农民申请贷款也由财政补贴 80% 的利息。

一、灾害冲击下政策性农业信贷的增收效应分析

农业信贷一直以来都是政府最为倚重的农村金融增收工具，中国自1986年开始实施扶贫贴息贷款政策，迄今已有35年。在此期间，无论是以农业银行、农信社为代表的传统农村信贷，还是仿照孟加拉乡村银行开展的扶贫小额信贷，虽然都取得了一定的成绩，但在帮助农民增收方面的整体效果并不是很明显，信贷资金的使用效率也比较低。导致这种情况的一个重要原因，是单独的农业信贷工具根本无法化解农业生产过程中农民面临的自然灾害风险。为了更直观地了解灾害冲击下政策性农业信贷对农民的增收效应，本书分以下两个阶段展开分析。

（一）无政策性农业信贷时农民在灾害冲击下的农业收入分布

假定某农民家庭拥有的耕地面积为 α 亩，农产品的单位产量为 β 千克，农产品的市场价格为每千克 p_0 元，在没有发生自然灾害的理想状况下该农民家庭从事农业生产的预期最大收入 R^0 的表达式如下：

$$R^0 = \alpha\beta p_0 \tag{4-9}$$

然而，农业是一个自然灾害多发的行业，从多年平均水平来看，农业生产的实际收益由于受自然灾害的影响，要明显低于理想状况下的预期收益。假定该农民所在地区农作物发生损失率为 $p(0 \leq p \leq 1)$ 的自然灾害概率为 $\kappa(0 \leq \kappa \leq 1)$，此时考虑灾害影响后农民的实际农业经营收入 R^1 的表达式如下：

$$R^1 = \alpha\beta p_0(1-\kappa) + \alpha\beta p_0(1-p)\kappa \tag{4-10}$$

农业生产的纯收入是扣除生产成本之后农民真正从农业生产中获得的净收益，这也是农民能够用来满足日常生活支出的部分。农业生产过程中的成本包括两个部分：一部分为种子、化肥、农药、农膜等在内的物化成本，它们是农民在市场上使用货币购买来的，是农业生产过程中真实存在的成本支出；另一部分为劳动力成本和土地成本，农民耕种自有土地并不需要向国家支付土地租金，因此，土地成本可以忽略不计。此外，对于大部分地区的普通农民来说，农业生产过程大多由家庭成员独自完成，并不需要聘请其他劳动力，因此，所谓的劳动力成本本质上是农民从事农业生产收益的一部分，

这部分成本也不需要计入农民的成本构成之中。[①] 因此，对于农民而言，农业生产过程中真正支出的成本是物化成本，而物化成本通常为理想状况下农业生产预期最大收入的一个固定比例，不因自然灾害的发生而改变。假定农业生产的物化成本为理想状况下农业生产预期最大收入的比例为 $\eta(0 < \eta < 1)$，可计算出此时农民从事农业生产的纯收入 R^2 的表达式：

$$R^2 = \left[\alpha\beta p_0 (1 - \kappa) + \alpha\beta p_0 (1 - p) \kappa \right] - \alpha\beta p_0 \eta$$
$$\quad\quad = \alpha\beta p_0 (1 - p\kappa - \eta) \quad\quad\quad\quad\quad\quad\quad\quad (4-11)$$

由式（4-11）可知，在自然灾害的确定发生的情况下（即 $\kappa = 1$），农民从事农业生产的纯收入 $\overline{R}^2$ 为：

$$\overline{R}^2 = \alpha\beta p_0 (1 - p - \eta) \quad\quad\quad\quad\quad\quad\quad\quad\quad\quad (4-12)$$

由式（4-12）易知，自然灾害导致的损失率越大（即 p 越大），农民从农业经营中得到的纯收入越少，特别地，当灾害损失率 $p > 1 - \eta$ 时，农民从事农业生产的纯收益为负数。由式（4-12）可以计算出农民从事农业生产纯收入的极值区间：当灾害损失率为零（$p = 0$）时，此时农民从事农业生产的纯收入达到最大值 $\alpha\beta p_0 (1 - \eta)$；当农作物发生全损（$p = 1$）时，农民从事农业生产的纯收入达到最小值 $-\alpha\beta p_0 \eta$。由此可得到农民从事农业生产的纯收入取值区间为 $\left[-\alpha\beta p_0 \eta, \alpha\beta p_0 (1 - \eta) \right]$。

为了更直观地分析自然灾害对农民收入的影响，本书在进一步假设的基础上，对农民的收入分布进行模拟测算分析：假定该农民家庭投入农业生产的初始资金为 5 000 元，从事农业生产的预期最大收入为 10 000 元（即 $\alpha\beta p_0 = 10\,000$），可得到农业生产的物化成本为预期最大收入的 50%（即 $\eta = 0.5$），[②] 由式（4-12）可计算得出当自然灾害导致不同农作物损失率（即 p 取不同值）时，农民所获得的农业经营纯收入 $\overline{R}^2$ 的变化情况。

表4-12 为发生自然灾害情况下，当农作物的损失率 p 分别为 0~100%（每10%为一档）时，农民从事农业生产的纯收入分布情况。由表中数据可知，当灾害损失率超过 50% 时，农民的农业经营活动将产生亏损，在发生重

---

① 如果是农业公司或者从事规模化生产的新型农业经营主体，由于需要聘请工人帮助完成农业生产，并且需要向这部分工人支出工资，因此，他们的固定成本当中必须包含劳动力成本，这与贫困地区农民完全由家庭专员完成农业生产有显著差异。

② 从目前中国农业生产的实际情况来看，扣除劳动成本和土地成本后的物化成本大约占农业产出的 50%。

大自然灾害导致农作物全损时（p＝100%），农民从事农业生产的亏损金额达到最大值5 000元，即农民投入农业生产所有的自有资金全部亏损。这对于以农业经营收入作为家庭主要收入来源的农民来说，因灾返贫或许将难以避免。

表4－12　　　无农村金融支持时农民在自然灾害冲击下的农业收入测算　　单位：元

p值	0	10%	20%	30%	40%	50%	60%	70%	80%	90%	100%
收入	5 000	4 000	3 000	2 000	1 000	0	－1 000	－2 000	－3 000	－4 000	－5 000

（二）实施政策性农业信贷之后农民在灾害冲击下的收入分布

延续之前的假设条件来分析实施利息补贴的农业信贷对农民农业纯收入的影响。假定农业信贷金额为 π，利率为 ε，政府补贴的利息比例为 ρ，可计算出申请农业信贷后农民的信贷成本支出 C_r 如下：

$$C_r = \pi + \pi\varepsilon(1 - \rho) \tag{4-13}$$

其中，$\pi\varepsilon(1 - \rho)$ 为农业信贷利息中除去政府补贴之后由农民承担的部分。由于农民申请贷款是用于农业生产[①]，这部分资金最后还是被农民用于购买种子、农药、化肥等生产资料，因此，农业信贷的本金和利息最后会成为农业生产物化成本的一部分。换言之，此时农民在农业生产过程中支出的物化成本来自两个方面：一是农民的自有资金；二是从农业信贷机构获取的贷款资金。由于农业信贷的本金和利息已经包含在物化成本当中，因此，在计算农业生产纯收入的时候只需要像原来一样计算物化成本即可，不需要额外扣减信贷支出成本。

假定农民申请农业信贷是用于农业生产，考虑到农产品的亩均产量、市场价格、自然灾害发生率等不会因为农民是否获得农业信贷而发生改变，因此这些参数的取值不变，改变的只是农业生产的规模，以及相应的成本和预期收益。由前面的假定条件可计算得出此时农民从事农业生产的纯收入 R^3 表达式：

$$R^3 = \gamma\left[\alpha\beta p_0(1 - \kappa) + \alpha\beta p_0(1 - p)\kappa - \alpha\beta p_0\eta\right] - \pi\varepsilon(1 - \rho) \quad (\gamma \geq 1)$$

$$\tag{4-14}$$

---

① 本书只考虑用于农业生产的农业信贷，对于婚丧嫁娶等发生的信贷暂不作分析。

式（4-14）中，γ 表示农业生产的规模扩张系数，当 $\gamma=1$ 时表示农民在原来自有的耕地上进行农业生产，不进行规模扩张；当 $\gamma>1$ 时表示农民利用信贷资金扩大农业生产规模[①]。与前面没有信贷条件下农民从事农业生产的纯收入表达式（4-11）相比，获得农业信贷之后农民的纯收入表达式发生了两个显著变化：一方面，农业信贷导致的农业生产规模扩张（用规模扩张系数 γ 表示）会影响到农民的最终收入；另一方面，农民获得农业信贷进行农业生产之后，他们的农业生产成本多出来一项 $\pi\varepsilon(1-\rho)$，这是扣除政府补贴之后由农民自己承担的信贷利息支出，它已经转化为农业生产的支出成本。此时农民从事农业生产的成本包含物化成本和利息成本两个部分。

农民在获得农业信贷之后是否能够避免因灾致贫或因灾返贫呢？由式（4-14）可知，自然灾害发生时农民的收入分布如下：当发生重大自然灾害导致农作物全损（$\kappa=1$，$p=100\%$）时，农民从事农业生产的纯收入取最小值 $-\gamma\alpha\beta p_0\eta-\pi\varepsilon(1-\rho)$；当无自然灾害发生时，农民从事农业生产的纯收入取最大值 $\gamma\alpha\beta p_0(1-\eta)-\pi\varepsilon(1-\rho)$。农民在获得贷款之后从事农业生产所得纯收入的分布区间则为 $[-\gamma\eta\alpha\beta p_0-\pi\varepsilon(1-\rho),\gamma\alpha\beta p_0(1-\eta)-\pi\varepsilon(1-\rho)]$，见表4-13。

表4-13　农民在申请农业信贷前后从事农业生产的纯收入分布区间变化

初始状况下的农业纯收入分布区间		获得农业信贷后的农业纯收入分布区间	
最小值	最大值	最小值	最大值
$-\alpha\beta p_0\eta$	$\alpha\beta p_0(1-\eta)$	$-\gamma\alpha\beta p_0\eta-\pi\varepsilon(1-\rho)$	$\gamma\alpha\beta p_0(1-\eta)-\pi\varepsilon(1-\rho)$

由于 $\gamma\geqslant1$，且 $0<\rho<1$，可知 $-\gamma\alpha\beta p_0\eta-\pi\varepsilon(1-\rho)<-\alpha\beta p_0\eta$，即农民获得农业信贷之后从事农业生产的收入最小值要小于没有获得农业信贷支持时初始条件下的最小值；当农民只是利用信贷资金在原有土地上进行精细化耕作，不进行规模扩张时（此时 γ 的取值为1），必然满足 $\gamma\alpha\beta p_0(1-\eta)-$

[①]　此时农业生产的规模扩张系数 γ 的计算公式如下：$\gamma=\dfrac{\pi T_0}{T_0}$。其中，$\pi$ 为农民获得的农业信贷资金总量；T_0 为农民投入农业生产的自有资金。为了简化分析，本书暂不考虑农民利用贷款资金进行农业规模扩张可能需要支付的土地租金和雇工成本，由于在支付土地租金的情况下，农民借款进行农业生产的投入成本更高，在重大自然灾害发生时面临的经济损失也更大，因此本书的简化分析并不会对结果产生本质影响。

$\pi\varepsilon(1-\rho)<\alpha\beta p_0(1-\eta)$，说明农民在获取信贷资金进行农业生产之后，由于需要多支出一项利息成本 $\pi\varepsilon$（$1-\rho$），导致农业生产的收入最大值要稍微小于初始状况下的最大值，不过由于政府部门对信贷利息进行了补贴，这部分多出的成本支出金额相对较小。容易计算出当农民利用信贷资金进行农业生产规模扩张时，只要规模扩张系数 $\gamma \geqslant 1+\dfrac{\pi\varepsilon(1-\rho)}{\alpha\beta p_0(1-\eta)}$，就可以满足不等式 $\gamma\alpha\beta p_0(1-\eta)-\pi\varepsilon(1-\rho)\geqslant\alpha\beta p_0(1-\eta)$，说明此时农民在获得信贷支持之后农业生产的纯收入最大值高于初始状况下的最大值。整体来看，农民在获得信贷支持之后其农业纯收入的最小值低于初始状况的最小值，农业纯收入的最大值在进行规模扩张之后普遍会高于初始状况下的最大值，即农业信贷的获得扩大了农民农业收入的波动性。

为了更直观地了解农业信贷对农民从事农业生产的纯收入的影响，本书通过赋值分析法对农民利用信贷资金进行农业生产规模扩展之后的经营收入进行模拟测算。沿用前面的假设条件，农民的自有初始资金同样为 5 000 元，从农业信贷机构获取的贷款金额 π 的取值分别为 2 000 元、4 000 元、……、18 000 元、20 000 元（每隔 2 000 元为一档），利率 $\varepsilon=4\%$[①]，政府提供的利息补贴 $\rho=50\%$，其他指标的赋值情况参照前面。利用式（4 – 14）可计算出发生不同灾害损失率时，获得农业信贷的农民农业纯收入 R^3 的分布情况，详见表 4 – 14。

表 4 – 14　　　　获得不同金额农业贷款的农民在自然灾害冲击下的

农业纯收入测算　　　　　　　　单位：元

π 值	p 值										
	0	10%	20%	30%	40%	50%	60%	70%	80%	90%	100%
0	5 000	4 000	3 000	2 000	1 000	0	– 1 000	– 2 000	– 3 000	– 4 000	– 5 000
2 000	6 960	5 560	4 160	2 760	1 360	– 40	– 1 440	– 2 840	– 4 240	– 5 640	– 7 040
4 000	8 920	7 120	5 320	3 520	1 720	– 80	– 1 880	3 680	– 5 480	– 7 280	– 9 080
6 000	10 880	8 680	6 480	4 280	2 080	– 120	– 2 320	– 4 520	– 6 720	– 8 920	– 11 120

---

①　目前国内农业信贷的基准利率一般都在4%左右，因此本书也取该值进行模拟测算分析。

续表

π 值	p 值										
	0	10%	20%	30%	40%	50%	60%	70%	80%	90%	100%
8 000	12 840	10 240	7 640	5 040	2 440	−160	−2 760	−5 360	−7 960	−10 560	−13 160
10 000	14 800	11 800	8 800	5 800	2 800	−200	−3 200	−6 200	−9 200	−12 200	−15 200
12 000	16 760	13 360	9 960	6 560	3 160	−240	−3 640	−7 040	−10 440	−13 840	−17 240
14 000	18 720	14 920	11 120	7 320	3 520	−280	−4 080	−7 880	−11 680	−15 480	−19 280
16 000	20 680	16 480	12 280	8 080	3 880	−320	−4 520	−8 720	−12 920	−17 120	−21 320
18 000	22 640	18 040	13 440	8 840	4 240	−360	−4 960	−9 560	−14 160	−18 760	−23 360
20 000	24 600	19 600	14 600	9 600	4 600	−400	−5 400	−10 400	−15 400	−20 400	−25 400

从表 4 - 14 中的测算数据可知，农民利用信贷资金进行农业生产规模扩张，在无自然灾害发生或者自然灾害导致的损失率较小时（比如灾害损失率在 40% 以下），其农业生产纯收入都要比没有申请信贷融资时更高。但当农业自然灾害导致的损失率较大时（比如灾害损失率超过 50%），农民借贷的资金越大，最后亏损的金额也越大。当农民的借贷资金总量为 10 000 元时，在极端灾害导致全损的情况下，他最后的亏损金额达到 15 200 元；当借贷资金继续增加到 20 000 元时，农民在极端灾害条件下的最大亏损金额高达 25 400 元。因此，面对由重大自然灾害冲击导致的因灾致贫和因灾返贫问题，农业信贷并没有对农民灾后收入的下降起到任何减缓作用，反而加剧了农民的灾后损失。因此可以得出以下结论：对于那些容易遭受重大自然灾害的农民来说，单一的农业信贷并不能够起到明显的稳收和增收作用，在遭受极端自然灾害冲击时反而会导致农业纯收入出现更大幅度地下降。

二、灾害冲击下政策性农业保险的增收效应分析

我们在沿用前面假设条件的基础上引入政策性农业保险制度，以此来考察财政补贴下的农业保险对农民的稳收和增收效应。假定农民所生产的农产品能够享受到政策性农业保险提供的风险保障，其保费补贴比例为 λ（0 < λ <

1），风险保障水平[①]为 $\mu(0 < \mu < 1)$，保险费率为 $\delta(0 < \delta < 1)$，结合公式（4-9）可知，农民所生产的农产品参加政策性农业保险需要支出的总保费 C_0 的表达式如下：

$$C_0 = \alpha\beta p_0 \mu\delta \tag{4-15}$$

其中，需要由农民自己承担的农业保险保费支出 C_1 的表达式如下：

$$C_1 = \alpha\beta p_0 \mu\delta(1-\lambda) \tag{4-16}$$

在引入政策性农业保险的情况下，农民在没有发生自然灾害（$p=0$），或者自然灾害导致的农产品损失率 $p \leq 1-\mu$ 时，由于此时农作物的灾害损失率相对较小，尚未触发农业保险的赔偿标准，由自然灾害导致的农业经济损失需要由农民自己承担，此时农民的纯收入 R_b^1 的表达式如下：

$$R_b^1 = \alpha\beta p_0(1-p) - \alpha\beta p_0 \eta - \alpha\beta p_0 \mu\delta(1-\lambda) \quad (p \leq 1-\mu) \tag{4-17}$$

由式（4-17）可知，与没有实施农村金融支持政策的初始状况下相比，投保农业保险之后农民的农业纯收入表达式多出了一个农业保险保费的支出项 $\alpha\beta p_0 \mu\delta(1-\lambda)$，这也意味着在没有任何自然灾害发生的情况下，投保政策性农业保险的农民相比没有投保的初始状态，其农业纯收入要减少 $\alpha\beta p_0 \mu\delta(1-\lambda)$，即政策性农业保险降低了农民在没有发生自然灾害时的纯收入上限值，其减少的金额止好等于农民投保政策性农业保险时扣除政府补贴之后由他们自己承担的部分保费。政府财政对政策性农业保险的保费补贴比例 θ 越高，农民自己承担的保费就越少，这样在无灾害条件下投保农业保险导致农民纯收入下降的幅度就越小[②]。

接下来再考虑当自然灾害导致的农作物损失较大（$p > 1-\mu$），触发了政策性农业保险赔偿条件的情况。在此情况下，无论自然灾害导致的农作物损失率是多少，农民都将获得农业保险保障水平所约定的农业经营收益，此时农民从事农业生产的纯收入表达式如下：

$$\begin{aligned} R_b^2 &= \alpha\beta p_0 \mu - \alpha\beta p_0 \eta - \alpha\beta p_0 \mu\delta(1-\lambda) \\ &= \alpha\beta p_0(\mu - \eta) - \alpha\beta p_0 \mu\delta(1-\lambda) \end{aligned} \quad (p > 1-\mu) \tag{4-18}$$

---

① 农业保险的风险保障水平为农作物最大产值的一个固定比例。

② 由于农业保险的费率通常只有百分之几，而且政府部门一般承担了 50% 以上的保费补贴，真正由农民承担的保费是很少的，因此，在购买农业保险之后，农民在无灾害条件下农业纯收的下降幅度是很小的。

由式（4-18）可知，由于农作物的耕种面积 α、单位产量 β、市场价格 p_0、物化成本系数 η 以及农业保险的费率 δ 都是相对固定的常数，因此，在发生较大自然灾害条件下农民从农业生产中所获得的纯收入多少只取决于两个变量：农业保险的风险保障水平 μ 和政府提供的保费补贴比例 λ。其中，农业保险的风险保障水平对农民最后能够获得的纯收入起到决定性作用。特别地，当农业保险的保障水平与物化成本系数相等（即 $\mu = \eta$）时，农民在遭受极端自然灾害的情况下最多也只损失了自己承担的农业保险保费，如果能够将农业保险的保障水平再提高一点，那么在发生重大自然灾害时，农民完全可以依靠农业保险赔偿实现保本经营，甚至仍然保持盈利。

前面的分析表明，在没有任何农村金融支持政策的初始状态下，农民从事农业生产的纯收入最小值为 $-\alpha\beta p_0\eta$，而在投保政策性农业保险之后，在发生极端自然灾害导致农作物全损时，农民从事农业生产的纯收入最小值变为 $\alpha\beta p_0\mu - \alpha\beta p_0\eta - \alpha\beta p_0\mu\delta(1-\lambda)$，简单比较可知，投保农业保险之后农民纯收入最小值比投保之前多了一项 $\alpha\beta p_0\mu - \alpha\beta p_0\mu\delta(1-\lambda)$，令 $\Delta R_b = \alpha\beta p_0\mu - \alpha\beta p_0\mu\delta(1-\lambda)$，经化简可得：

$$\Delta R_b = \alpha\beta p_0\mu(1 + \delta\lambda - \delta) \tag{4-19}$$

由于农业保险的费率满足 $0 < \delta < 1$[①]，从而必然满足 $\Delta R_b > 0$，即农民投保政策性农业保险之后，在发生重大自然灾害时的农业纯收入最小值高于没有农村金融支持时初始状态下的最小值，换言之，政策性农业保险提高了农民在极端自然灾害条件下纯收入的下限值。由式（4-19）可知，农业保险的保障水平 μ 越高，政府对农业保险的保费补贴比例 λ 越大，政策性农业保险对遭受极端自然灾害时农民农业纯收入的提升效果越显著，这也说明政策性农业保险能够显著提高农民抵御自然灾害的能力，对于容易遭受重大自然灾害的农民能够通过提供收入保障避免他们陷入因灾返贫的困境。

为了更直观地分析政策性农业保险对受灾农民的精准稳收和增收效应，我们通过赋值测算进行说明。目前全国范围内主要农产品的农业保险保费补贴比例基本都在 70%～80%，风险保障水平根据不同地区的经济发展水平普

---

① 目前市场上绝大部分农业保险的费率都在 2%～10%。

遍在 40% ~80%[①]，考虑到在不改变保费补贴比例的条件下提高农业保险的保障水平会增加地方财政的支出负担，因此，本书将模拟测算的保费补贴比例适当下调，将相对贫困人口比较集中的中西部地区农业保险的保费补贴比例 λ 设定为 60%，以上海市种植业保险的平均费率 3% 作为基准费率[②]，分别测算当农业保险的保障水平 μ 分别取不同值时，遭受自然灾害冲击（p 的取值反映灾害冲击强度）的农民农业纯收入的分布情况。根据式（4 - 17）和式（4 - 18）测算的结果见表 4 - 15。

表 4 - 15　　　　购买农业保险的农民在不同风险保障水平下遭受灾害

冲击的农业纯收入测算　　　　　　　　　　　单位：元

μ 值	p 值										
	0	10%	20%	30%	40%	50%	60%	70%	80%	90%	100%
40%	4 928	3 928	2 928	1 928	928	-72	-1 072	-1 072	-1 072	-1 072	-1 072
45%	4 919	3 919	2 919	1 919	919	-81	-581	-581	-581	-581	-581
50%	4 910	3 910	2 910	1 910	910	-90	-90	-90	-90	-90	-90
55%	4 901	3 901	2 901	1 901	901	401	401	401	401	401	401
60%	4 892	3 892	2 892	1 892	892	892	892	892	892	892	892
65%	4 883	3 883	2 883	1 883	1 383	1 383	1 383	1 383	1 383	1 383	1 383
70%	4 874	3 874	2 874	1 874	1 874	1 874	1 874	1 874	1 874	1 874	1 874
75%	4 865	3 865	2 865	2 365	2 365	2 365	2 365	2 365	2 365	2 365	2 365
80%	4 856	3 856	2 856	2 856	2 856	2 856	2 856	2 856	2 856	2 856	2 856

由表 4 - 15 中的测算结果可知，农民购买农业保险之后，在 40%、60% 和 80% 的保障水平下，其农业收入的最大值（无自然灾害发生条件下）分别为 4 928 元、4 892 元和 4 856 元，相比没有购买农业保险时的最大值（5 000 元）分别只下降了 72 元、102 元和 144 元。然而，购买农业保险却显著提高了农民在发生自然灾害时的农业纯收入最小值。例如，在保障水平为

①　上海、北京等经济发达地区主要农产品的农业保险保障水平普遍达到 80% 左右，而中西部经济欠发达地区由于地方财政实力有限，农业保险的保障水平普遍只有 40% ~50%。

②　根据上海市农委 2013 年颁布的《上海市关于完善 2013 - 2015 年度农业保险补贴政策的通知》，政策性农业保险中水稻保险的费率为 2%、小麦保险的费率为 3%、油菜保险的费率为 4%、玉米保险的费率为 3%，平均费率为 3%。

40%的条件下，即使发生了严重自然灾害导致100%的农作物损失，农民从事农业生产的净亏损额也不会超过1 072元；当保障水平上升到60%的时候，农民在发生极端自然灾害时仍然能够获得892元纯收入；当保障水平继续提高到80%的时候，农民在发生最严重自然灾害的情况下也能够获得2 856元农业纯收入。而前面的分析显示同样的假设条件下，没有农业保险时，发生极端自然灾害导致农作物全损时农民的净亏损金额为5 000元，农业保险的介入虽然稍微降低了无灾害条件下农民农业纯收入的最大值，但却显著提高了他们在极端自然灾害条件下的农业纯收入最小值。可见，在面临极端自然灾害冲击时，风险保障水平较高的农业保险能够对农民的农业收入起到很好的保障作用，对于缓解因灾致贫和因灾返贫具有非常显著的效果。

三、政策性农业保险与农业信贷协同增收的可行性分析

由于农业保险的主要作用在于保收入，确保农民不会因重大自然灾害而导致收入的大幅度下降；农业信贷的主要作用在于帮助农民扩大农业生产规模，提高农民在无灾害条件下的收入水平。结合农业保险和农业信贷对农民收入影响的特点，如果能够通过制度设计将两者的优点结合起来，从而构建农业保险与农业信贷协同下的农村金融协同增收机制，帮助农民在无灾害条件下通过农业信贷获得更高的收入水平，同时利用农业保险的风险保障在极端灾害条件下获得更高的收入保障，如此便能进一步巩固扶贫攻坚成果。然而，在农村金融发展过程中，应当如何处理好农业保险与农业信贷的关系，有限的农业补贴资金应当如何分配方能最大限度地提升农村金融体系的增收效率，是我们接下来需要进一步分析的问题。

（一）现行补贴方案下农业保险与农业信贷的协同增收效果分析

我们先分析对农业保险和农业信贷同时提供补贴，但由于地方财政实力有限，中西部地区农业保险保障水平较低的现实情况。继续沿用前面的假设标准，当同时引入农业保险和农业信贷之后，农民从事农业生产的纯收入R_{lb}分两种情况讨论。

第一种情况是农业自然灾害导致的农作物损失较小，尚未触发农业保险赔偿，此时农民从事农业生产的收入表达式如下：

$$R_{lb} = \gamma[\alpha\beta p_0(1-\kappa p) - \alpha\beta p_0\eta - \alpha\beta p_0\mu\delta(1-\lambda)] - \pi\varepsilon(1-\rho) \quad (p \leq 1-\mu)$$

$$(4-20)$$

式（4-20）中，γ 仍然是农业生产的规模扩张系数，且满足 $\gamma \geq 1$，$\alpha\beta p_0(1-\kappa p)$ 是农民从事农业生产的毛收入，并且当确定的自然灾害发生时满足 $\delta = 1$，$\alpha\beta p_0\eta$ 是农业生产的物化成本，$\alpha\beta p_0\mu\delta(1-\lambda)$ 是由农民自己承担的农业保险费，$\pi\varepsilon(1-\rho)$ 是贷款农民支付的信贷利息。

第二种情况是如果农业自然灾害导致的农作物损失较大，并且触发了农业保险的赔偿标准，此时不管灾害导致的实际损失是多少，农民从事农业生产的纯收入都不再波动，而是成为一个固定的常数，具体的表达式如下。

$$R_{lb} = \gamma[\alpha\beta p_0\mu - \alpha\beta p_0\eta - \alpha\beta p_0\mu\delta(1-\lambda)] - \pi\varepsilon(1-\rho)$$
$$= \gamma[\alpha\beta p_0(\mu-\eta) - \alpha\beta p_0\mu\delta(1-\lambda)] - \pi\varepsilon(1-\rho) \quad (p > 1-\mu)$$

$$(4-21)$$

根据式（4-20）、式（4-21）可知，在无自然灾害发生的情况下，农民从农业生产中获得的收入最大值为 $\gamma[\alpha\beta p_0 - \alpha\beta p_0\eta - \alpha\beta p_0\mu\delta(1-\lambda)] - \pi\varepsilon(1-\rho)$，而在农作物全损的极端自然灾害条件下，农民从农业生产中所获得的收入最小值为 $\gamma[\alpha\beta p_0(\mu-\eta) - \alpha\beta p_0\mu\delta(1-\lambda)] - \pi\varepsilon(1-\rho)$。

由于当前政府部门对农业保险和农业信贷都提供补贴，并且这两种农村金融增收模式同时在中西部地区开展，从理论上而言也能够起到提高农民在无灾害条件下的收入上限和极端灾害条件下的收入下限。但现实中面临的问题在于，中西部地区地方财政的经济实力相当有限，政府为了减轻财政补贴负担，将本地区农业保险的风险保障设置在很低的水平上，目前我国中西部地区农业保险的风险保障水平普遍在40%左右。一方面，这样低的风险保障水平并不足以降低普通农民的信贷履约风险，从而保证他们能够获得扩大农业生产规模所需要的信贷支持。另一方面，农业保险的风险保障水平较低，导致其很难与农业信贷一起发挥协同增收效果。

为了更直观地展示低保障水平下农业保险与农业信贷的协同增收效果，我们沿用前面的假设条件：农民仍然享受50%的信贷利息补贴（$\rho = 0.5$），同时农业保险的风险保障 μ 保持在40%的水平不变，保费补贴比例 λ 仍然维持在80%，其他参数跟前面的一样，利用式（4-20）和式（4-21），我们可以测算出获得2 000元、4 000元、……、20 000元（每隔2 000元一档）贷款的农民在不同灾害冲击下的农业收入分布情况，具体数据见表4－16。

表4－16　　　　　现行农村金融政策下农民在不同灾害冲击下的收入测算　　　单位：元

π值	p值									
	0	10%	20%	30%	40%	50%	60%	70%	80%	90%	100%
2 000	6 926.4	5 526.4	4 126.4	2 726.4	1 326.4	-73.6	-1 473.6	-1 473.6	-1 473.6	-1 473.6
4 000	8 916.8	7 116.8	5 316.8	3 516.8	1 716.8	-83.2	-1 883.2	-1 883.2	-1 883.2	-1 883.2
6 000	10 907.2	8 707.2	6 507.2	4 307.2	2 107.2	-92.8	-2 292.8	-2 292.8	-2 292.8	-2 292.8
8 000	12 897.6	10 297.6	7 697.6	5 097.6	2 497.6	-102.6	-2 702.4	-2 702.4	-2 702.4	-2 702.4
10 000	14 888	11 888	8 888	5 888	2 888	-112	-3 112	-3 112	-3 112	-3 112
12 000	16 878.4	13 478.4	10 078.4	6 678.4	3 278.4	-121.6	-3 521.6	-3 521.6	-3 521.6	-3 521.6
14 000	18 868.8	15 068.8	11 268.8	7 468.8	3 668.8	-131.2	-3 931.2	-3 931.2	-3 931.2	-3 931.2
16 000	20 859.2	16 659.2	12 459.2	8 259.2	4 059.2	-140.8	-4 340.8	-4 340.8	-4 340.8	-4 340.8
18 000	22 849.6	18 249.6	13 649.6	9 049.6	4 449.6	-150.4	-4 750.4	-4 750.4	-4 750.4	-4 750.4
20 000	24 840	19 840	14 840	9 840	4 840	-160	-5 160	-5 160	-5 160	-5 160

由表4－16中的数据可知，当前中西部地区40%左右的农业保险保障水平过低，导致农民在农业生产过程中遭受极端自然灾害冲击时仍然会面临亏损；当农民的贷款金额从2 000元增长到20 000元时，他们在极端灾害条件下的最大亏损金额也从1 473.6元上升到5 160元。可见，在较低的风险保障水平之下，农民的农业生产风险并没有得到很好的转移，在极端灾害冲击下仍然可能导致因灾返贫现象，因此，在现行的农村金融制度下，农业保险和农业信贷的协同增收效应并不理想。

（二）农业保险主导下的农村金融精准增收效果评估

农业信贷提高了农民在无灾害条件下的收入上限，而农业保险则提高了农民在极端灾害条件下的收入下限。理论上而言，在保持农业信贷利息补贴比例不变的情况下提高农业保险的风险保障水平，能够在很大程度上减少农民在极端灾害条件下的收入波动，缓解因灾致贫或返贫情况的发生。但目前面临的现实难题在于：中国绝大部分相对贫困人口都分布在中西部省份，提高农业保险的保障水平意味着要在很大程度上增加地方财政的农业保险保费补贴支出，这对于财政预算本就捉襟见肘的地方政府而言，在短时间内无疑是难以实现的。从巩固脱贫攻坚成果的角度来考虑，政府部门先要提高中西部地区农民在发生重大自然灾害时的风险防范能力，确保灾害发生之后农民的收入不会下降太多，从而减少因灾致贫和因灾返贫现象。

为了不增加地方财政的支出负担，同时又能提高农业保险的风险保障水平，缓解自然灾害对农民的收入冲击，本书提出一个可行的解决方案：将一部分农业信贷的补贴资金转移到农业保险，用于提高中西部地区农业保险的风险保障水平，从而提高农民抵御极端自然灾害的能力。我们以一个贷款 6 000 元进行农业生产规模扩张的相对贫困农民为例（该农民的初始自有资金仍然为 5 000 元，跟前面一样），根据前面的假设条件，在现行农村金融政策下，政府需要为该相对贫困农民支出的农业保险保费补贴资金为：

$$S_b = \gamma\alpha\beta p_0\mu\delta\lambda \tag{4-22}$$

代入前面的假设数据可得：$S_b = 211.2$（元）。此外，根据农民的贷款金额为 6 000 元，贷款利率为 4%，政府利息补贴比例为 50%，可计算得出政府支付的利息补贴资金为 120 元。从而可知在现行政策下农民贷款 6 000 元进行农业生产，并购买了政府提供的 40% 保障水平的农业保险后，各级财政资金总共需要支付的补贴金额为：211.2 + 120 = 331.2（元）。

如果摒弃当前对农业信贷和农业保险同时进行补贴的政策，构建以农业保险为主、农业信贷为辅的农村金融扶贫体系，对相对贫困农民的收入分布和政府的财政支出会产生什么影响呢？考虑到中西部地区地方财政的扶贫资金总量有限，我们假定完全取消针对农业信贷的利息补贴[①]，将省出的财政资金用于提高该农业保险的风险保障水平，并分别设置 50%、55%、60%、65%、70%、75% 六档，政府的保费补贴比例保持在 80% 的水平，同样以农民贷款 6 000 元为例来测算不同灾害条件下农民的收入分布，以比较不同农村金融模式的增收效率。由于取消了农业贷款的利息补贴，因此 $\rho = 0$，其他参数的取值与前面相同，利用式（4-20）和式（4-21）可得到不同农业自然灾害条件下农民的收入分布结果（见表 4-17）。

---

① 我们在实地调研中发现，真正影响农民能否获得贷款的关键因素是农民自身的信贷履约能力，而不是农业信贷的利率水平，因此，缓解农民信贷约束先要提高借款农民的收入稳定性，进而提升他们的还款能力，而不是降低农业信贷的利率水平。

表4-17　　　　　农业保险主导的增收模式下贷款农民在遭受灾害
冲击时的农业纯收入测算　　　　　　　　　单位：元

μ值	p值									
	0	10%	20%	30%	40%	50%	60%	70%	80%	90%	100%
50%	10 694	8 494	6 294	4 094	1 894	-306	-306	-306	-306	-306	-306
55%	10 687.4	8 487.4	6 287.4	4 087.4	1 887.4	787.4	787.4	787.4	787.4	787.4	787.4
60%	10 680.8	8 480.8	6 280.8	4 080.8	1 880.8	1 880.8	1 880.8	1 880.8	1 880.8	1 880.8	1 880.8
65%	10 674.2	8 474.2	6 274.2	4 074.2	2 974.2	2 974.2	2 974.2	2 974.2	2 974.2	2 974.2	2 974.2
70%	10 667.6	8 467.6	6 267.6	4 067.6	4 067.6	4 067.6	4 067.6	4 067.6	4 067.6	4 067.6	4 067.6
75%	10 661	8 461	6 261	5 161	5 161	5 161	5 161	5 161	5 161	5 161	5 161

　　对照表4-16和表4-17的数据可知，当政府对农业保险和农业信贷按现行政策同时进行补贴时，农民农业纯收入的分布区间为［-2 292.8，10 907.2］，此时政府支出的农业保险保费补贴和农业信贷利息补贴共计331.2元。当取消农业信贷的利息补贴，提高农业保险的风险保障水平之后，农民在极端灾害条件下的最低收入水平均出现了显著提升。例如，当农业保险的保障水平达到60%的时候，农民在极端灾害条件下的最低收入达到1 880.8元，比两者都补贴的现行条件下的收入（-2 292.8元）高出4 173.6元；当农业保险的保障水平达到70%的时候，农民在极端灾害条件下的最低收入达到4 067.6元，比现行条件下的收入高出6 360.4元。在农业保险主导的农村金融扶贫模式下，当保障水平分别达到50%、60%和70%时，农民的最高收入分别为10 694元、10 680.8元和10 667.6元，分别只比现行条件下低213.2元、226.4元、239.6元。此外，还可以分别计算出农业保险的保障水平取50%、60%、70%时，各级财政承担的总补贴金额分别为264元、316.8元、369.6元，比当前政策下的财政补贴支出（331.2元）分别低67.2元、14.4元和高38.4元。

　　综合比较之下可以发现，在不提高财政补贴资金的情况下，构建以农业保险为主导的农村金融增收模式，可以显著提高农民遭受自然灾害冲击时的最低收入水平，而农民在无自然灾害时的最高收入水平仅仅只是出现了稍许下降。可见，从缓解自然灾害对农民收入冲击的角度而言，构建以农业保险为主导的农村金融增收体系，其效率远远高于现行以农业信贷为主的传统农村金融增收模式。

　　表 4-18 列出了各种农村金融增收模式下农民遭受自然灾害冲击时的收入值极分布，由表中数据可知，在最理想的情况下农业信贷扶贫通过帮助农民实现农业生产规模扩张之后，确实能够在很大程度上提高他们在无灾害条件下的最高收入水平，但在缺乏较高农业保险保障的条件下，遭受极端自然灾害冲击之后农民的农业经营损失也会成倍扩大。更为重要的问题还在于，由于当前中西部地区农业保险的保障水平普遍较低，农业自然灾害的频繁冲击导致低收入农民的信贷履约能力不足，使得他们无法通过农业信贷机构的资格审查。因此，无论是单一的信贷增收模式，还是目前农业保险和扶贫农业信贷双管齐下的农村金融增收模式①，低收入农民都难以从信贷机构获得足够的信贷支持。在贷款申请都很难获批的条件下，主要依靠农业信贷来帮助农民增收将会变得十分艰难②。

表 4-18　　　不同农村金融增收模式下农民遭受自然灾害冲击时的
收入分布极值比较　　　　　　　　　　单位：元

农村金融扶贫模式		最小值	最大值	财政补贴金额
农业信贷单一扶贫模式（初始资金 5 000 元，贷款 6 000 元）		-11 120	10 880	120
农业保险单一扶贫模式（初始资金 5 000 元，不同保障水平）	40%	-1 072	4 928	96
	50%	-90	4 910	120
	60%	892	4 892	144
现行农村金融扶贫模式（初始资金 5 000 元，贷款 6 000 元）		-2 292.8	10 907.2	331.2
农业保险主导的农村金融扶贫模式（初始资金 5 000 元，贷款 6 000 元，不同保障水平）	50%	-306	10 694	264
	60%	1 880.8	10 680.8	316.8
	70%	4 067.6	10 667.6	369.6

---

　　① 本书前面所列"农业信贷单一增收模式"和"现行农村金融增收模式"下的收入测算，是假设农民能够获得信贷支持的理想结果，但实际上在中西部地区当前的农业保险保障水平下，大部分农民都难以获得足够的农业信贷支持。

　　② 本书作者受湖南省财政厅委托，于 2018 年 7 月和 8 月先后对湖南省花垣县、安化县、保靖县等十几个国家级贫困县的扶贫贷款发放情况进行了实地调研，发现即使有省级财政提供贷款利息补贴，并由中华联合保险公司提供配套的贷款保证保险，真正的贫困农民仍然无法获得农业经营性贷款。经过与各贫困县扶贫办和金融机构负责人访谈之后了解到，在湖南省财政厅未推出扶贫贷款保证保险（简称扶贫财银保）之前，信贷机构出于风险规避的考虑将贫困农民排除在借款名单之外；而在扶贫借款保证保险推出之后，信贷机构的借款热情确实明显上升，但保险机构出于风险防范的考虑不愿意为贫困农民提供贷款保证保险服务，贫困农民如果想成功申请贷款需要由本县的公职人员提供担保，导致最后的扶贫贷款几乎全部发放给了规模以上的当地农业公司和经济条件良好的种养大户。

农业生产的高风险已经成为制约农村金融发展的重要瓶颈，鉴于农业保险在防范农业风险、抵御自然灾害冲击方面具有其他金融工具不可比拟的独特优势，本书建议可以降低甚至取消农业信贷的利息补贴，将省下来的资金用于提高中西部地区农业保险的风险保障水平，构建以农业保险为主导的农村金融增收机制。表 4-18 中的数据显示，以农业保险为主导的农村金融增收新模式大幅度提高了极端灾害条件下农民的最低收入水平，较高的风险保障水平还保证了农民在遭受重大自然灾害时仍然能够获取农业经营利润，从而大大提升了他们的信贷履约能力，使低收入农民顺利申请农业借款实现农业生产规模扩张进而提高收入水平真正成为可能。在财政补贴资金总量不变的情况下，构建以农业保险为主导的农村金融增收模式，可以显著提升农民抵御自然灾害的能力和农业经营收入水平，进而在很大程度上减少因灾返贫情况的发生，最终实现农村金融帮助农民精准增收的政策目标。

第五节　政策性农业保险对不同群体的收入再分配效应

改革开放以来，中国经济发展取得了举世瞩目的伟大成就，在此过程中全国居民的收入水平也得到了迅速提高。然而，在经济高速发展的同时，中国社会和经济发展仍面临一些重大挑战，其中之一就是长期以来不断扩大的收入差距以及收入分配不公问题（李实和朱梦冰，2018）。虽然中国居民整体收入水平近年来实现了快速增长，但不同群体之间的收入差距仍然长期存在，近年来这种收入差距不但没有减缓的迹象，反而还有日益扩大的趋势。这一客观存在的收入差距如果不能得到有效扭转，对于将来解决相对贫困问题会是一个重要的制约因素。要缩小不同居民群体之间存在的收入差距，需要政府部门利用财政和金融手段加大收入分配的调节作用。

作为当前政府部门面向农民实施的财政支农措施，农业保险的保费补贴是政府财政转移支付的重要手段，天然地具有收入再分配功能。对那些以农业经营性为主且家庭收入水平较低的农民，如果能够给他们提供较高保费补贴和保障水平的农业保险服务，将有助于提高他们的家庭收入水平，缓解他们与富裕农民或者城镇居民之间的收入差距，从而达到收入再分配的政策效果。目前中国政策性农业保险的年均财政补贴已达到 600 多亿元的规模，每年为农民提供的风险保障将近 4 万亿元，并且每年仍然保持 10% 以上的增长速度不断扩大[①]。在此背景下研究政策性农业保险的收入再分配效应，分析其对不同群体收入增长的差异化影响，从维护财政公平的视角进一步优化和完善农业保险财政补贴机制，使农业保险的财政补贴公平地惠及每一位参保农民，对于缩小居民收入差距、缓解农村相对贫困以及实现共同富裕都具有重要的理论意义和应用价值。

一、政策性农业保险对城乡居民的收入再分配效应

城乡居民之间的收入差距问题一直以来都是社会各界关注的重点议题，历届政府都采取了各种倾斜性政策来支持农村经济发展、提高农民收入水平，但我国城乡居民之间的收入差距却并没有明显的改善迹象，一直维持在一个相对较高的水平。根据《中国统计年鉴》数据，本书作者整理出了 2013 ~ 2019 年我国城乡居民人均可支配收入、转移净收入以及相关比值数据。统计数据显示，2013 年我国城镇居民的人均可支配收入为 26 467 元，农村居民人均可支配收入为 9 429.6 元，两者之间的收入绝对差为 17 037.4 元，城乡居民收入比值为 2.81；2019 年我国城镇居民人均可支配收入增长到 42 358.8 元，农村居民人均可支配收入增长到 16 020.7 元，两者之间的收入绝对差扩大到 26 338.1 元，城乡居民收入比值只是小幅下降为 2.64。统计数据说明，2013 ~ 2019 年我国城乡居民之间的绝对收入差距在迅速增加，而相对收入差距只是呈现出小幅缩小的态势。具体数据参见表 4 - 19。

表 4 - 19　2013 ~ 2019 年我国城乡居民可支配总收入和转移净收入比较　单位：元

年份	可支配总收入比较				转移支付净收入比较			
	城镇居民	农村居民	绝对差	比值	城镇居民	农村居民	绝对差	比值
2013	26 467.0	9 429.6	17 037.4	2.81	4 125.0	1 535.2	2 589.8	2.69
2014	28 843.9	10 488.9	18 355.0	2.75	4 533.1	1 715.9	2 817.2	2.64
2015	31 194.8	11 421.7	19 773.1	2.73	5 040.4	1 881.2	3 159.2	2.68

① 相关数据来源于中国银行保险监督管理委员会网站。

续表

年份	可支配总收入比较				转移支付净收入比较			
	城镇居民	农村居民	绝对差	比值	城镇居民	农村居民	绝对差	比值
2016	33 616.2	12 363.4	21 252.8	2.72	5 556.4	2 123.8	3 432.6	2.62
2017	36 396.2	13 432.4	22 963.8	2.71	6 128.5	2 383.0	3 745.5	2.57
2018	39 250.8	14 617.0	24 633.8	2.69	6 525.7	2 639.9	3 885.8	2.47
2019	42 358.8	16 020.7	26 338.1	2.64	7 032.9	2 980.2	4 052.7	2.36

资料来源：历年的《中国统计年鉴》，由于国家统计局 2013 年之前统计的是城乡居民的转移性收入，而 2013 年之后统计的是转移净收入，两者的统计口径不一样，因此，本书只使用 2013 年及以后的数据，下同。

　　财政转移支付作为二次分配的重要手段，理论上应该向收入较低的农村居民倾斜，使之有效发挥收入分配调节作用。由表 4 – 19 中的数据可知，我国城乡居民获得的转移净收入绝对差距仍然在显著扩大，从 2013 年的 2 589.8 元增长到 2019 年的 4 052.7 元。在当前城乡居民收入差距持续扩大的背景下，政府的财政转移支付应该进一步向农村居民倾斜，使低收入的农村居民能够从收入二次分配中获得补偿。政策性农业保险由中央和地方各级财政提供绝大部分的保费补贴，这部分由财政补贴的保费本质上是参保农民从政府部门获得的转移支付收入，因此，政策性农业保险可视为政府财政转移支付的一种手段。更为特别的是，这种转移支付只针对从事农业生产经营的农民，城镇居民并没有享受资格，所以财政补贴下的政策性农业保险在一定程度上能够提高参保农民的转移支付净收入，从而缩小与城镇居民的收入差距。

　　表 4 – 20 列出了 2011 ~ 2020 年中国农业保险年度保费收入，以及根据 80% 的保费补贴比例估算的各年度农业保险财政补贴金额。这十年间农业保险的财政补贴资金从 139.2 亿元增长到 652 亿元，同比增长了 368.39%。2011 ~ 2020 年财政补贴的保费总金额高达 3 503.6 亿元。这个数据相对于我国农民的总量来说似乎并不算多，但需要考虑到的一个现实问题是，虽然当前我国农村常住人口占总人口的比重仍然高达 39.4%[①]，但这其中有相当大一部分人口是在城市务工，或者以非农经营活动为主要收入来源，真正以种植业或者养殖业等传统农业生产作为家庭主要收入来源的人口数量其实并

---

　　①　《中国统计年鉴》（2019 年）。

不多，特别是随着"90 后"甚至"00 后"青壮年人口越来越多地向城市转移，未来在农村从事农业生产的人口数量还将持续下降，这既是我国城镇化发展的必然结果，也是农业现代化发展的必经之路。改革开放以来，我国经济的长期稳定发展为广大农村人口创造了大量的工作岗位和就业机会，以工资性收入或者非农经营性收入作为家庭主要收入来源的农民，他们的总体收入波动较小，很少像农业经营性收入那样容易受到自然灾害或者农产品市场价格波动的剧烈影响，因此，在外务工或者从事非农经营活动的农民普遍收入水平较高，而以农业生产为主的农民更有可能遭受农业自然灾害等外来冲击而成为低收入群体。由于政策性农业保险是专门针对从事农业生产活动的农民的转移性支付，因此，它面向的其实并非整个农民群体，而只是继续从事传统农业生产经营的专职或者兼职农民。中国银行保险监督管理委员会、中国人民银行发布的《2019 年中国普惠金融发展报告》显示，2019 年全国农业保险参保农民为 1.17 亿户，假定 2020 年的参保农民数量不变，我们容易计算出 2020 年平均每户农村家庭获得的农业保险保费转移支付收入为 557 元。

表 4-20　　2011~2020 年中国农业保险保费收入及财政补贴金额估算　　单位：亿元

项目	2011 年	2012 年	2013 年	2014 年	2015 年	2016 年	2017 年	2018 年	2019 年	2020 年
保费总收入	174	241	307	326	375	417	479	573	672.5	815
财政补贴金额	139.2	192.8	245.6	260.8	300	333.6	383.2	458.4	538	652

资料来源：2011~2019 年的农业保险保费收入数据来源于历年的《中国保险年鉴》，2020 年的农业保险保费收入数据来源于中国银行保险监督管理委员会网站。

2019 年财政部、农业农村部、银保监会、林草局联合印发的《关于加快农业保险高质量发展的指导意见》提出，到 2022 年我国稻谷、小麦和玉米 3 大主粮作物农业保险的覆盖率要达到 70% 以上，农业保险深度达到 1%，农业保险密度达到 500 元/人。如果上述计划顺利实现，则意味着 2022 年我国农村居民人均从农业保险保费补贴中获得的财政转移净收入将达到 400 元[①]，这占 2019 年农村居民转移净收入（2 980.2 元）的 13.42%，将显

---

① 人均保险密度为 500 元×80% 的保费补贴比例等于 400 元，即人均 500 元的农业保险保费中有 400 元是完全由财政补贴的。由于农业保险密度是保费总收入除以农村户籍人口数量，而有相当大一部分农村户籍人口选择外出务工或者在户籍所在地从事非农生产经营活动，因此，真正从事传统农业生产的农民从农业保险保费补贴当中获得的转移支付收入应该是远远高于 400 元/人的。

著提升农村居民的可支配收入水平。由此可见，政策性农业保险的保费补贴对于缩小参保农民与城镇居民之间的收入差距将会起到比较明显的政策效果。

　　以上分析的只是政策性农业保险保费补贴作为财政转移支付所带来的直接分配效应，除此之外，大量的理论和实证研究都表明，政策性农业保险提供的风险保障，可以帮助农民抵御自然灾害的冲击，确保他们在遭受极端自然灾害的情况下仍然能够通过保险赔偿获得相对固定的收入，而且农业保险的风险保障水平越高，农民在灾后所获得的保险赔偿金越多，因灾所致的收入损失就越小，从而极大地避免了农民收入因自然灾害造成的剧烈波动，这种收入稳定性的提升有助于帮助农民获得更多的信贷支持，从而激励农民扩大农业生产规模，提高农业经营性收入水平，最终达到缩小城乡居民收入差距的效果。这种通过风险保障提高农民信贷可得性进而提升其收入水平的政策效应，本书将其称之为政策性农业保险的间接收入分配效应。由于政策性农业保险是专门针对农民提供的补贴政策，城镇居民无法从中获益，因此，无论是农业保险通过保费补贴的方式向参保农民进行转移支付，还是通过提高农业信贷获取率的方式帮助他们提高经营性收入水平，最终都会发挥正向的收入分配调节作用，达到缩小城乡居民收入差距的政策效果。

二、政策性农业保险对不同地区农民的收入再分配效应

　　我国于 1978 年开始实施的改革开放政策采取的是让一部分地区先富起来、以先富带动后富的发展战略，东部沿海地区由于有国家政策的倾斜，同时加上本身地理位置优越，经济发展速度远远高于同期的中西部地区，长此以往便导致了我国整体经济发展水平存在显著的区域差距，这种经济发展的地区差距也在很大程度上引致了不同地区农民之间的收入差距。为了更直观地展现区域农民之间的收入差距，我们参照《中国统计年鉴》的方法将全国划分为四类地区，分别是东部地区、中部地区、东北地区和西部地区，2013年上述四类地区农民的人均可支配收入分别为 11 856.8 元、8 983.2 元、9 761.5 元和 7 436.6 元，收入比值为 1.6 : 1.2 : 1.3 : 1。2019 年上述四类地区农民的人均可支配收入分别上升为 19 988.6 元、15 290.5 元、15 356.7 元和 13 035.3 元，人均可支配收入的增长值分别为 8 131.8 元、6 307.3 元、

5 595.2元和5 598.7元，四类地区人均可支配收入的比值变为1.5：1.2：1.2：1，与2013年相比变化不大。这说明2013～2019年来我国东部地区与中西部地区农民之间的收入差距并没有呈现显著缩小的趋势。加大收入分配调节力度，提高中西部地区（包括东北地区）农民的收入水平，仍然是政府需要重点关注的民生问题。具体数据参见表4-21。

表4-21　2013～2019年我国东部与中西部地区农民人均可支配收入变化　　单位：元

年份	东部农民	中部农民	东北农民	西部农民	比值
2013	11 856.8	8 983.2	9 761.5	7 436.6	1.6：1.2：1.3：1
2014	13 144.6	10 011.1	10 802.1	8 295.0	1.6：1.2：1.3：1
2015	14 297.4	11 794.3	12 274.6	9 093.4	1.6：1.3：1.4：1
2016	15 498.3	11 794.3	12 274.6	9 918.4	1.6：1.2：1.2：1
2017	16 822.1	12 805.8	13 115.8	10 828.6	1.6：1.2：1.2：1
2018	18 285.7	13 954.1	14 080.4	11 831.4	1.5：1.2：1.2：1
2019	19 988.6	15 290.5	15 356.7	13 035.3	1.5：1.2：1.2：1

资料来源：历年的《中国统计年鉴》。

政策性农业保险的保费补贴作为财政转移支付的一种方式，从缩小区域间农民收入差距的角度考虑，理论上应该向中西部地区倾斜，从而确保中西部地区农民能够获得比东部地区农民更多的转移性收入。然而，在实际的政策执行过程中，所呈现的事实与理论上的设想正好相反：由于当前我国政策性农业保险的综合补贴力度在很大程度上取决于地方政府设定的保障水平，虽然中央财政对主要农作物均设定了最低保费补贴比例，但中西部一些财政实力相对较弱的地方政府为了减少财政补贴压力，只能相应设定一个相对较低的农业保险保障水平，如此一来虽然名义上全国各地政策性保险的保费补贴比例均达到70%～80%的高水平，但由于各地农业保险的保障水平存在显著差异，导致不同地区农民从农业保险中获得的真实福利存在明显差距。农业保险财政补贴上的这种地区差异，最终将会从以下两个层面在东部和中西部农民之间产生收入再分配效应。

（一）农业保险财政补贴的地区差异导致不同地区农民转移性收入存在差距

关于东部经济发达地区与中西部经济欠发达地区农业保险风险保障水平

的差异问题，国内已经有很多学者开展了相关的研究工作，本书在此不再赘述。我们关注的重点是不同地区的农民从农业保险保费补贴中所获取的转移支付收入大小，在当前各级财政提供大部分保费补贴的情况下，这种转移支付收入与农村居民人均农业保险保费存在显著的相关关系。考虑到农业保险密度是一个地区农业保险保费总收入与农村户籍人口的比值（即农村居民人均农业保险保费），因此，用保险密度来考察一个地区农民从农业保险保费补贴中获取的转移支付收入无疑是一个很好的指标。本书从东部、中部和西部分别选取了三个具有代表性的省份来考察各地区的农业保险发展情况，其中，东部地区选择的是北京、上海、天津三个直辖市，属于我国整体经济发展水平较高的省级行政单位；中部地区选择的是河南、江西和湖北三个粮食生产大省；西部地区选择的是贵州、云南和重庆三个农村户籍人口比重较高的省份。具体数据如表4-22所示。

表4-22　　2019年我国东部地区和中西部地区代表性省份农业保险发展水平比较

地区		保费收入（亿元）	农村常住人口（万人）	农业产值（亿元）	农业保险密度（元）	农业保险深度（％）
东部	北京市	8.16	289	113.69	282.35	7.18
	上海市	8.66	284	103.88	304.93	8.34
	天津市	5.11	258	185.23	198.06	2.76
中部	河南省	48.22	4 511	4 635.40	106.89	1.04
	江西省	16.23	1 987	2 057.60	81.68	0.79
	湖北省	16.48	2 312	3 809.10	71.28	0.43
西部	贵州省	13.63	1 847	2 280.60	73.80	0.60
	云南省	16.46	2 482	3 037.60	66.32	0.54
	重庆市	6.20	1 037	1 551.40	59.79	0.40

资料来源：各省份农业保险保费数据来源于《中国保险年鉴》（2020年），农村常住人口和农业产值数据来源于《中国统计年鉴》（2020年），其中表格中的农业产值数据对应《中国统计年鉴》中的第一产业生产总值。

　　根据相关统计年鉴的数据，2019年全国农业保险保费总收入为672.5亿元，农村户籍人口为5.52亿人，可简单计算出我国2019年农业保险密度为121.83元/人。从表4-22的数据可知，北京、上海和天津三个东部直辖市的农业保险保费总收入并不高，但由于这三个城市的农村户籍人口和农业生产总值均较少，因此整体农业保险发展水平远远高于中西部省份。从农业保险的保险密度来看，2020 年北京、上海和天津的数值分别是 282.35 元/人、304.93 元/人和 198.06 元/人，三大直辖市的农业保险密度远远高于全国平均值；中部的粮食生产大省河南、湖北和江西的农业保险密度分别只有106.89 元/人、71.28 元/人和 81.68 元/人，明显低于全国平均水平；西部三省市的农业保险密度则更小，除贵州为 73.80 元/人稍微高于湖北省之外，云南和重庆分别只有 66.32 元/人和 59.79 元/人，三个西部省份的农业保险密度只有同期全国平均水平的一半左右。由于农业保险保费绝大部分来自各级财政的补贴，因此，从表面上的数据来看，东部三个直辖市农民从农业保险保费补贴中所获取的转移支付收入平均是中部三省的 2~4 倍，是西部三省的 4~5 倍。然而，实际上的真实差距可能比统计数据上显示得更为明显，原因在于北京、上海、天津等东部经济发达城市存在很多隐性城镇人口，即虽然户籍在农村地区，但实际上却在城市长期工作或者从事的是非农生产活动，这部分人拥有较高的收入水平，却并没有购买农业保险，但在计算农业保险密度时被视为农业人口，这类人口的计入使得在统计分析时真正购买农业保险的农民从保费补贴中所获取的转移支付收入远远小于实际所获得的转移支付收入。经济越发达的地区，当地农民从事务工收入的机会越多，隐性城镇人口的比例也越高，因此东部三个直辖市农民从农业保险保费补贴中获得的转移支付收入远远高于表 4-22 中的数据。中西部地区虽然也有部分外出务工人员，但其比例相对于北京、上海和天津较小，因此这类地区农民从农业保险保费补贴中获取的转移支付收入与东部地区的差距实际上要大于统计数据上的数值。此外，从保险深度来看，东部三个直辖市的农业保险深度显著高于中部和西部代表性省份，特别是上海和北京的农业保险深度基本上为中西部省份的十倍以上。简而言之，当前我国农业保险保费补贴的地区差异，导致不同地区农民从各级财政补贴中所获得的转移支付收入存在显著区别，东部经济发达地区农民获得的保费补贴远远高于中西部地区，这将导致原本东部与中西部地区之间客观存在的农民收入差距进一步扩大。

（二）农业保险财政补贴的地区差异引致不同地区农民经营性收入的再分配

我国农业人口数量众多，而耕地面积相对有限，人均耕地面积远远低于世界平均水平，这种客观条件导致几千年以来农村地区都是以家庭为单位的小农经济生产模式。而且由于农业自然灾害和动物疫病高发，为了规避农业生产风险，大部分农民都选择同时耕种多种农作物或者养殖多种禽畜，这种分散化的农业生产方式虽然效率不高，但却最大限度避免了单一风险对农民家庭收入的冲击，在农业经营风险缺乏有效管理手段的年代，分散化的农业生产方式在很大程度上保障了农业生产的可持续性和农民收入的相对稳定性。进入到 21 世纪之后，随着大量农村居民进城务工或者赴大城市求学，选择继续留守农村的青壮年农民越来越少，而闲置的土地却越来越多，为了提高土地利用效率，政府开始推动农村土地流转，在此过程中很多农业生产企业或者个体农民通过承包土地的方式扩大生产规模，使得农业生产从传统的小规模经营向专业化、集约化的大规模经营成为可能。另外，始于 2007 年的政策性农业保险现已将大部分农产品纳入了保障范畴，在各级财政提供大部分保费补贴的情况下，部分地区的风险保障水平也越来越高，农民以分散化生产来化解经营风险的传统农业风险规避方式在很大程度上被农业保险这种现代风险管理手段所替代，从而消除了传统农业经营模式向现代农业经营模式转变的障碍①。在上述两方面因素的共同作用下，部分地区的农民已经可以进行大规模的专业化农业生产，并取得比传统农业更高的生产效率，承担更低的投入成本。

　　然而，并不是所有地区农业保险的风险保障都足以高到激励普通农民放弃分散化经营的水平，在农业保险提供的风险保障水平低于农民投入成本的情况下，发生极端自然灾害或者疫病虫害时，农民即使购买了农业保险仍然会面临亏损风险，而且生产经营规模越大，在发生极端灾害条件下承担的经济损失也会越大。因此，能够激励农民放弃多样化种植（或养殖），转向效率更高的专业化种植（或养殖）的前提条件，就是农业保险为农产品提供的风险保障水平要大于或等于该农产品的单位投入成本。本书以同为北方地区的北京和陕西为例，在果树种植保险类别中，北京市苹果、核桃和大枣的农业保险保额分别高达 5 000 元/亩、3 000 元/亩和 2 000 元/亩，而陕西同类果树种植保险的保额则分别只有 2 000 元/亩、700 元/亩和 800 元/亩，陕西

---

① 国内学者刘蔚和孙蓉（2016）的实证研究证明了农业保险的财政补贴能够引发农民对种植结构进行调整，即从低保险农产品向高保险农产品转移。另外，付小鹏和梁平（2017）的实证研究也证实了政策性农业保险能够显著增加农民的专业化种植倾向。

上述三类果树保险的保费与北京相比存在 2～3 倍的差距；设施蔬菜保险的保额差距更为明显，北京设施蔬菜保险的保额达到 55 000 元/亩，而陕西设施蔬菜保险的保额只有 10 000 元/亩，前者是后者的 5.5 倍。养殖业领域的农业保险中也存在非常明显的保额差距（见表 4-23）。事实上，我们在查阅北京市和陕西省政策性农业保险相关政策时发现，前者不仅保额更高，而且纳入政策性农业保险范畴的农产品种类也更多，基本囊括了当地主要的农产品类别，而陕西纳入政策性农业保险保障范畴的农产品种类则相对少很多，有相当一部分农产品还处于农业保险的保障体系之外。因此，对于中西部地区的农民来说，现有的农业保险保障水平和覆盖范围可能都不足以激励他们在农村土地流转市场中租赁更多的耕地来进行专业化、集约化的大规模农业生产。

表 4-23　　　　　　　北京与陕西部分农产品的农业保险保额比较　　　　　单位：元

	设施蔬菜	苹果	梨	核桃	李子	枣	能繁母猪	育肥猪	奶牛	花卉
北京	55 000①	5 000	4 000	3 000	3 000	2 000	3 000	1 300	12 000	3 000
	设施蔬菜	苹果	猕猴桃	核桃	花椒	枣	能繁母猪	育肥猪	奶牛	商品林
陕西	10 000	2 000	2 000	700	700	800	1 100	800	8 000	550

资料来源：北京市农业保险相关数据来源于《北京市 2020 年政策性农业保险统颁条款》，陕西省农业保险相关数据来源于《陕西省农业农村厅等关于印发 2019 年政策性农业保险工作实施方案的通知》。

同类农产品在不同地区之间存在的农业保险风险保障水平的巨大差距，有可能引发农民收入的再分配效应。其原因在于：东部经济发达地区由于农产品保险的保障水平较高，部分农产品的农业保险保额甚至已经在平均投入成本之上，这将极大地激励农民扩大此类农产品的种植或者养殖规模，考虑到当前我国发达的交通和物流体系，绝大部分农产品的跨区流通已经没有任何障碍，因此，种植面积（或养殖规模）的增加将会导致该农产品在全国市场上的供给迅速增加。而大部分常见农产品的市场需求是相对缺乏弹性的，社会大众并不会因为市场供给量的增加就会同比例增加这些农产品的消费，因此，某类农产品市场供给量显著增加的一个必然后果就是市场价格的下

_____

　　① 北京设施蔬菜根据温室结构的不同，保额存在较大差异：连栋温室蔬菜每亩保额为 225 000 元，砖钢结构日光温室蔬菜每亩保额为 55 000 元，本书以保额较小的后者作为参考。

降，而农产品的价格下降最终会导致在不同地区的农民群体中产生农业经营性收入的再分配效应。

本书以苹果种植为例，假定农民 a 和农民 b 分别为北京和陕西的苹果种植户，两者的初始苹果种植面积均为 5 亩，苹果的初始市场收购价格为 2 元/斤，苹果的亩均产量为 4 000 斤；在政策性苹果保险开展之前，上述两个地区农民种植一亩苹果的平均投入成本均为 4 000 元①，可简单计算出农民 a 和农民 b 在无任何自然灾害下种植苹果的总收入同为 40 000 元，扣除成本之后的净利润均为 20 000 元；之后地方政府根据国家政策性农业保险相关法规，先后出台苹果保险的相关扶持政策，根据表 4 - 23 中的数据可知，北京市对苹果保险设定的保额为 5 000 元/亩，陕西省对苹果保险设定的保额为 2 000 元/亩（均参照两地实际政策执行②）。由于北京地区 5 000 元/亩的苹果保险保额超过了苹果的投入成本（4 000 元/亩），农民 a 如果扩大苹果种植面积，即使在发生极端自然灾害导致苹果绝收的情况下，仍然能够获取部分利润，不会出现经营亏损，因此他有足够的经济激励来扩大自己的苹果种植面积。假定农民 a 在政策性苹果保险高保障的激励下将苹果种植面积由 5 亩扩大到 50 亩，生产规模的扩大和专业化水平的提升显著提高了苹果生产效率，同时也会激励苹果种植户采用最新的农业生产技术，这些都有可能降低农民 a 的苹果生产成本。假设农民 a 在规模化生产之后种植苹果的成本由 4 000 元/亩下降为 3 800 元/亩。对于陕西地区的农民 b 来说，2 000 元/亩的苹果保险保额远远低于 4 000 元/亩的投入成本，因此他并没有足够的经济激励来扩大苹果的种植面积，农民 b 的苹果种植成本仍然保持在 4 000 元/亩。由于市场上有数量众多的农民 a，导致苹果的总种植面积逐渐增长，市场供给日益增加，在缺乏弹性的消费需求影响下，苹果的市场收购价格也将随之下降。假定新种植的苹果上市之后市场收购价格下降到 1.8 元/斤，此时，北京地区农民 a 种植 50 亩苹果的总收入 = 50 × 4 000 × 1.8 = 36（万元），总投入成本 = 50 × 3 800 = 19（万元），净利润 = 36 - 19 = 17（万元）；陕西农民 b 在新价格条件下种植苹果的总收入 = 5 × 4 000 × 1.8 = 3.6（万元），总

① 根据国家发改委的相关数据，2017 年和 2018 年我国苹果生产的亩总成本分别为 4 888 元和 4 905 元，本书的假设数据实际上要低于实际数据，但对分析结果没有影响。

② 北京市和陕西省各级财政对主要农产品保险的保费补贴比例基本都在 80% 左右，因此，本书视同农民 a 和农民 b 享受同样比例的保费补贴。

投入成本仍然为 2 万元不变，净利润 = 3.6 - 2 = 1.6（万元）。在上述假设条件下，北京农民 a 种植苹果的净利润由 2 万元增加到 17 万元，而陕西农民 b 种植苹果的净利润则由 2 万元下降到 1.6 万元，双方之间种植苹果的净利润比值由 1∶1 扩大为 10.63∶1，收入差距被迅速拉大。

为了保障粮食安全、保护农民的种粮积极性，我国对水稻、玉米、小麦等主粮都有最低收购价，因此，主粮种植规模的增长和产量的增加并不会对市场价格造成显著影响。但经济类作物（包括果树种植）或者禽畜养殖业则不同，这类农产品的价格接近完全市场化，产量的波动必然会造成市场价格的大幅波动。由于当前经济发达地区对经济类作物保险设定的保额远远高于中西部经济欠发达地区，而且相当一部分农产品的保额都高于投入成本，这将激励东部地区的农民扩大此类农产品的生产规模，进而使得农产品的价格呈现下降趋势，最终导致社会财富在东部地区农民和中西部地区农民之间发生重新分配，使得原本存在的区域间农民收入差距进一步加大。

三、政策性农业保险对贫困农民和富裕农民的收入再分配效应

同一地区农民群体内部的收入差距问题较少受到学者们的关注，然而事实上相对贫困农民与富裕农民之间的收入差距远远比城乡收入差距或者区域间农民的收入差距更为严重。本书利用《中国统计年鉴》2013～2019 年各年的数据，根据收入五等份分组，对不同组别的人均可支配收入以及各个组别群体的收入比值进行了统计分析，结果如表 4 - 24 所示。按收入由低到高排列，2013 年第一档到第五档的人均可支配收入比值为 1∶2.1∶2.9∶4.1∶7.4，即农村 20% 高收入组的家庭人均可支配收入是 20% 低收入组家庭的 7.4 倍，而且处于收入组第一档到第三档农村家庭的人均可支配收入都低于全国平均值；2019 年，农村 20% 低收入组家庭的人均可支配收入由 2 877.9 元增长到 4 262.6 元，七年期间增长了 48%；而同一时期 20% 高收入组农村家庭的人均可支配收入则由 21 323.7 元增长到 36 149.4 元，同比增长了 69.90%。可见，农村高收入组家庭无论是收入增长的绝对值还是增长速度都显著高于低收入组家庭，这充分说明农民内部的收入差距在近几年不但没有减少，反而

呈日益扩大的趋势。虽然目前我国已经消除了绝对贫困，农村居民的整体收入水平也保持平稳增长，但相对贫困问题在农村地区仍然十分普遍，并且有进一步恶化的迹象。

表4-24　　2013～2019年农村居民按收入五等份分组的人均可支配收入　　单位：元

年份	第一档	第二档	第三档	第四档	第五档	全国平均值	比值
2013	2 877.9	5 965.6	8 438.3	11 816.0	21 323.7	9 429.6	1：2.1：2.9：4.1：7.4
2014	2 768.1	6 604.4	9 503.9	13 449.2	23 947.4	10 488.9	1：2.4：3.4：4.9：8.7
2015	3 085.6	7 220.9	10 310.6	14 537.3	26 013.9	11 421.7	1：2.3：3.3：4.7：8.4
2016	3 006.5	7 827.7	11 159.1	15 724.4	28 448.0	12 363.4	1：2.6：3.7：5.2：9.5
2017	3 301.9	8 348.6	11 978.0	16 943.6	31 299.3	13 432.4	1：2.5：3.6：5.1：9.5
2018	3 666.2	8 508.5	12 530.2	18 051.5	34 042.6	14 617.0	1：2.3：3.4：4.9：9.3
2019	4 262.6	9 754.1	13 984.2	19 732.4	36 149.4	16 020.7	1：2.3：3.3：4.6：8.5

资料来源：历年的《中国统计年鉴》。

由表4-24的数据可知，即使到了2019年，按收入五等份分组中的第一档至第三档农村家庭的人均可支配收入仍然全部低于全国农村居民的平均可支配收入，可以说这部分农民群体大部分都是广义上的相对贫困群体。对于某些特定的农村贫困人群，如无收入来源和无子女帮扶的高龄老人以及无劳动能力的残障人士等，无法通过政策激励的方式来引导他们提升收入水平，只能依靠政府救济的手段解决基本的温饱问题，这部分群体在农村相对贫困人群中只占极少数，他们本身就是政府扶贫部门的重点关注对象，因此，这部分群体不在本书的讨论范畴之内。要缩小农民之间的收入差距，解决相对贫困问题，最重要的手段就是通过政策激励的方式提高农民自主脱贫的主观能动性，实现由原来的被动扶贫向农民主动脱贫的转变。农业生产的特性决定了生产效率的提升不可能像工业生产那样通过技术手段实现跨越式增长，相对贫困农民要实现家庭收入水平的显著增长，只能摒弃传统的小农生产模式，通过承保或者租赁土地的方式成为种植或者养殖大户，从事生产效率更高的规模化、集约化农业生产。但在传统小农民向现代种养大户转变的过程中，无论是租赁土地还是购买大规模作业的农业生产机械，都离不开农村金融机构的资金支持，但在目前的制度环境下，农村金融资源的分配是不均衡的：收入水平高、社会资源广和财产性收入占比大的富裕农民，既是广大村民眼中公认的能人，同时也是农村金融机构理想的目标客户；而那些家庭整体收入水平低、以传统农业经营为主要收入来源的普通农民，即使有通过扩大农业生产规模发家致富的意愿，也很难从农村金融机构获得足够的贷款支持。国内有很多学者在研究农业信贷扶贫时都会提到信贷扶贫资金的目标偏离问题，事实上这种目标偏离是农村金融机构出于经济动机的主动选择。传统小农民难以从农村金融机构获得贷款的主要原因就在于农业生产的风险较大，农民的收入在很大程度上受制于天气状况，在缺乏合格抵押资产的情况下，金融机构一旦向这类农民发放贷款，很可能面临收不回本金的风险，在业绩考核的要求下，只能将这类还款能力相对较差的普通农民排除在信贷市场之外。

政策性农业保险的主要功能是帮助农民规避农业经营面临的损失风险，缓解农民经营性收入的剧烈波动，从而在很大程度上改善普通农民的风险结构。农业保险本身是一份具备或有索取权的金融资产，当因自然灾害（产量保险）或者农产品价格波动（收入保险）导致农民收入下降到一定比例时，便触发了农业保险的赔偿功能，农民可借助农业保险的赔偿来补偿自己的经营损失。对于借款农民而言，在没有发生农业自然灾害或者农产品价格大幅下降的情况下，农民的经营性收入能够得到充分保障，自然有足够的经济能力来偿还金融机构的贷款本息；如果发生了重大自然灾害导致农民收入大幅下降，参保农民也可以利用农业保险赔偿来偿还贷款本息。因此，农业保险不仅提高了农民的风险应对能力，同时也在很大程度上减少了农村信贷机构面临的违约风险。农业保险的存在确保了参保农民从事农业生产经营的收入下限，而该收入下限数值的大小取决于农业保险的风险保障水平。如果农村金融机构向普通农民发放的贷款额度与农业保险的风险保障水平相连接，便可以相对精准地评估借款农民的信贷履约能力，进而帮助他们获得更多的信贷支持以提高农业收入水平，在很大程度上破解农村金融市场上存在的困局，使农村金融真正成为帮助相对贫困农民脱贫增收的有效政策手段，最终达到缩小相对贫困农民与富裕农民收入差距的政策目的。

为了更好地理解农业保险风险保障水平与农民信贷履约能力之间的关系，本书做出以下假设；假定某位从事传统农业经营的相对贫困农民初始资金为 c 元，为了扩大某农产品的生产规模，他需要借贷的资金为 d 元，该农民投入农业生产的总资金为（c + d）元，假设该农产品在无风险条件下的总收益 y 是投入成本的一个固定百分比 $\bar{\chi}$（$\bar{\chi} > 1$），即：

$$y = (c + d)\bar{\chi} \qquad\qquad (4 - 23)$$

再假定该农产品被当地政府纳入政策性农业保险的保障范畴，并且风险保障水平为 μ（$0 < \mu < 1$），简明起见，本书暂不讨论农业保险的保费补贴问题。根据上述假定条件我们可以计算出该相对贫困农民在遭受极端自然灾害、获得农业保险赔偿时的农业经营收益为：

$$y' = (c + d)\bar{\chi}\mu \qquad\qquad (4 - 24)$$

由上述两式可得到相对贫困农民的农业生产收益区间为 $[(c + d)\bar{\chi}\mu, (c + d)\bar{\chi}]$，再假定金融机构的资金借贷利率为 ε，要保证农民有足够的还本付息能力，必须满足以下条件：

$$(c + d)\bar{\chi}\mu \geq d(1 + \varepsilon) \qquad\qquad (4 - 25)$$

不等式（4 - 25）中，左边表示农民参加农业保险之后，在极端灾害条件下从事农业生产的最低收益，右边表示农民到期应付的贷款本息。式（4 - 25）的经济学含义是，在相对贫困农民遭受最严重自然灾害的条件下，他所获得的农业经营收益仍然足够偿还贷款本息。根据式（4 - 25）可求得该农民在满足还贷能力的条件下能够借贷的资金总额 d 必须满足的条件：

当 $1 + \varepsilon \leq \bar{\chi}\mu$ 时，d 取任意值都满足式（4 - 25）的条件，此时无论是否发生重大自然灾害，农民都有足够的农业经营收益用于偿还贷款本息。

当 $1 + \varepsilon > \bar{\chi}\mu$ 时，农民在满足还贷能力下的贷款额 d 满足以下条件：

$$d \leq \frac{c}{\dfrac{1 + \varepsilon}{\bar{\chi}\mu} - 1} \qquad\qquad (4 - 26)$$

式（4 - 26）中，农民的初始资金 c、金融机构借贷利率 ε 和农产品的收益比例 $\bar{\chi}$ 都是固定值，因此，农民在满足还贷能力下的最大贷款金额完全取决于农业保险的风险保障水平 μ 的大小，而且由函数的单调性可知，风险保障水平 μ 是贷款金额 d 的单调递增函数。假定金融机构的利率 ε 为 5%，农产品收益对投入成本的比值 $\bar{\chi}$ 为 130%，我们可以测算出农民在不同风险保障水平下能够从金融机构获得的最大贷款额度①（见表 4 – 25）。由表 4 – 25 中数据可知，农业保险的风险保障水平每提升 10%，农民的最大贷款额度并不是同比例增长的，整体而言，随着风险保障水平的提升，农民最大贷款额的数值在以更快的速度增长。当农业保险的风险保障在 40% 及以下水平时，满足充分还贷能力的农民最大借贷资金总量都少于初始资金 c，说明此时农业保险对于提高相对贫困农民信贷可得性的支持较少，在此条件下很难解决农民扩大生产规模面临的资金短缺问题。随着农业保险风险保障水平的继续上升，对农民本金的放大作用也在快速增加：当农业保险风险保障达到 70% 的时候，农民满足充分还贷能力的最大贷款额可达初始资金的 6.5 倍；当农业保险的风险保障水平 μ 上升到 80% 时，农民满足充分还贷能力的最大贷款额高达初始资金的 104 倍，在此情况下相对贫困农民即使只拥有较少的初始资金，也仍然能够实现扩大农业生产规模、提高农业经营总收入的目标。表 4 – 25 的模拟测算结果充分说明，农业保险的风险保障水平越高，满足充分还贷能力条件下初始资金对贷款资金的放大作用越大，相对贫困农民就越容易获得农村金融机构的信贷支持。

表 4 – 25　　农业保险不同保障水平下农民满足还贷能力的最大贷款额度

风险保障水平	10%	20%	30%	40%	50%	60%	70%	80%
最大贷款额度	0.14c	0.33c	0.59c	0.98c	1.63c	2.89c	6.5c	104c

要提高相对贫困农民的借贷能力，帮助他们从传统小农民向专业种植或者养殖大户的身份转变，最终缩小他们与富裕农民之间的收入差距，必须将农业保险的风险保障提升到一个相对较高的水平。从表 4 – 25 的数据来看，如果农民想将自己的生产规模扩大到原来的 5 ~ 10 倍，则农业保险的风险保障水平应当在 70% 左右，较高的保障水平意味着政府部门必须在农业保险保费补贴方面投入更多的资金。就目前我国农业保险的发展现状来看，也只有北京和上海等部分经济发达的东部沿海城市能够满足这个条件，而相对贫困人口集中的中西部地区基本上都达不到这样高的保障水平。笔者在之前的研究中发现，虽然中西部地区农业保险的保障水平低于北京、上海等经济发达地区，但中西部地区用于农业保险保费补贴的资金占地方财政预算的比例并

---

① 此最大贷款额度实际上是农村金融机构确保农民具有百分之百还贷能力的额度。

不比北京和上海等地区低（张伟等，2020b），事实上，由于中西部地区农业产值占地区总产值的比重较高，导致地方政府开展政策性农业保险所承担的财政补贴压力远远高于东部经济发达地区，因此在短时间内寄希望于中西部地区地方政府大幅度增加财政预算以提高农业保险的保障水平显然是不切实际的。

　　虽然中西部地区通过增加财政预算的方式来提高农业保险保障水平的方法行不通，但如果我们将目光放到整个农村政策性金融补贴层面来看，还是有相应的方案来解决这个问题的。当前我国农村金融扶贫体系的主体是政策性农业信贷，根据笔者前期对湖南、贵州两省的实地调研以及相关的资料收集情况，现阶段大部分省份都对农业信贷（特别是扶贫信贷）提供利息补贴，很多地方扶贫信贷的利息补贴比例高达80%。然而，笔者在前期实地调研过程中却发现，高比例的利息补贴并不能解决相对贫困人群贷款难的问题，因为这部分人群之所以贷不到款，不是因为他们支付不起贷款利息，而是因为他们是农村信贷机构眼中的高风险客户。在农业经营风险无法得到有效控制的前提下，政府为扶贫信贷提供再高的利息补贴都没办法惠及这些相对贫困人群，最后真正从农业信贷利息补贴中获利的大部分还是富裕农民。因此，政府相关部门应当转变思路，将农业信贷的利息补贴资金拿出一部分用来提高农业保险的保障水平，进而提升相对贫困农民的信贷履约能力。为了更好地理解这一思想，本书举例说明：假如某相对贫困农民计划贷款10万元用于扩大农业生产规模，贷款利率为5%，政府提供的利息补贴比例为80%，可简单计算出地方财政需要为农民的贷款补贴4 000元的利息。继续维持前面的假设，农民从事农业生产在无灾害条件下的总收益是投入成本的130%，即10万元投入成本可获得13万元的收益；再假定农业保险的费率为5%，政府初始提供的风险保障水平为40%，保费补贴比例为80%，可计算出初始阶段政府为农业保险提供的保费补贴资金为2 080元（130 000 × 40% × 5% × 80%）。由此可算出理论上政府为该相对贫困农民提供的农业保险保费补贴和农业信贷利息补贴资金总额为6 080元（4 000 + 2 080）。现在我们保持总补贴资金6 080元不变，将农业信贷的利息补贴资金拿出一部分用来提升农业保险的保障水平，将农业保险的风险保障从40%逐步提升（每档提升5个百分点），同时相应地降低农业信贷的利息补贴比例，具体测算数据如表4 - 26所示。

表 4 - 26   相对贫困农民在总补贴资金不变条件下的可选补贴政策组合

农业保险风险保障水平（%）	40	45	50	55	60	65	70	75	80
农业保险保费补贴资金（元）	2 080	2 340	2 600	2 860	3 120	3 380	3 640	3 900	4 160
农业信贷利息补贴资金（元）	4 000	3 740	3 480	3 220	2 960	2 700	2 440	2 180	1 920
农业信贷利息补贴比例（%）	80	74.8	69.6	64.4	59.2	54.0	48.8	43.6	38.4
总补贴资金（元）	6 080	6 080	6 080	6 080	6 080	6 080	6 080	6 080	6 080

由表 4 - 26 的测算数据可知，对于相对贫困农民而言，提高农业保险的风险保障远比维持农业信贷的较高利息补贴更为实用。因为在 80% 的利息补贴政策下，大部分相对贫困农民是无法从农村金融机构获得贷款的，由于农村信贷市场"精英俘获"现象的普遍存在，最终从这种高额的利息补贴中得到好处的是相对富裕农民，导致政府花费大额资金推行的贴息信贷最后反而可能加剧农村居民内部的收入不平等。而将农业信贷的部分利息补贴资金用于提高农业保险的风险保障之后，一方面解决了相对贫困农民的贷款难问题，另一方面农业信贷的利息补贴比例也可以维持在农民可以接受的中等水平。我们前面的分析表明，当农业保险的风险保障提高到 70% 的时候，相对贫困农民在确保足够还贷能力的情况下，可以从农村金融机构贷到自己本金 6.5 倍的资金用于扩大农业生产规模，根据表 4 - 26 的测算数据，在保持 6 080 元总补贴资金不变的情况下，农民仍然可以享受 48.8% 的利息补贴比例。如果进一步将农业保险的风险保障提升到 80% 的水平，此时相对贫困农民在确保足够还贷能力的情况下可以从农村金融机构获得自己本金 104 倍的贷款资金用于扩大农业生产规模（见表 4 - 25），并且他还能够享有 38.4% 的利息补贴比例（见表 4 - 26）。因此，本书认为，在保持农业保险和农业信贷补贴资金总量不变的前提下，适当降低农业信贷的利息补贴比例，将省出来的资金用于提高农业保险的风险保障水平在当前阶段无疑是更有助于提升农民收入的政策选择。对于经济欠发达的中西部地区地方政府来说，上述方案既不会增加财政负担，同时还能够显著提高相对贫困人群的信贷可得性，帮助他们利用信贷资金扩大农业生产规模、提升农业经营收入，缩小与富裕农民之间的收入差距，最终实现共同富裕的政策目标。

四、小结

本部分内容分别从城乡居民之间的收入再分配、不同地区农民之间的收入再分配以及贫困农民与富裕农民之间的收入再分配三个维度，就政策性农业保险的收入分配调节效应进行了深入探讨。研究结论显示：政策性农业保险作为政府财政转移支付的一种重要手段，有助于缓解农村居民与城镇居民之间的收入差距；但当前不同地区政策性农业保险风险保障水平存在显著差异的客观事实，有可能会导致东部与中西部地区农民之间的收入差距进一步扩大；对同一地区的农民而言，如果政策性农业保险的风险保障水平相对较高，将有助于激励低收入农民通过土地流转的方式扩大农业生产规模，进行专业化和集约化的农业生产，从而提升农业经营的收入水平，最终帮助他们缩小与富裕农民之间的收入差距，帮助他们现实共同富裕。但就目前我国农业保险的发展现状来看，只有东部少数经济发达地区的风险保障水平达到了这一要求。在农民收入水平较低的中西部地区，政策性农业保险的现有保障水平还不足以激励低收入农民改变传统的农业生产模式，因而也就难以有效发挥正向的收入分配调节作用。

农村金融在收入分配领域的重要作用一直以来都受到国内外学者的高度关注，但大部分学者研究的着力点都集中在农业信贷领域，对农业保险的关注很少。事实上，单就农业信贷而言，其对农村低收入人群的收入增长效应并不显著，金融机构的逐利本性导致即使是扶贫性质的农业贷款也难以避免会发生明显的目标偏离，富裕农民获得绝大部分金融资源，而收入相对较低的农民被选择性忽视的"精英俘获"现象在农村信贷市场仍然存在。提高低收入农民的收入水平，缩小不同群体之间的收入差距，无疑都离不开农业信贷的大力支持。然而，对于农村信贷机构来说，低收入农民却并非他们满意的目标客户群体，政府在利用农村金融手段来调节收入分配时，如果完全倚重农业信贷来发挥作用，最后还是难免会陷入"精英俘获"困局。因此，我们建议政府相关部门应当重视政策性农业保险在居民收入分配调节中的积极作用，通过发挥农业保险的功能优势来弥补农业信贷本身存在的制度缺陷，充分利用农业保险提供的风险保障来降低普通农民的农业经营风险，提升他们的信贷履约能力，进而提高农民的信贷可得性以及可支配收入水平，帮助他们缩小与相对富裕群体之间的收入差距，最终帮助农民群体早日实现共同富裕。

第六节　当前政策性农业保险精准增收效果
评估与政策优化

一、当前我国政策性农业保险精准增收的政策效果评估

前面的分析表明，中西部地区农民更依赖于农业收入，而东部发达地区农民则以工资性收入为主，考虑到农业保险的主要作用在于缓解农业风险对农民农业经营收入的影响，因此，如果要有效发挥政策性农业保险的精准增收效应，理论上而言中西部地区农业保险的风险保障水平应该比东部经济发达地区更高，如此方能缓解重大自然灾害对该地区农民收入造成的剧烈波动，最大限度地减少因灾致贫和因灾返贫情况的发生。事实上，国家层面也先后出台了很多政策来扶持中西部地区农业保险的发展。根据 2016 年财政部印发的《中央财政农业保险保险费补贴管理办法》，种植业保险在省级财政至少补贴25%的基础上，中央财政对中西部地区补贴40%、对东部地区补贴35%；养殖业保险在省级及省级以下财政（以下简称地方财政）至少补贴30%的基础上，中央财政对中西部地区补贴50%、对东部地区补贴40%。在政策性农业保险保费补贴的制度设计层面，中央财政对中西部地区是有明显倾斜的，无论是种植业保险还是养殖业保险，其对中西部地区的保费补贴比例都要高于东部地区。

中央财政这种倾斜性的保费补贴政策在很大程度上提升了中西部地农业保险的风险保障水平。但由于农业保险的保费补贴是由中央财政与地方各级财政一起承担的，部分经济发展水平较低的省份，受限于地方政府的财政实力，对农业保险的支持力度明显没有东部发达地区大，从而导致我国农业保险保障水平出现了较为明显的地区差异。从全国范围内来看，目前政策性农业保险的保费补贴比例基本实现了东部地区与中西部地区持平，现阶段中央财政试点的险种都基本维持80%左右的高补贴水准，但在农业保险的风险保障方面却存在显著的区域差异。表4－27为东部地区的北京、上海以及西部

地区的贵州、云南政策性农业保险部分险种的风险保障水平。由表中数据容易发现，即使是同样品种的农业保险类型，北京、上海等经济发达地区的风险保障水平要明显高于贵州和云南。在东部地区保费补贴比例与西部地区基本相同的情况下，很显然东部地区农民从农业保险当中获取的财政补贴福利更多。然而，从帮助农民增收的角度来看，贵州、云南的相对低收入农民数量更多，家庭收入结构中来自农业生产的比例也更高，是更需要农业保险提供较高风险保障的群体。

表 4 - 27　　　　　　　东部地区与中西部地区农业保险风险

保障水平的比较　　　　　　　单位：元/亩（头）

东部地区								
北京	险种	水稻	玉米	大白菜	其他蔬菜	小麦	能繁母猪	奶牛	育肥猪
	保险金额	700	600	800	800～1 200	600	3 000	12 000	1 300
上海	险种	水稻	玉米	油菜	其他蔬菜	小麦	能繁母猪	奶牛	育肥猪
	保险金额	1 000	1 000	600	3 500～8 000	400	2 000	10 000	800
中西部地区								
贵州	险种	水稻	玉米	油菜	甘蔗	小麦	能繁母猪	奶牛	育肥猪
	保险金额	600	600	500	600	400	1 200	8 000	800
云南	险种	水稻	玉米	油菜	甘蔗	青稞	能繁母猪	奶牛	育肥猪
	保险金额	448	485	334	605	473	1 055	6 613	—

资料来源：以上数据分别来源于《北京市 2018 年政策性农业保险统颁条款》《上海市市级财政农业保险保费补贴资金管理办法》《2017 云南省农业保险保险费补贴资金管理暂行办法》《贵州省 2018 年政策性农业保险工作实施方案》等政府公开政策文件。

以我国最主要的粮食作物水稻为例，根据《中国农村统计年鉴》（2019年）的数据，2018 年我国水稻的平均亩产约 468 千克，而国家发改委 2017年公布的水稻最低收购价分别为：早籼稻（三等）1.3 元/斤，中晚籼稻（三等）1.36 元/斤，粳稻（三等）1.5 元/斤，平均收购价为 1.39 元每斤。即使以最低档次的水稻收购价计算，平均种植一亩水稻的单季总收入为1 301 元。而 2018 年贵州和云南两个西部省份水稻保险的亩均保额分别为600 元/亩和 448 元/亩，易算得其风险保障水平（按百分比计算）分别为46.11% 和 34.44%，平均风险保障水平约为 40%。在这种较低的风险保障水平下，中西部地区农业保险的风险管理职能尚未达到充分发挥。

中央财政明明给予中西部地区农业保险更多的保费补贴，为何东部地区开展的政策性农业保险其风险保障水平反而更高？之所以导致这种情况，本书认为，其根本原因在于东部与中西部省份三次产业的结构差异，导致各自承担的财政补贴压力不同。表4-28列出了东部和西部地区部分省份2018年的产业结构：北京、上海、天津三个直辖市第一产业占GDP的比重不足1%，其农林牧副渔的年产值仅为百亿元左右，北京和上海的地方一般公共预算支出超过7 000亿元；反观西部的贵州、云南、广西三个经济欠发达省份，第一产业占GDP的比重仍然高达15%左右，农林牧副渔的年产值也高达2 000亿~3 000亿元，是北京、上海、天津的将近20倍，但这三个西部省份2018年的地方一般公共预算支出却只相当于北京和上海的70%左右。地方财政的公共预算少，而需要农业保险保障的农林牧副渔产值高，导致地方政府保费补贴压力过大，为了减轻农业保险保费补贴的财政支出负担，地方政府不得不压低农业保险的风险保障水平，从而使得经济欠发达的中西部地区农业保险的风险保障水平显著低于东部发达省份，最终导致了东部和中西部地区农业保险发展水平的差异。从衡量农业保险发展水平的重要指标——农业保险深度来看，北京、上海和天津2018年的农业保险深度分别达到5.51%、6.73%和2.29%，而同期贵州、云南、广西三个西部省份的农业保险深度则分别只有0.41%、0.48%和0.43%，两者之间差距甚大。

表4-28　　2018年中国部分省份农业保险发展水平及地方财政支农实力

地区	三次产业结构	地方一般公共预算支出（亿元）	农业保险保费（亿元）	农林牧副渔增加值①（亿元）	农业保险深度（%）	地方财政支农实力指数
北京	0.39∶18.63∶80.98	7 471.43	6.54	118.69	5.51	62.95
上海	0.32∶29.78∶69.90	8 351.54	7.02	104.37	6.73	80.02
天津	0.92∶40.46∶58.62	3 103.16	3.96	172.71	2.29	17.97
贵州	14.59∶38.87∶46.54	5 029.68	8.75	2 159.54	0.41	2.33
云南	13.97∶38.91∶47.12	6 075.03	12.04	2 498.86	0.48	2.43
广西	14.85∶39.65∶45.50	5 310.74	12.98	3 019.37	0.43	1.76

资料来源：以上数据为笔者利用《中国统计年鉴》（2019年）和《中国保险年鉴》（2019年）的原始数据整理所得。

---

① 农林牧副渔增加值用第一产业增加值代替。

为了更好地解释东部经济发达地区与中西部欠发达地区农业保险发展水平的差距，本书构建了"地方财政支农实力指数"这一新指标，用以衡量省一级地方财政的农业保险保费补贴压力，本书将地方财政支农实力指数定义为地方一般公共预算支出与农林牧副渔产值的比值（数值越小，表示地方政府的财政补贴压力越大）。用"地方财政支农实力指数"来衡量地方政府的农业保险财政补贴压力的理论依据如下：当前各个省份的农业保险补贴水平完全由地方政府自行决定，中央财政只是被动地提供相应的保费补贴，而地方政府进行保费补贴的资金来源于地方公共预算支出，公共预算支出规模越大，可用于支付农业保险保费补贴的资金就越多；此外，农林牧副渔产值越小的省份，需要农业保险提供风险保障的农作物或禽畜类动物数量越少，在此条件下即使地方财政为农业保险提供的总补贴资金相对较少，但分摊到每一单位农林牧副渔产值上的农业保险保费补贴也相对较高，从而使得这类地区农业保险深度值越大、农业风险的保障程度越高。如表 4 - 28 所示，北京、上海和天津三个直辖市的地方公共预算支出规模较大（其中，北京和上海甚至远远超过了贵州、云南和广西），同时农林牧副渔产值很小，从而使得北京、上海、天津的地方财政支农实力指数很高，分别达到 62.95、80.02 和 17.97；而贵州、云南和广西三个西部省份地方一般公共预算支出规模不大，同时农林牧副渔产值又相对较大，测算得出的地方财政支农实力指数则分别只有 2.33、2.43 和 1.76。从农业保险保费与地方一般公共预算支出的比例来看，贵州、云南和广西等中西部地区显然要高于北京、上海、天津等东部经济发达地区，这说明中西部地区地方政府对农业保险的财政支持力度其实要高于东部发达地区，但由于中西部地区农林牧副渔产值占国民生产总值的比重仍然较高，分摊到每单位产值的农业保险保费金额要小于东部地区，最终呈现出来的结果就是中西部地区农业保险的发展水平远远落后于东部地区。当前中西部地区和东部地区在农业保险发展过程中面临的财政补贴压力存在巨大差别，寄希望于中西部地区地方政府在短时间内将农业保险的风险保障提高到与东部发达地区相近的水平在实际操作上基本不太可能。因此，在现行的财政补贴体系下，要充分发挥政策性农业保险对中西部地区农民的精准增收效应将面临很大困难。

二、提高政策性农业保险精准增收效用的可行方案

完善而有效的农村金融增收机制应当满足两个基本条件：一是在发生重大自然灾害时，农民的收入损失能够在农村风险管理机制的保护下控制在一个合理且可接受的范围之内；二是农村金融政策能够鼓励农民主动发展农业生产来改变经济困境，使他们能够通过自身的努力来提高家庭收入水平。上述第一条本身就是政策性农业保险自带的功能属性，而第二条则是政策性农业保险能够与农业信贷协同发挥的功能属性。考虑到中西部地区仍然是我国相对贫困农民集中的区域，而受当地经济发展水平和财政实力的限制，这类地区的农业保险保障水平普遍较低，对农民收入增长的促进效应尚未得到充分展现。为了进一步提高中西部地区农业保险的发展水平，让更多的农民能够利用农业保险提供的风险保障实现稳收和增收，我们认为可以从以下几个方面对农业保险的现行补贴政策进行调整和优化。

（一）进一步提高中央财政对中西部地区农业保险的支持力度

政策性农业保险增收效应的有效发挥：一方面要求农业保险的保费补贴水平应当足够高，农民只需要承担少部分的保费；另一方面农业保险确定的保障水平要合理，使之能够覆盖受灾农民的大部分经济损失。就保费补贴水平而言，无论是东部地区还是中西部地区，各级财政联合提供的保费补贴比例都很高，大部分险种的保费补贴都在70%～80%。目前中央财政确定的政策性农业保险试点险种主要以农业生产的直接物化成本作为制定保障水平的参照标准，由于直接物化成本不包含劳动力成本和土地租金，导致大部分农业保险试点险种的实际保障水平相对较低，平均只有农产品实际产出收益的30%～40%，这意味着只有当自然灾害造成的农作物损失超过60%时，受灾农民才能获得农业保险的经济补偿。前面的数值模拟表明，政策性农业保险发挥精准增收效应的合理保障水平为农作物实际产出收益的60%～80%（最好是超过70%），而低于60%的保障水平将导致政策性农业保险难以发挥应有的增收作用。因此，适当提高中西部地区农业保险的保障水平，是确保政策性农业保险实现有效增收的关键所在。

从调节收入分配、促进共同富裕的角度来看，中央财政应当给予中西部地区更多的补贴资金，以帮助收入水平相对较低的中西部地区农民缩小与东部地区农民之间的收入差距。虽然中央财政在设计农业保险补贴政策时对中西部地区有明显倾斜，但从目前中央财政实际分配的农业保险补贴资金来看，很多西部地区省份相比东部地区省份并未占据明显优势。

表 4-29 为东部和中西部部分省份 2018 年的农业总产值以及 2018 从中央财政获得的农业保险保费补贴金额。从表中数据可以看到，北京和天津的农业总产值分别只有 120 亿元和 169 亿元，但 2018 年从中央财政获得的农业保险保费补贴资金分别有 0.79 亿元和 1.10 亿元。而地处西部的贵州 2018 年的农业总产值为 2 032 亿元，分别为北京的 16.93 倍、天津的 12 倍，但该年度贵州从中央财政获得的农业保险保费补贴资金却分别只有北京的 3.68 倍、天津的 2.65 倍。同样的情况也存在于云南、湖北等中西部省份，如 2018 年湖北的农业总产值为安徽的 1.37 倍，但从中央财政获得的农业保险保费补贴资金仅为安徽的 0.42 倍。如果我们用保费补贴率①来衡量则更为明显：2018 年北京、天津的农业保险保费补贴率分别达到 0.66% 和 0.65%，较低的安徽也达到了 0.30%；而中西部地区的贵州、云南和湖北三个省份 2018 年的农业保险保费补贴率则分别只有 0.14%、0.16% 和 0.09%。可见，中央财政为很多中西部省份提供的农业保险保费补贴率是远远低于东部地区的，这说明当前适度向中西部地区倾斜的农业保险补贴制度并未发挥很好的政策效果。

表 4-29　　　　2018 年东部和中西部部分省份从中央财政获得的农业保险补贴资金

东部省份	北京			天津			安徽		
	农业产值（亿元）	中央财政补贴保费（亿元）	保费补贴率（%）	农业产值（亿元）	中央财政补贴保费（亿元）	保费补贴率（%）	农业产值（亿元）	中央财政补贴保费（亿元）	保费补贴率（%）
	120	0.79	0.66	169	1.10	0.65	2 582	7.77	0.30

---

① 农业保险保费补贴率即每单位农业产值获得的中央财政农业保险保费补贴资金，为便于分析，本书用百分数表示。

中西部省份	贵州			云南			湖北		
	农业产值（亿元）	中央财政补贴保费（亿元）	保费补贴率（％）	农业产值（亿元）	中央财政补贴保费（亿元）	保费补贴率（％）	农业产值（亿元）	中央财政补贴保费（亿元）	保费补贴率（％）
	2 032	2.91	0.14	2 338	3.71	0.16	3 529	3.23	0.09

资料来源：本表原始数据来源于《中国统计年鉴》（2019 年）和《2018 年中央财政农业保险保险费补贴资金分配情况表》。

当前以北京、上海为代表的东部地区农业保险的保障水平远远高于中西部地区，导致农业保险的风险保障需求与市场供给之间出现为较为严重的倒挂现象，使得其对中西部农民的精准增收效果大打折扣。可以预计，如果当前这种局面不加以改变，东部经济地区与中西部地区农民的收入差距将有可能进一步加大，不利于帮助全体农民实现共同富裕的战略目标，这显然是政策制定者不愿意看到的结果。为了解决农业保险财政补贴的地区差异以及由此导致的不平等现象，更有效地发挥政策性农业保险对相对贫困农民的精准增收效用，建议中央财政进一步加大对中西部地区农业保险的保费补贴力度，同时减少对东部经济发达地区的补贴力度。具体来说，针对北京、上海和天津这类经济高度发达、地方政府财政支农实力强、农业保险保费补贴压力小的省份，中央财政完全可以取消保费补贴，完全交由地方财政承担保费补贴的财政支出；对于像广东、江苏、浙江、山东等整体经济发展水平和农业生产绝对值相对较高的东部省份来说，中央财政可以继续保留保费补贴，但保费补贴比例可以由 35% 下降到 20% 左右；对于中西部地区经济发展水平较高、地方政府一般预算支出较多的省份，中央财政可以继续维持目前 40% 的保费补贴比例；而针对西部地区经济发展水平较低、省市一级地方政府财政支农压力较大，并且农民家庭收入结构中以农业经营性收入为主且自然灾害发生频率较大的部分地区，中央财政可将农业保险的保费补贴比例由 40% 提高到 50% ~ 60% 的水平，以减轻地方财政的支出压力，从而激励地方财政进一步提高农业保险的风险保障水平，更好地帮助农民实现稳收增收。

（二）在中西部地区开展特色农业保险试点工作

东部地区与中西部地区政策性农业保险发展的差距不仅仅体现在风险保

障水平的差异上，同时也体现在农业保险险种覆盖范围的差别上。一个显而易见的事实是，东部经济发达地区政策性农业保险的试点险种数量远多于中西部地区。截至 2018 年底，北京开展的政策性农业保险品种包括种植业保险、养殖业保险、温室（大棚）保险、果树树体保险、农机综合保险、生猪价格指数保险 6 类共 39 种；上海目前开展的政策性农业保险品种包括种植业保险、养殖业保险、种源类保险、大棚设施保险、农机具综合保险、群众性渔船综合保险 6 类共计 49 种；而地处西部的贵州省目前只开展了种植业保险、养殖业保险和森林保险 3 类共计 14 种。农业保险的风险保障水平越高，试点的品种越多，参保农民的风险防范能力和抵御自然灾害的能力就越强，农民发生因灾致贫或因灾返贫的可能性就越低。就中国农业保险的发展现状来看，北京、上海等经济发达地区农业保险的发展已经达到一个相对较高的水平，但广大的中西部地区农业保险发展仍然处于比较初级的阶段，农业保险试点品种较少、风险保障水平较低的现状导致农业保险的精准增收效应不能得到有效发挥，利用农业保险来巩固扶贫成果、帮助农民增收还难以取得很好的政策效果。

我国相对贫困人口比较集中的地区绝大部分都位于自然条件相对较差的地理区域，或是位于干旱少雨的西北内陆，或者位于山多地少的西南民族聚居区，这些地区自然资源禀赋较差，如果通过鼓励农民生产大众化的农产品来提高收入，难以起到显著改善农民收入的效果。其原因在于：一方面，相对较差的自然禀赋条件导致生产出来的大众化农产品在产量和品质上都无法与东部水热气候条件更好的地区进行竞争；另一方面，市场上同类型的农产品生产者太多，同质化的竞争导致产品价格相对较低，经济效益不显著。因此，在制定农业保险精准增收政策时，应当将地区特有的或者具有显著地方特色的农产品列入重点保障范围，鼓励农民大力发展地方特色农业，采用错位发展的方式来提高农产品的市场竞争力，进而提高农民收入的整体水平。比如，随着居民收入的增长和居民生活水平的提高，社会公众的消费需求和消费偏好也在发生变化——从以往追求量的需求向追求质的需求转变，而中西部地区由于生态环境保护较好、受工业污染较少，具有地方特色的农副产品越来越受到偏爱绿色食品的东部地区民众欢迎。近年来我国移动互联网的迅速发展和广泛普及，也使得广大消费者能够通过淘宝、拼多多等电商平台方便快捷地购买中西部地区的特色农副产品。因此，对于中西部地区具有较强地方特色、市场价值较高的农产品，应当开展相应的农业保险试点工作，以帮助中西部地区相对贫困农民在农产品市场上与东部地区农民形成差异化的竞争格局，进而提升农民收入水平。

通过发展地方特色农业帮助农民致富在我国很多地区都取得了成功。以干旱少雨而闻名的甘肃民勤县，是一个被腾格里沙漠和巴丹吉林沙漠包围的典型沙漠化县，年均降水量只有 127.7 毫米，蒸发量却高达 2 623 毫米，多年前被视为不适合人类居住的地区，也曾经是甘肃最贫困的地区之一。民勤当地农民利用全年日照时间长、昼夜温差大的气候特点，大力发展蜜瓜种植，所生产出来的蜜瓜甜度明显高于市场同类产品，在淘宝、京东和拼多多等网络购物平台获得热销，民勤蜜瓜目前已经成为全国知名的农产品品牌，当地农民借助蜜瓜等地方特色农产品生产提高了收入水平，2016 年民勤县农村居民人均可支配收入达到 11 250.2 元，与全国平均水平持平，民勤农民借助特色农业发展成功摆脱了贫困的标签。与甘肃民勤类似，宁夏中卫市荒漠地区出产的硒砂瓜因其口感好、甜度高、富含多种微量元素而在市场上广受好评，市场价格相比普通西瓜高出 50% 以上，目前已成为知名的水果品牌。这些极具特色的农产品，其品质依赖于土壤、气候条件等原产地特有的自然资源禀赋，其他地区的农民即使在利益的驱动下也转为生产同类产品，在品质上与原产地相比也存在显著差别，不会出现因市场同类产品供给大量增加而导致价格急剧下降的情况。因此，为更好地发挥政策性农业保险的增收效应，建议在中西部地区重点开发特色农产品保险，给予特色农产品相对更高的保费补贴和保障水平，通过政策引导将中西部地区的自然资源禀赋劣势转化为特色农业生产的地理资源优势，鼓励农民通过大力发展特色农产品生产而致富。

（三）开展农业保险保单质押贷款以解决专业化农民的融资难问题

融资难长期以来都是制约中国农业发展的重要因素，也是培育和支持新型农业经营主体发展必须解决的重要问题。目前农村信用贷款的额度较低，很难满足规模化农业生产者的资金需求。资金规模较大的抵押贷款则受限于农民缺乏合格的抵押品，将大部分需要信贷资金支持的普通农民排除在外（王勇等，2016）。对于大部分农民来说，其家庭固定资产可分为两类：一类是用于居住的农房及室内的家具、电器，这类资产由于不易流通、变现，无法成为被信贷机构认可的合格抵押品；另一类是处于生长过程中的农产品（包括农作物、禽、畜等），这些也是从事规模化、集约化生产的专业农民最主要的资产。但这部分资产有一个重要特点，即处于产生过程中而非成熟期的农产品基本不具有市场出售价值，而且这部分资产极易受到自然灾害或者动物疫病的影响而严重贬值，因此，在现行金融制度下也无法成为合格的贷款抵押品。

如果我们对现行的农村金融产品进行融合创新，将农民生长过程中的农作物通过购买农业保险进行风险保障，然后利用农业保险保单进行质押贷款，便可以将专业农民的第二类资产间接转变为合格的贷款抵押品。农业保险保单质押的成功实施需要满足两个基本条件：一方面要保障农民能够利用农业保险保单质押获取相对较高的贷款额度；另一方面要控制好农民的违约风险，保障信贷资金的安全。要满足第一个条件，就需要提高专业农民的农业保险保障水平，以提升农业保险保单的或有赔偿权，保障在严重自然灾害发生时信贷机构能够通过保险赔偿来收入贷款本息。针对第二个条件，我们根据农业保险保单的特点，设计了阶段性抵押贷款限额机制。

假定某位从事规模化水稻种植的农民最大农业产出收益为 10 万元，他购买了保障水平为 80% 的农业保险，这意味着该农民受到农业保险保障的农业经营收入为 8 万元。根据农业保险保单的约定，这 8 万元是保险合同约定的最大赔偿金额，实际上在水稻生长的不同阶段，保险合同约定的赔偿金额是不一样的。以中国人民财产保险公司的水稻保险保单为例（见表 4 - 30），在水稻的移栽成活——分蘖期，其赔偿金额为最高赔偿金额的 40%；在水稻的拔节期——抽穗期，赔偿金额为最高赔偿金额的 70%；在水稻的扬花灌浆期——成熟期，赔偿金额达到最高赔偿金额的 100%。

表 4 - 30　　　　　　　　　水稻在不同生长期的最高赔偿标准

生长期	赔偿标准
移栽成活——分蘖期	最高保险金额 × 40%
拔节期——抽穗期	最高保险金额 × 70%
扬花灌浆期——成熟期	最高保险金额 × 100%

参照中国人民保险公司的水稻保险条款，如果该农民种植的水稻分别在移栽成活——分蘖期、拔节期——抽穗期、扬花灌浆期——成熟期遭受重大

自然灾害，则他可以获得最高金额分别为 3.2 万元、5.6 万元和 8 万元的保险赔偿。根据农民在水稻生产不同阶段可获得的最大保险赔偿，我们便可以设计他通过农业保险保单质押从农业信贷机构获得了分阶段贷款限额。

如图 4-1 所示，在水稻的移栽成活——分蘖期，农民最多可以向信贷机构申请 3.2 万元的贷款；当水稻生长进入到拔节期——抽穗期之后，农民的贷款额度新增加 2.4 万元，此时信贷机构授权给农民的总贷款额度为 5.6 万元（包括第一期的贷款在内）；而当水稻生长进入扬花灌浆期——成熟期时，农民的授权贷款额度再次增加 2.4 万元，此时包括前两期在内的贷款总额度达到 8 万元的最大值。通过对水稻不同生长时期的农民贷款实行限额控制，可以保证在农产品生产的任何阶段发生重大自然灾害导致全部损失的情况下，农业信贷机构都能够收回贷款本金。由于农业生产过程中的资金投入也是分阶段进行的，这种实行阶段性贷款限额的方式不仅能够满足农民在农作物不同生长时期的资金投入需求，同时也起到了帮助农民管理贷款资金使用的效果。

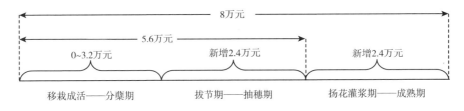

图 4-1　农民在水稻生长不同阶段的授权贷款额度

（四）构建政策性农业保险主导下的农村金融精准增收新机制

严格来说，参加农业保险本身并不能够直接提高农民的收入水平，这是由保险的本质所决定的。农业保险最直接的作用是缓解农业生产过程中的各种风险对农民收入的冲击效应，提高农民在遭受自然灾害之后能够获得的最低收入水平。因此，农业保险对于因灾致贫和因灾返贫的农民具有较好的稳收和增收效果，但如果想让农民显著提升农业收入水平，帮助他们走向共同富裕，单纯依靠政策性农业保险这种风险管理工具是难以实现的，必须有其他金融工具的配合才能发挥最佳的收入增长效应。即使政府通过提高农业保险的保障水平来激励农民扩大农业生产规模进而提高农业收入，考虑到普通农民家庭的货币资本积累较少，大部分农民仍然会因为缺乏资金而无法开展规模化的农业生产活动。

目前我国农村金融的发展主体仍然是农业信贷，全国各地方政府先后实施了不同形式的信贷扶持政策，甚至于对农民申请的生产性借款还提供较高比例的利息补贴，但实际上真正需要贷款的相对贫困农民仍然很难从信贷机构得到资金支持。农业信贷机构不愿意向普通农民发放借款的理由很简单：大部分农民无可抵押的固定资产，同时收入结构特征是以农业经营性收入为主要来源，导致其家庭收入具有很大的不确定性，一旦借款农民遭受严重的自然灾害，信贷机构很大可能将无法收回贷款本息。因此，对于现阶段的低收入农民或者相对贫困的农民来说，利用农业信贷来发展农业生产、提高家庭收入面临的最大问题，是如何管理和控制农业生产过程中的经营风险，提高自己的信贷履约能力，进而提升自己获得信贷支持的可能性。在低收入农民很难从正规信贷渠道获得金融支持的情况下，对农业信贷提供较高的利息补，其实际效果是大打折扣的，最后的结果可能是大部分的利息补贴都被少数经济状况较好的"精英农民"所获取，真正需要信贷支持和政府补贴的普通农民反而被排除在信贷市场之外。

基于上述分析，我们认为在当前这个阶段，应当调整农业保险与农业信贷在农村金融体系中的地位，改变以前以农业信贷为主的传统农村金融体系，构建以农业保险为主、农业信贷为辅的农村金融增收新机制。即通过提高农业保险的风险保障水平来带动农业信贷的发展，以充分发挥农业保险与农业信贷的协同增收效应：一方面，利用农业保险的风险保障功能减少自然灾害对农民造成的收入损失，进而降低低收入农民的信贷违约风险，帮助他们得到更多的农业信贷支持；另一方面，通过扩大农业信贷资金的发放规模，鼓励农民扩大农业生产规模，这样既可以提升农业保险的市场需求，同时也能够显著提高农民的农业收入水平，帮助他们实现农业经营收入的快速增长。为实现这一目的，需要对当前农村金融的财政补贴机制进行调整，在保持财政补贴总额不变的前提下，适当降低农业信贷的利息补贴比例，拿出一部分财政资金用来提高中西部地区农业保险的风险保障水平，确保普通农民的农业经营收入能够得到充分保障，进而帮助他们提升信贷履约能力，使他们能够像"精英农民"一样从农村信贷机构获得足够的贷款支持，用以扩大农业生产规模，提高农业生产的技术水平，最终达到提高家庭收入的政策目标。

主要参考文献

[1] 鲍震宇，赵元凤. 农村居民医疗保险的反贫困效果研究——基于 PSM 的实证分析 [J]. 江西财经大学学报，2018（1）：90 – 105.

[2] 曹宝明，刘婷，虞松波. 中国粮食流通体制改革：目标、路径与重启 [J]. 农业经济问题，2018（12）：33 – 38.

[3] 柴智慧. 农业保险的农民收入效应、信息不对称风险——基于内蒙古的实证研究 [D]. 呼和浩特：内蒙古农业大学，2014.

[4] 柴智慧，赵元凤. 农作物保险中农民道德风险的产生机理与案例检验——以内蒙古为例 [J]. 保险研究，2016（12）：85 – 93.

[5] 陈光燕，杨浩. 脆弱性视角下气象灾害对农村贫困的影响分析 [J]. 四川农业大学学报，2017（4）：599 – 606.

[6] 陈劲松. 2010 年中国农村经济形势分析与 2011 年展望 [J]. 中国农村经济，2011（2）：4 – 10，21.

[7] 陈文晴. 以农民金融需求为导向创新农村金融服务——基于湖北省监利县的调查 [J]. 中国地质大学学报（社会科学版），2011（4）：92 – 95.

[8] 陈祥云，李民，张伟. 需求结构演变、供给结构失衡与粮食补贴政策调控 [J]. 新疆社会科学，2020（1）：24 – 32，150 – 151.

[9] 陈新建，韦圆圆. 风险感知、风险偏好与贫困农民风险管理策略 [J]. 华南农业大学学报（社会科学版），2019（1）：74 – 85.

[10] 陈烨，王艳，赵文，胡卓玮，段福州. 中国贫困村致贫因素分析及贫困类型划分 [J]. 地理学报，2017（10）：1827 – 1844.

[11] 成升魁，汪寿阳. 新时期粮食安全观与粮食供给侧改革 [J]. 中国科学院院刊，2017（10）：1074 – 1082.

[12] 程国强，朱满德. 新冠肺炎疫情冲击粮食安全：趋势、影响与应对 [J]. 中国

农村经济，2020（5）：13 – 20.

[13] 代宁，陶建平. 政策性农业保险对农业生产水平影响效应的实证研究——基于全国 31 个省份面板数据分位数回归 [J]. 中国农业大学学报，2017（12）：163 – 173.

[14] 德巴拉蒂·古哈–萨皮尔，英迪拉·桑托斯. 自然灾害的经济影响 [M]. 顾林生，王蓉，赵星磊译. 大连：东北财经大学出版社，2016.

[15] 董晓林，吕沙，汤颖梅. "信贷联结型"银保互动能否缓解农民信贷配给——基于选择实验法的实证分析 [J]. 农业技术经济，2018（6）：71 – 80.

[16] 樊春良，张新庆. 论科学技术发展的伦理环境 [J]. 科学学研究，2010（11）：1611 – 1618.

[17] 方首军，黄泽颖，孙良媛. 农业保险与农业信贷互动关系的理论分析与实证研究：1985 ~ 2009 [J]. 农村金融研究，2012（7）：60 – 65.

[18] 付永. 城乡二元结构转换中我国农村面源污染问题研究 [D]. 武汉：华中师范大学，2008.

[19] 高翔，王三秀，杨华磊. 养老保险对农村老年贫困缓解效应的性别差异 [J]. 金融经济学研究，2018（2）：117 – 128.

[20] 巩前文，张俊飚. 能量比值法构建与实证检验——关于农业资源利用效率测算方法的一个改进 [J]. 中国人口·资源·与环境，2008（2）：135 – 138.

[21] 郭佩霞. 反贫困视角下的民族地区农业保险补贴政策研究——以四川省凉山彝族自治州为例 [J]. 经济体制改革，2011（6）：58 – 62

[22] 韩冬，李光泗. 中国与"一带一路"沿线国家粮食贸易格局演变与影响机制——基于社会网络学视角 [J]. 农业经济问题，2020（8）：24 – 40.

[23] 韩昕儒，陈永福，钱小平. 中国目前饲料粮需求量究竟有多少 [J]. 农业技术经济，2014（8）：60 – 68.

[24] 韩昕儒，张宁宁. 补贴政策是否阻碍了粮食种植规模的扩大 [J]. 农业技术经济，2020（8）：29 – 39.

[25] 贺立龙，黄科，郑怡君. 信贷支持贫困农民脱贫的有效性：信贷供求视角的经验实证 [J]. 经济评论，2018（1）：62 – 77.

[26] 胡鞍钢，地力夏提·吾布力，鄢一龙. 粮食安全"十三五"规划基本思路 [J]. 清华大学学报（哲学社会科学版），2015（5）：158 – 165，198 – 199.

[27] 胡迪，杨向阳. 后疫情时代保障粮食安全的政策取向与策略选择 [J]. 农业经济问题，2021（1）：41 – 53.

[28] 胡巍，肖金城. 保险助推农业精准扶贫创新模式研究——以贵州剑河养殖扶贫试点为例 [J]. 贵州大学学报（自然科学版），2017（3）：135 – 140.

[29] 胡雪萍，董红涛. 构建绿色农业投融资机制须破解的难题及路径选择 [J]. 中

国人口·资源与环境，2015（6）：152－158.

[30] 胡宗义，罗柳丹.小额信贷缓减农村贫困的效用研究——基于面板模型的分析 [J].财经理论与实践，2016（3）：10－15.

[31] 黄超英.河南某县农村家庭教育负担实证研究 [J].上海教育科研，2007（6）：24－27.

[32] 黄承伟.中国扶贫开发道路研究：评述与展望 [J].中国农业大学学报（社会科学版），2016（5）：5－17.

[33] 黄季焜.对近期与中长期中国粮食安全的再认识 [J].农业经济问题，2021（1）：19－26.

[34] 黄莉，王定祥.深度贫困地区扶贫信贷供需对接困境及其破解 [J].贵州社会科学，2018（5）：151－158.

[35] 黄琦，陶建平，谭偲凤.新型农业经营主体联保贷款的机制设计：基于多任务委托代理理论的分析 [J].金融经济学研究，2016（5）：106－116.

[36] 黄琦，陶建平，张红梅.农业保险市场结构、空间依赖性与农业保险条件收敛研究 [J].中国管理科学，2017（5）：25－32.

[37] 黄薇.保险政策与中国式减贫：经验、困局与路径优化 [J].管理世界，2019（1）：135－150.

[38] 黄薇.医保政策精准扶贫效果研究——基于 URBMI 试点评估入户调查数据 [J].经济研究，2017（9）：117－132.

[39] 黄渊基，王韧，刘莹.基于 DEA－Tobit 面板模型的农业保险补贴扶贫效率影响因素分析——以湖南省为例 [J].农村经济，2018（5）：69－74.

[40] 黄祖辉，刘西川，程恩江.贫困地区农民正规信贷市场低参与程度的经验解释 [J].经济研究，2009（4）：116－128.

[41] J. R. Tarrant，李晨曦，吴克宁.粮食能不能作为武器？——美国和苏联之间的粮食贸易禁运 [J].世界农业，2016（12）：64－70.

[42] 蒋辉，张康洁.粮食供给侧结构性改革的当前形势与政策选择 [J].农业经济问题，2016（10）：8－17，110.

[43] 金凤.西北民族地区农村劳动力转移障碍制度因素分析 [J].民族经济与社会发展，2007（12）.

[44] 李非，李京徽，崔颢，蔡逸沁，高杨，刘丛.精准扶贫背景下新型农业经营主体对农业保险需求的研究——以内蒙古自治区包头市固阳县为例 [J].农村金融研究，2018（6）：32－38.

[45] 李凤廷，侯云先，邵开丽，钱向明.突发事件下的粮食物流——基于情景应对的储备粮紧急调运决策框架 [J].中国农村经济，2016（12）：60－75.

［46］李富田，周春光．循环经济视角下的四川农村生态环境问题与对策［J］．农村经济，2011（8）：96 - 98.

［47］李国祥. 2020 年中国粮食生产能力及其国家粮食安全保障程度分析［J］. 中国农村经济，2014（5）：4 - 12.

［48］李琴英，崔怡，陈力朋．政策性农业保险对农村居民收入的影响——基于2006 - 2015 年省级面板数据的实证分析［J］. 郑州大学学报（哲学社会科学版），2018（5）：72 - 78.

［49］李庆云．略论科学技术的社会负效应［J］．社会科学研究，2003（2）：69 - 72.

［50］李实，朱梦冰．中国经济转型 40 年中居民收入差距的变动［J］. 管理世界，2018（12）：19 - 28.

［51］李先德，孙致陆，贾伟，曹芳芳，陈秧分，袁龙江．新冠肺炎疫情对全球农产品市场与贸易的影响及对策建议［J］. 农业经济问题，2020（8）：4 - 11.

［52］李小云，毛绵逮，徐秀丽，齐顾波．中国面向小农的农业科技政策［J］．中国软科学，2008（10）：1 - 6.

［53］李毓祁．农业保险制度是解决我国信贷支农瓶颈的有效途径［J］．海南金融，2006（5）：67 - 69.

［54］梁龙，杜章留，吴文良，孟凡乔．北京现代都市低碳农业的前景与策略［J］．中国人口·资源与环境，2011（2）：130 - 136.

［55］林万龙，杨丛丛．贫困农民能有效利用扶贫型小额信贷服务吗？——对四川省仪陇县贫困村互助资金试点的案例分析［J］. 中国农村经济，2012（2）：35 - 45.

［56］刘二鹏，张奇林．社会养老保险缓解农村老年贫困的效果评估——基于 CLHLS（2011）数据的实证分析［J］. 农业技术经济，2018（1）：98 - 110.

［57］刘玲，陈乐一，李玉双．全球经济政策不确定性与中国粮食价格——基于非对称性视角的分析［J］. 农业技术经济，2020（5）：17 - 31.

［58］刘守恒，魏玉得．发展农村保险完善农村经济补偿制度［J］．天津金融月刊，1986（11）：36 - 38.

［59］刘西川，黄祖辉，程恩江．贫困地区农民的正规信贷需求直接识别与经验分析［J］．金融研究，2009（4）：36 - 51.

［60］刘西川，黄祖辉，程恩江．小额信贷的目标上移：现象描述与理论解释——基于三省（区）小额信贷项目区的农户调查［J］. 中国农村经济，2007（8）：23 - 34.

［61］刘祚祥，黄权国．信息生产能力、农业保险与农村金融市场的信贷配给——基于修正的 S - W 模型的实证分析［J］. 中国农村经济，2012（5）：53 - 64.

［62］吕开宇，张崇尚，邢鹂．农业指数保险的发展现状与未来［J］．江西财经大学

学报，2014（2）：62－69.

[63] 栾敬东，李靖．农业结构调整动力与机制创新 [J]．农业经济问题，2003（4）：67－71.

[64] 罗向明，张伟，丁继锋．收入调节、粮食安全与欠发达地区农业保险补贴安排 [J]．农业经济问题，2011（1）：18－23，110.

[65] 罗向明，张伟，谭莹．政策性农业保险的环境效应与绿色补贴模式 [J]．农村经济，2016（11）：13－21.

[66] 马彪，李丹．生猪价格指数保险中的系统性风险问题研究 [J]．农业技术经济，2018（8）：112－123.

[67] 马翠萍．农产品入世"过渡期"结束后中国粮食贸易的演变 [J]．中国软科学，2017（9）：18－29.

[68] 马世铭，刘绿柳，马姗姗．气候变化与生计和贫困研究的认知 [J]．气候变化研究进展，2014（4）：251－253.

[69] 马晓河．粮食结构性供给过剩造成"新"的不安全 [J]．黑龙江粮食，2017（6）：13－16.

[70] 马永欢，牛文元．基于粮食安全的中国粮食需求预测与耕地资源配置研究 [J]．中国软科学，2009（3）：11－16.

[71] 毛学峰，孔祥智．重塑中国粮食安全观 [J]．南京农业大学学报（社会科学版），2019（1）：142－150.

[72] 毛学峰，刘靖，朱信凯．中国粮食结构与粮食安全：基于粮食流通贸易的视角 [J]．管理世界，2015（3）：76－85.

[73] 牛浩，陈盛伟．农业保险与农村信贷合作产品研究 [J]．保险研究，2014（12）：32－40.

[74] 牛浩，陈盛伟．玉米风雨倒伏指数保险产品设计研究——以山东省宁阳县为例 [J]．农业技术经济，2015（12）：99－108.

[75] 农业部农业贸易促进中心课题组．粮食安全与"非必需进口"控制问题研究 [J]．农业经济问题，2016（7）：53－59.

[76] 潘泽泉，罗宇翔．脆弱性、风险承担网络与农村贫困研究——基于湖南10村调查的数据分析 [J]．中国农业大学学报（社会科学版），2015（3）：122－136.

[77] 庞柏林．我国农业科技进步的制度保障 [J]．商业研究，2006（2）：189－190，202.

[78] 彭鹏，罗杰，李俊波，方热军．花生粕替代豆粕对三黄鸡生长性能的影响研究 [C]．中国畜牧兽医学会动物营养学分会第七届中国饲料营养学术研讨会，2014.

[79] 彭澎，吴承尧，肖斌卿．银保互联对中国农村正规信贷配给的影响——基于4

省 1014 户农民调查数据的分析 [J]. 中国农村经济, 2018 (8): 32 - 45.

[80] 彭青秀. 促进低碳农业发展的财政政策研究 [J]. 财政研究, 2015 (7): 34 - 39.

[81] 彭小兵, 朱江. 农村信贷与农业保险互动的收益分配机制——基于合作博弈 Shapley 值的分析 [J]. 重庆大学学报 (社会科学版), 2019 (2): 1 - 13.

[82] 钱振伟, 张艳, 董志伟. 农业巨灾保险经济损失评估理论分析框架: 基于福利 经济学视角 [C]. 2017 中国保险与风险管理国际年会论文集, 2017: 884 - 894.

[83] 钱振伟, 张艳, 高冬雪. 基于模型选择方法的农业巨灾风险承受能力评估 [J]. 财经科学, 2014 (5): 131 - 141.

[84] 邱君. 我国化肥施用对水污染的影响及其调控措施 [J]. 农业经济问题, 2007 (S1): 75 - 80.

[85] 屈晓娟, 邵展翅, 尹海凤. 农民收入与农业保险发展耦合关系及对策研究 [J]. 西安电子科技大学学报 (社会科学版), 2013 (6): 78 - 83.

[86] 任乐, 王性玉, 赵辉. 农户信贷可得性和最优贷款额度的理论分析与实证检 验——基于农业保险抵押品替代视角 [J]. 管理评论, 2017 (6): 32 - 42.

[87] 商兆奎, 邵侃. 减灾与减贫的作用机理、实践失位及其因应 [J]. 华南农业大 学学报 (社会科学版), 2018 (5): 24 - 31.

[88] 邵全权, 柏龙飞, 张孟娇. 农业保险对农民消费和效用的影响——兼论农业保 险对反贫困的意义 [J]. 保险研究, 2017 (10): 65 - 78.

[89] 沈宇丹, 杜自强. 环境友好型农业技术发展的难点和对策 [J]. 生态经济, 2009 (2): 116 - 120.

[90] 宋洪远, 廖洪乐. 农业发展新阶段与战略性结构调整——政策背景、主要内 容、执行情况及对策建议 [J]. 管理世界, 2001 (6): 115 - 122.

[91] 孙林, 庞冠琪, 王健. 国际粮食价格对粮食主产国实施出口限制的影响——损 失规避视角 [J]. 中国农村经济, 2015 (8): 76 - 88.

[92] 孙武军, 祁晶. 保险保障、家庭资本增长与贫困陷阱 [J]. 管理科学学报, 2016 (12): 71 - 82.

[93] 孙香玉, 吴冠宇, 张耀启. 传统农业保险与天气指数保险需求: 替代还是互 补?——以新疆棉花农业保险为例 [J]. 南京农业大学学报 (社会科学版), 2016 (5): 116 - 126, 157.

[94] 孙致陆, 李先德. 中国粮食进口贸易的 "大国效应" 检验 [J]. 华南农业大学 学报 (社会科学版), 2015 (4): 99 - 112.

[95] 汤颖梅, 杨月, 葛继红. "银保互动" 能否促进农民技术采用?——基于田野 实验的实证分析 [J]. 中国农村经济, 2019 (1): 127 - 142.

［96］汤颖梅，杨月，刘荣茂，葛继红．基于 Oaxaca - Blinder 分解的异质性农民天气指数保险需求差异分析［J］．经济问题，2018（8）：90 - 97．

［97］田玲，李建华．金融市场、政府行为与农业巨灾保险基金建设——基于"结构型基金"理论的分析［J］．保险研究，2014（4）：16 - 22．

［98］童馨乐，胡迪，杨向阳．粮食最低收购价政策效应评估——以小麦为例［J］．农业经济问题，2019（9）：85 - 95．

［99］庹国柱，张峭．论我国农业保险的政策目标［J］．保险研究，2018（7）：7 - 15．

［100］庹国柱，朱俊生．完善我国农业保险制度需要解决的几个重要问题［J］．保险研究，2014（2）：44 - 53．

［101］王超，刘俊霞．中国反贫困工作 40 年历史演进——基于 1979 ~ 2018 中国反贫困政策的量化分析［J］．中国农村经济，2018（12）：2 - 18．

［102］王恩胡，李录堂．中国食品消费结构的演进与农业发展战略［J］．中国农村观察，2007（2）：14 - 25．

［103］王钢，钱龙．新中国成立 70 年来的粮食安全战略：演变路径和内在逻辑［J］．中国农村经济，2019（9）：15 - 29．

［104］王根芳，陶建平．农业保险、自然垄断与保险补贴福利［J］．中南财经政法大学学报，2012（4）：74 - 78．

［105．5］王国军，王冬妮，陈璨．我国农业保险不对称信息实证研究［J］．保险研究，2017（1）：91 - 100．

［106］王金霞，李玉敏，黄开兴，陈煌．农村生活固体垃圾的处理现状及影响因素［J］．中国人口·资源与环境，2011（6）：74 - 78．

［107］王克，何小伟，肖宇谷，张峭．农业保险保障水平的影响因素及提升策略［J］．中国农村经济，2018（7）：34 - 45．

［108］王韧，王弘轩．基于决策树的农业保险精准扶贫研究——以湖南省 14 地市为例［J］．农村经济，2017（11）：63 - 68．

［109］王溶花，曾福生．基于 CMS 模型的我国粮食进口贸易波动分析［J］．经济经纬，2015（4）：49 - 53．

［110］王晟哲．中国自然灾害的空间特征研究［J］．中国人口科学，2016（6）：68 - 77，127．

［111］王帅．粮食的"地理可获得性"与粮食安全［J］．农业经济问题，2018（6）：38 - 48．

［112］王帅．全球治理视角下的粮食贸易风险分析［J］．国际贸易问题，2018（4）：36 - 47．

［113］王帅，赵秀梅．中国粮食流通与粮食安全：关键节点的风险识别［J］．西北

农林科技大学学报（社会科学版），2019（2）：124 – 132.

[114] 王勇，张伟，罗向明．基于农业保险保单抵押的家庭农场融资机制创新研究[J]．保险研究，2016（2）：107 – 119.

[115] 王玉茹，任新平．近代中国粮食流通对粮食安全的影响——以 20 世纪二三十年代长江中下游地区为例[J]．财经研究，2007（3）：77 – 86.

[116] 温涛，白继山，王小华．基于 Lotka – Volterra 模型的中国农村金融市场竞争关系分析[J]．中国农村经济，2015（10）：42 – 54.

[117] 向德平，华汛子．改革开放四十年中国贫困治理的历程、经验与前瞻[J]．新疆师范大学学报（哲学社会科学版），2019（2）：59 – 69.

[118] 肖建飞，阿依吐兰·阿布都拉．扶贫小额信贷如何能够有效抗击贫困——新疆南疆 K 村扶贫小额信贷项目实施情况分析[J]．新疆社会科学，2018（4）：156 – 163，166.

[119] 谢玉梅，徐玮，程恩江，梁克盛．精准扶贫与目标群小额信贷：基于协同创新视角的个案研究[J]．农业经济问题，2016（9）：79 – 88.

[120] 谢玉梅，徐玮，程恩江，张国．基于精准扶贫视角的小额信贷创新模式比较研究[J]．中国农业大学学报（社会科学版），2016（5）：54 – 63.

[121] 辛翔飞，孙致陆，王济民，张怡．国内外粮价倒挂带来的挑战、机遇及对策建议[J]．农业经济问题，2018（3）：15 – 22.

[122] 邢慧茹，陶建平．巨灾风险、保费补贴与我国农业保险市场失衡分析[J]．中国软科学，2009（7）：42 – 47.

[123] 邢鹂，黄昆．政策性农业保险保费补贴对政府财政支出和农民收入的模拟分析[J]．农业技术经济，2007（3）：4 – 9.

[124] 徐璋勇，杨贺．农民信贷行为倾向及其影响因素分析——基于西部 11 省（区）1664 户农民的调查[J]．中国软科学，2014（3）：45 – 56.

[125] 解佑志，曹洪战，李同洲，孔德国，宋志芳，芦春莲．发酵花生粕对生长猪生产性能和养分消化率的影响[C]．中国畜牧兽医学会动物营养学分会第十二次动物营养学术研讨会论文集，2016.

[126] 许世卫，王禹，潘月红，高利伟．全球主要粮食生产与贸易格局演变分析及展望[J]．农业展望，2018（3）：73 – 87.

[127] 严立冬，崔元锋．绿色农业概念的经济学审视[J]．中国地质大学学报（社会科学版），2009（3）：40 – 43.

[128] 严立冬，何伟，乔长涛．绿色农业产业化的政策性金融支持研究[J]．中南财经政法大学学报，2012（2）：88 – 92.

[129] 阎文圣，肖焰恒．中国农业技术应用的宏观取向与农民技术采用行为诱导

[J]. 中国人口·资源与环境, 2002 (3): 27 – 31.

[130] 颜廷武, 张童朝, 张俊飚. 特困地区自然灾害脆弱性及其致贫效应的调查分析 [J]. 中国农业气象, 2017 (8): 526 – 536.

[131] 杨浩, 庄天慧, 蓝红星. 气象灾害对贫困地区农民脆弱性影响研究——基于全国 592 个贫困县 53271 户的分析 [J]. 农业技术经济, 2016 (3): 103 – 112.

[132] 杨静, 陈亮, 冯卓. 国际农业垄断资本对发展中国家粮食安全影响的分析——兼对保障中国粮食安全的思考 [J]. 中国农村经济, 2017 (4): 75 – 87.

[133] 杨宇, 王金霞, 侯玲玲, 黄季焜. 华北平原的极端干旱事件与农村贫困: 不同收入群体在适应措施采用及成效方面的差异 [J]. 中国人口·资源与环境, 2018 (1): 124 – 133.

[134] 杨泽柱. 优化农业产业结构的理论与实践——以湖北省荆门市为例 [J]. 农业经济问题, 2004 (3): 65 – 67.

[135] 姚大龙, 刘勇. 花生粕替代豆粕对草鱼生长性能的影响 [J]. 中国饲料, 2013 (11): 33 – 35.

[136] 叶明华, 卫玥. 农业保险与农村信贷: 互动模式与绩效评价 [J]. 经济体制改革, 2015 (5): 92 – 97.

[137] 叶明华, 朱俊生. 新型农业经营主体与传统小农民农业保险偏好异质性研究——基于 9 个粮食主产省份的田野调查 [J]. 经济问题, 2018 (2): 91 – 97.

[138] 尹成杰. 关于推进农业保险创新发展的理性思考 [J]. 农业经济问题, 2015 (6): 4 – 8.

[139] 尹成杰. 后疫情时代粮食发展与粮食安全 [J]. 农业经济问题, 2021 (1): 4 – 13.

[140] 于法稳. 习近平绿色发展新思想与农业的绿色转型发展 [J]. 中国农村观察, 2016 (5): 2 – 9, 94.

[141] 余泉生, 周亚虹. 信贷约束强度与农民福祉损失——基于中国农村金融调查截面数据的实证分析 [J]. 中国农村经济, 2014 (3): 36 – 47.

[142] 余新平, 熊皛白, 熊德平. 中国农村金融发展与农民收入增长 [J]. 中国农村经济, 2010 (6): 77 – 86, 96.

[143] 袁平红. 低碳农业发展的国际经验及对中国的启示 [J]. 经济问题探索, 2012 (8): 158 – 164.

[144] 曾小溪, 孙凯. 扶贫小额信贷精准扶贫落实研究——基于宁夏的调研 [J]. 云南民族大学学报 (哲学社会科学版), 2018 (4): 87 – 92.

[145] 曾飐婷, 张忠明, 王静香, 赵跃龙. 中国粮食消费需求分析与展望 [J]. 农业展望, 2021 (7): 104 – 114.

[146] 张川川，John Giles，赵耀辉. 新型农村社会养老保险政策效果评估——收入、贫困、消费、主观福利和劳动供给 [J]. 经济学（季刊），2014（1）：203-230.

[147] 张红宇. 农业结构调整与国民经济发展 [J]. 管理世界，2000（5）：153-162.

[148] 张建军，许承明. 农业信贷与保险互联影响农户收入研究——基于苏鄂两省调研数据 [J]. 财贸研究，2013（5）：55-61.

[149] 张建军，张兵. 农业信贷与保险互联影响农民风险配给实证研究——基于江苏、湖北两省的调研数据 [J]. 南京农业大学学报（社会科学版），2012（4）：77-84.

[150] 张锦华，许庆. 城市化进程中我国城乡居民的长期粮食需求 [J]. 华南农业大学学报（社会科学版），2012（1）：99-107.

[151] 张静. 农民教育负担问题研究 [J]. 山东农业大学学报（社会科学版），2006（2）：57-60.

[152] 张倩. 贫困陷阱与精英捕获：气候变化影响下内蒙古牧区的贫富分化 [J]. 学海，2014（5）：132-142.

[153] 张伟，郭颂平，罗向明. 风险演变、收入调整与不同地理区域农业保险的差异化需求 [J]. 保险研究，2013（10）：32-41.

[154] 张伟，郭颂平，罗向明. 政策性农业保险环境效应研究评述 [J]. 保险研究，2012（12）：52-60.

[155] 张伟，黄颖，何小伟，徐静. 贫困地区农民因灾致贫与政策性农业保险精准扶贫 [J]. 农业经济问题，2020（12）：28-40.

[156] 张伟，黄颖，李长春，陈宇靖. 收入分化、需求演变与农业保险供给侧改革 [J]. 农业经济问题，2018（11）：123-134.

[157] 张伟，黄颖，谭莹，徐静. 灾害冲击下贫困地区农村金融精准扶贫的政策选择——农业信贷还是农业保险 [J]. 保险研究，2020（1）：21-35.

[158] 张伟，黄颖，易沛，李长春. 政策性农业保险的精准扶贫效应与扶贫机制设计 [J]. 保险研究，2017（11）：18-32.

[159] 张伟，黄颖，易沛. 我国绿色农业发展的金融诱导机制研究 [J]. 广西社会科学，2019（6）：52-60.

[160] 张伟，罗向明，郭颂平. 农业保险补贴、农民生产激励与农村环境污染 [J]. 南方农村，2014（5）：37-44.

[161] 张伟，罗向明，曾华盛，刘心怡. 政策性农业保险对不同群体的收入再分配效应 [J]. 保险研究，2021（6）：72-88.

[162] 张伟，易沛，徐静，黄颖. 政策性农业保险对粮食产出的激励效应 [J]. 保险研究，2019（1）：32-44.

[163] 张小东，孙蓉. 农业保险对农民收入影响的区域差异分析——基于面板数据

聚类分析 [J]. 保险研究, 2015 (6): 62 – 71.

[164] 张旭光, 赵元凤. 畜牧业保险能够稳定农牧民的收入吗? ——基于内蒙古包头市奶牛养殖户的问卷调查 [J]. 干旱区资源与环境, 2016 (10): 40 – 46.

[165] 张燕, 庞标丹, 陈胜. 面向低碳农业的政策性金融机构环境责任之探讨 [J]. 大连理工大学学报 (社会科学版), 2013 (1): 83 – 88.

[166] 张燕媛, 展进涛, 陈超. 专业化、认知度对养殖户生猪价格指数保险需求的影响 [J]. 中国农村经济, 2017 (2): 70 – 83.

[167] 张颖慧, 聂强. 贫困地区小额信贷的运行绩效 [J]. 西北农林科技大学学报 (社会科学版), 2016 (1): 89 – 97, 118.

[168] 张颖慧, 聂强. 小额信贷经理人愿意扶贫吗? ——基于西北地区贫困县 152 位信贷经理人的经验分析 [J]. 西北农林科技大学学报 (社会科学版), 2016 (6): 136 – 143.

[169] 张岳君. 农业新技术采用中的保险—信贷耦合机制研究——基于不确定性与流动性双重约束下的农户的视角 [D]. 武汉: 华中农业大学, 2006.

[170] 张跃华, 史清华, 顾海英. 农业保险需求问题的一个理论研究及实证分析 [J]. 数量经济与技术经济研究, 2007 (4): 65 – 75.

[171] 张跃华, 庹国柱, 符厚胜. 市场失灵、政府干预与政策性农业保险理论: 分歧与讨论 [J]. 保险研究, 2016 (7): 3 – 10.

[172] 张哲晰, 穆月英, 侯玲玲. 参加农业保险能优化要素配置吗? ——农民投保行为内生化的生产效应分析 [J]. 中国农村经济, 2018 (10): 53 – 70.

[173] 赵书新, 王稳. 信息不对称条件下农业保险补贴的效率与策略分析 [J]. 保险研究, 2012 (6): 58 – 63.

[174] 赵元凤, 张旭光. 政策性奶牛保险对农民奶牛养殖死亡损失的影响研究 [J]. 保险研究, 2018 (9): 66 – 80.

[175] 郑军, 杜佳欣. 农业保险的精准扶贫效率: 基于三阶段 DEA 模型 [J]. 贵州财经大学学报, 2019 (1): 93 – 102.

[176] 郑伟, 贾若, 景鹏, 刘子宁. 保险扶贫项目的评估框架及应用——基于两个调研案例的分析 [J]. 保险研究, 2018 (8): 13 – 20.

[177] 钟甫宁, 宁满秀, 邢鹂, 苗齐. 农业保险与农用化学品施用关系研究——对新疆玛纳斯河流域农民的经验分析 [J]. 经济学 (季刊), 2007 (1): 291 – 308.

[178] 钟甫宁. 正确认识粮食安全和农业劳动力成本问题 [J]. 农业经济问题, 2016 (1): 4 – 9, 110.

[179] 钟钰, 陈博文, 王立鹤, 吕新业. 我国粮食进口对国际粮价的影响: "大国效应" 的验证——以三大主粮为例 [J]. 中国农业大学学报 (社会科学版), 2015 (6):

119 – 125.

[180] 钟钰, 普蓂喆, 刘明月, 牛坤玉, 张琳. 新冠肺炎疫情对我国粮食安全的影响分析及稳定产量的建议 [J]. 农业经济问题, 2020 (4): 13 – 22.

[181] 周才云, 李伟, 张毓卿. 精准扶贫视阈下我国农业保险扶贫困境与创新路径 [J]. 广西社会科学, 2017 (8): 147 – 151.

[182] 周坚, 张伟, 陈宇靖. 粮食主产区农业保险补贴效应评价与政策优化——基于粮食安全的视角 [J]. 农村经济, 2018 (8): 69 – 75.

[183] 周稳海, 赵桂玲, 尹成远. 农业保险发展对农民收入影响的动态研究——基于面板系统 GMM 模型的实证检验 [J]. 保险研究, 2014 (5): 21 – 30.

[184] 朱喜, 马晓青, 史清华. 信誉、财富与农村信贷配给——欠发达地区不同农村金融机构的供给行为研究 [J]. 财经研究, 2009 (8): 4 – 14, 36.

[185] 朱兆良. 朱兆良: 对我国粮食安全的几点思考 [J]. 中国科学院院刊, 2006 (5): 371 – 372.

[186] 祝国平, 刘吉舫. 农业保险是否支持了农业信贷? ——来自全国 227 个地级市的证据 [J]. 农村经济, 2014 (10): 77 – 81.

[187] 祝仲坤, 陶建平. 农业保险对农民收入的影响机理及经验研究 [J]. 农村经济, 2015 (2): 67 – 71.

[188] 庄天慧, 张海霞, 杨锦秀. 自然灾害对西南少数民族地区农村贫困的影响研究——基于 21 个国家级民族贫困县 67 个村的分析 [J]. 农村经济, 2010 (7): 52 – 56.

[189] 庄天慧, 张军. 民族地区扶贫开发研究——基于致贫因子与孕灾环境契合的视角 [J]. 农业经济问题, 2012 (8): 50 – 55, 111.

[190] 左斐, 罗添元. 信息不对称, 农业保险与农户信贷可得性——基于苏北 491 户农户样本的实证分析 [C]. 中国保险与风险管理国际年会论文集, 2016: 533 – 550.

[191] 左停, 杨雨鑫, 钟玲. 精准扶贫: 技术靶向、理论解析和现实挑战 [J]. 贵州社会科学, 2015 (8): 156 – 162.

[192] Adam B. Jaffe, Richard G. Newell, Robert N. Stavins. A Tale of Two Market Failures: Technology and Environmental Policy [J]. Ecological Economics, 2005, 54 (2): 164 – 174.

[193] Aditya K S, Tajuddin Khan, Avinash Kishore. Crop Insurance in India: Drivers and Impact [C]. Ricultural & Applied Economics Association Annual Meeting, 2016.

[194] Ahmed S A, Diffenbaugh N S, Hertel T W. Climate Volatility and Poverty Vulnerability in Tanzania [J]. Global Environmental Change, 2009, 21 (1): 46 – 55.

[195] Ajibade I, McBean G. Climate Extremes and Housing Rights: a Political Ecology of Impacts, Early Warning and Adaptation Constraints in Lagos Slum Communities [J]. Geoforum,

2014, 55 (10): 76 – 86.

[196] Alba Castañeda Vera, Alberto Garrido Colmenero. Evaluation of Risk Management Tools for Stabilising Farm Income under CAP 2014 – 2020 [J]. Economía Agrariay Recursos Naturals, 2017, 17 (1): 3 – 23.

[197] Andrew J. Hogan. Crop Credit Insurance and Technical Change in Agricultural Development: A Theoretical Analysis [J]. The Journal of Risk and Insurance, 1983, 50 (1): 118 – 130.

[198] Anthony D B, Rebecca P J. Measuring the Effects of Decoupled Payments on Indica Rice Production Under the 1996 and 2002 Farm Bills [Z]. Working Paper, 2012.

[199] Armand Christopher C., Rola, Corazon T. Aragon. Crop Insurance Participation Decisions and Their Impact on Net Farm Income Loss of Rice Farmers in the Lakeshore Municipalities of Laguna, Philippines [Z]. Working Paper, 2018.

[200] Arouri M, Nguyen C, Youssef A B. Natural Disasters, Household Welfare, and Resilience: Evidence from Rural Vietnam [J]. World Development, 2015, 70 (6): 59 – 77.

[201] Artur L, Hilhorst D. Everyday Realities of Climate Change Adaptation in Mozambique [J]. Global Environmental Change, 2012, 22 (2): 529 – 536.

[202] Asad K, Ghalib, Issam Malki, Katsushi S, Imai. Microfinance and Household Poverty Reduction: Empirical Evidence from Rural Pakistan [J]. Oxford Development Studies, 2015, 43 (1): 84 – 104.

[203] Ashimwe, Olive. An Economic Analysis of Impact of Weather Index-based Crop Insurance on Household Income in Huye District of Rwanda [Z]. Working Paper, 2016.

[204] Atuya Glorine. Effect of Microfinance Credit on Poverty Alleviation at Household Level in Nakuru County [Z]. Working Paper, 2014.

[205] Barry J. Barnett Christopher B. BarrettJerry R. Skees. Poverty Traps and Index-Based Risk Transfer Product [J]. World Development, 2008, 36 (10): 1766 – 1785.

[206] Barry K. Goodwin, Monte L. Vandeveer, John L. Deal. An Empirical Analysis of Acreage Effects of Participation in the Federal Crop Insurance Program [J]. American Journal of Agricultural Economics, 2004, 86 (4): 1058 – 1077.

[207] Basim Saifi, Lars Drake. A Coevolutionary Model for Promoting Agricultural Sustainability [J]. Ecological Economics, 2008, 65 (1): 24 – 34.

[208] Battaglin W A, Goolsby D A. Spatial Data in Geographic Information System Format on Agricultural Chemical Use, Land Use, Cropping Practices in United States [Z]. Working Paper, 1995.

[209] Bloom D E, Canning D, Sevilla J. Geography and Poverty Traps [J]. Journal of

Economic Growth, 2003, 8 (4): 355 – 378.

[210] Bokhtiar M, Delowar M, Wahid A N M. Application of Forward Contract and Crop Insurance as Risk Management Tools of Agriculture: A Case Study in Bangladesh [J]. Asian Economic and Financial Review, 2018, 8 (12): 1394 – 1405.

[211] Brainardl L, Jones A, Purvis N. Climate Change and Global Poverty: a Billion Lives in the Balance? [M]. Washington D C: Brookings Institution Press, 2009.

[212] Brassard C. Disaster Governance, Inequality and Poverty Alleviation in Bhutan: Towards Integrated and Preventive Policies [M]//Schmidt J. Development Challenges in Bhutan. Basel: Springer International Publishing, 2017.

[213] Bruce G L U. S. Agricultural Policy: the 1985 Farm Legislation [Z]. American Enterprise Institute for Public Policy Research, Washington D. C. , 1985.

[214] Bui A T, Dungey M, Nguyen C V. The Impact of Natural Disasters on Household Income, Expenditure, Poverty and Inequality: Evidence from Vietnam [J]. Applied Economics, 2014, 46 (15): 1751 – 1766.

[215] Carl H. Nelson, Edna T. Loehman. Further Toward a Theory of Agricultural Insurance [J]. American Journal of Agricultural Economics, 1987, 69 (3): 523 – 531.

[216] Carliene Brenner. Review of Previous Studies-Biotechnology and Technological Change in Developing-Country Agriculture: An Overview of OECD Development Centre Research [Z]. Assessing the Impacts of Agricultural Biotechnologies, 1995.

[217] Carter M R, Cheng L, Sarris A. The Impact of Interlinked Index Insurance and Credit Contracts on Financial Market Deepening and Small Farm Productivit [Z]. Working paper, 2011.

[218] Cater M R, Little P D, Mogues T, Negatu W. Poverty Traps and Natural Disasters in Ethiopia and Honduras [J]. World Development, 2007, 35 (5): 835 – 856.

[219] Cathering J, Paul M, Eldon V B, Felthoven R G, Grube A, Nehring R F. Effective Costs and Chemical Use in United States Agricultural Production: Using the Environment as a "Free" Input [J]. American Journal of Agricultural Economics, 2002, 84 (4): 902 – 915.

[220] Chakir R, Hardelin J. Crop Insurance and Pesticides in French Agriculture: An Empirical Analysis of Multiple Risks Management [Z]. Cahiers De Recherche Working Papers, 2010.

[221] Cory Walters. Managing Net Income Risk with Crop Insurance, Farm Bill, and Hedging [Z]. Working Paper, 2015.

[222] Crepon B, Devoto F, Duflo E, Pariente W. Estimating the Impact of Microcredit on Those Who Take It Up: Evidence from a Randomized Experiment in Morocco [J]. American E-

conomic Journal: Applied Economics, 2015, 7 (1): 123 – 150.

[223] David J. Leatham, Bruce A. McCarl and James W. Richards, Implications of Crop Insurance for Farmers and Lender [J]. Journal of Agricultural and Applied Economics, 2009, 19 (2): 113 – 120.

[224] Dennis A. Shields. Federal Crop Insurance: Background. Specialist in Agricultural Policy, Congressional Research Service [Z]. Working Paper, 2015.

[225] Duchoslav, Jan, Van Asseldonk, Marcel. Adoption and Impact of Credit-linked Crop Index Insurance: a Case Study in Mali [J]. Research in Agricultural & Applied Economic, 2018: 112 – 125.

[226] E. Brante, A. Spricis. Impact of Intensive Agriculture on the Quality of Environment [Z]. Working Paper, 1997.

[227] Fernando P. Carvalho. Agriculture, Pesticides, Food Security and Food Safety [J]. Environmental Science & Policy, 2006, 9 (7): 685 – 692.

[228] Fischler, Franz. Rural Europe without Borders [J]. Oesterreichischer Gemeinde-spiegel, 1993, 12 (3): 13 – 16.

[229] Gallup J L, Sachs J D. Agriculture, Climate, and Technology: Why Are the Tropics Falling Behind? [J]. American Journal of Agricultural Economics, 2000, 82 (3): 731 – 737.

[230] Geoffroy Enjolras, Fabian Capitanio. Direct Payments, Crop Insurance and the Volatility of Farm Income [Z]. Medit, 2014.

[231] Griffin, Peter W. Investigating the Conflict in Agricultural Policy Between the Federal Crop Insurance and Disaster Assistance Programs and the Conservation Reserve Program [D]. University of Kentucky: Lexington, 1996.

[232] Guo S, Liu S, Peng L. The Impact of Severe Natural Disasters on the Livelihoods of Farmers in Mountainous Areas: a Case study of Qingping Township, Mianzhu City [J]. Natural Hazards, 2014, 73 (3): 1679 – 1696.

[233] Hayami, Yujiro, Vernon W. Ruttan. Agricultural Development: An International Perspective [M]. Baltimore : Johns Hopkins University Press, 1971.

[234] Ingrid, Verhaegen, Guido, Van, Huylenbroeck. Costs and Benefits for Farmers Participating in Innovative Marketing Channels for Quality Food Products [J]. Journal of Rural Studies, 2001, 17 (4): 443 – 456.

[235] IPCC. Summary for Policymakers. Human Security. A Special Report of Working Groups I and II of the Intergovernmental Panel on Climate Change [M]. London: Cambridge University Press, 2014.

[236] James Foster, Dutta I, Mishra A. On Measuring Vulnerability to Poverty [J].

Social Choice and Welfare, 2011 (4): 743 – 761.

［237］James Thurlow, Tingju Zhu, Xinshen Diao. Current Climate Variability and Future Climate Change: Estimated Growth and Poverty Impacts for Zambia ［J］. Review of Development Economics, 2012, 16 (3): 394 – 411.

［238］Jane A. Coleman And Saleem Shaik. Time-Varying Estimation of Crop Insurance Program in Altering North Dakota Farm Economic Structure ［C］. Agricultural & Applied Economics Association 2009 AAEA & ACCI Joint Annual Meeting, Wisconsin, 2009.

［239］Jan Mossin. Aspects of Rational Insurance Purchasing ［J］. Journal of Political Economy, 1968, 76 (4): 118 – 133.

［240］Jehona Shkodr. Osovo Farmers' Demand for Agricultural Loan ［J］. ILIRIA International Revie, 2016 (1): 25 – 36.

［241］Jennifer Ifft, Margaret Jodlowski. Federal Crop Insurance and Agricultural Credit Use ［C］. The 2017 Agricultural & Applied Economics Association Annual Meeting, Chicago, Illinois, 2017.

［242］Jennifer Ifft, Todd Kuethe and Mitchell Morehar. Farm Debt Use by Farms with Crop Insuranc ［J］. Choices, 2013, 28 (3): 1 – 5.

［243］John K. Horowitz, Erik Lichtenberg. Insurance, Moral Hazard, and Chemical Use in Agriculture ［J］. American Journal of Agricultural Economics, 1993, 75 (4): 926 – 935.

［244］John Quiggin. Testing between Alternative Models of Choice under Uncertainty—Comment ［J］. Journal of Risk and Uncertainty, 1993, 6 (2): 161 – 164.

［245］John Wilkinson and Bernardo Sorj. Structural Adjustment and the Institutional Dimensions of Agricultural Research and Development in Brazil: Soybeans, Wheat, and Sugar Cane ［Z］. OECD Development Centre Working Paper, 1992.

［246］Jose, Angel, Villalobos. Agricultural Insurance for Developing Countries: The Role of Governments ［Z］. Agricultural Outlook Forum, 2013.

［247］Juan Ramón de Laiglesia. Institutional Bottlenecks for Agricultural Development: A Stock-Taking Exercise Based on Evidence from Sub-Saharan Africa ［Z］. OECD Development Centre Working Papers, 2006.

［248］JunJie Wu. Crop Insurance, Acreage Decisions, and Nonpoint-Source Pollution ［J］. American Journal of Agricultural Economics, 1999, 81 (2): 305 – 320.

［249］Karlan D, Dsei R, Oseiakoto I D. Agricultural Decisions after Relaxing Credit and Risk Constraints ［J］. The Quarterly Journal of Economics, 2014, 129 (2): 597 – 652.

［250］Keeton K K. The Potential Influence of Risk Management Programs on Cropping Decisions ［C］. Agricultural Economics Association meetings, 1999.

[251] Khandker S R, Koolwal G B. How Has Microcredit Supported Agriculture? Evidence Using Panel Data from Bangladesh [J]. Agricultural Economics, 2016, 47 (2): 157 – 168.

[252] LaFrance, Jeffrey T, Shimshack, Jay P, Wu, Steven Y. The Environmental Impacts of Subsidized Crop Insurance [Z]. CUDARE Working Papers, 2001.

[253] LaFrance J T, Shimshack J P, Wu S Y. The Environmental Impacts of Subsidized Crop Insurance [Z]. Working Paper Series, 2001.

[254] Leichenko R, Silva J A. Climate Change and Poverty: Vulnerability, Impacts, and Alleviation Strategies [J]. Wiley Interdisciplinary Reviews: Climate Change, 2014, 5 (4): 539 – 556.

[255] Mahmud Yesuf Randall, et al.. Poverty, Risk Aversion and Path Dependence In Low-income Countries: Experimental Evidence From Ethiopia [J]. American Journal of Agriculrual Economics, 2009, 91 (4): 1022 – 2037.

[256] Majid Farzaneha, Mohammad S. Allahyaria, Christos A. Damalasb, Alireza Seidavi. Crop Insurance as a Risk Management Tool in Agriculture: The Case of Silk Farmers in Northern Iran [J]. Land Use Policy, 2017, 64 (5): 225 – 232.

[257] Marcel Van Asseldonk, Issoufou Porgo, Coillard Hamusimbi, Godwin Mumba John Banda, Elodie Maitred Hotel, Tristan le Cotty, Kees Burger and Gideon Onumah. Is There Evidence of Linking Crop Insurance and Rural Credit and its Potential Benefits [Z]. FARMAF Policy Brief, 2015.

[258] Marr A, Winkel A, Asseldonk M V. Adoption and Impact of Index-insurance and Credit for Smallholder Farmers in Developing Countries: A Systematic Review [J]. Agricultural Finance Review, 2016, 76 (1): 94 – 118.

[259] Mary Ahearn, Jet Yee. The Impact of Government Policies on Agricultural Productivity and Structure: Preliminary Results [C]. California: American Agricultural Economics Association Meetings Long Beach, 2002.

[260] Michael Duffy. Impact of Crop Insurance on Land Values [Z]. Working Paper, 2016.

[261] Michael R J, O'Donoghue E J, Key N D. Chemical And Fertilizer Applications In Response To Crop Insurance: Evidence From Census Micro Data [C]. American Agricultural Economics Association 2003 Annual meeting, 2003.

[262] Mishra A K, Wesley R N, El-Osta H S. Is Moral Hazard Good for the Environment? Revenue Insurance and Chemical Input Use [J]. Journal of Environmental Management, 2005, 74 (1): 11 – 20.

[263] Mote Siddesh Sudhir, Sharma Amita, Panda Shubhaom, Rathore Rakesh. Impact of

Crop Insurance on Farmers' Income in Pune District of Maharashtra [J]. Indian Journal of Economics and Development, 2017, 13 (2): 617 - 632.

[264] Motsholapheko M, Kgathi D, Vanderpost C. An Assessment of Adaptation Planning for Flood Variability in the Okavango Delta, Botswana [J]. Mitigation and Adaptation Strategies for Global Change, 2015, 20 (2): 221 - 239.

[265] Munshi Sulaiman, Michael Murigi. Cost-Benefit Analysis of Crop Insurance and Graduating Ultra-poor [Z]. Working Paper, 2018.

[266] Orden, D. Should There Be a Federal Income Safety Net? [Z]. Agricultural Outlook Forum, 2001.

[267] Pflueger B, Barry P J. Crop Insurance and Credit: A Farm Level Simulation Analysis [C]. Proceedings of Regional Research Committee NC - 161 Seminar, 1985.

[268] Robert Evenson. The Economic Contributions of Agricultural Extension to Agricultural and Rural Development Improving Agricultural Extension [Z]. A Reference Manual, 1997.

[269] Robert G. Chambers. Insurability and Moral Hazard in Agricultural Insurance Markets [J]. American Journal of Agricultural Economics, 1989, 71 (3): 604 - 616.

[270] Robert L. Zimdahl. Rethinking Agricultural Research Roles [J]. Agriculture and Human Values, 1998, 15 (1): 77 - 84.

[271] Robin Leichenko, Julie A. Silva. Climate Change and Poverty: Vulnerability, Impacts, and Alleviation Strategies [J]. Wiley interdisciplinary Reviews Climate Change, 2014, 5 (4): 539 - 556.

[272] Ruiqing Miao, Hongli Feng, David A. Hennessy. Land Use Consequences of Crop Insurance Subsidies [C]. Pittsburgh: Agricultural & Applied Economics Association's 2011 AAEA & NAREA Joint Annual Meeting, 2011.

[273] Ruohong Cai, John C. Bergstrom, Jeffrey D. Mullen, and Michael E. Wetzstein. Assessing the Effects of Climate Change on Farm Production and Profitability: Dynamic Simulation Approach [C]. Pittsburgh: Agricultural & Applied Economics Association's 2011 AAEA & NAREA Joint Annual Meeting, 2011.

[274] Russell Tronstad and Romilee Bool. US Cotton Acreage Response Due to Subsidized Crop Insurance [C]. Agricultural & Applied Economics Association 2010 AAEA, CAES & WAEA Joint Annual Meeting, 2010.

[275] Sawada Y, Takasaki Y. Natural Disaster, Poverty and Development: an Introduction [J]. World Development, 2017, 94 (6): 2 - 15.

[276] Shortle J S, Horan R D. The Economics of Nonpoint Pollution Control [J]. Journal of Economic Surveys, 2001, 15 (3): 255 - 289.

［277］S. Pagiola. Environmental and Natural Resource Degradation in Intensive Agriculture in Bangladesh ［Z］. Working Paper, 2004.

［278］Van Meijl, Rheenen T V, Tabeau A, et al. . The Impact of Different Policy Environments on Agricultural Land Use in Europe ［J］. Agriculture, Ecosystems & Environment, 2006, 114（1）: 21 – 38.

［279］Veeramani V N, Maynard L J, Skees J R. Assessment of the Risk Management Potential of a Rainfall Based Insurance Index and Rainfall Options in Andhra Pradesh, India ［C］. Agricultural and Applied Economics Association （AAEA）Conferences, 2003 Annual meeting, 2003.

［280］Vincent H. Smith, Barry K. Goodwin. Crop Insurance, Moral Hazard, and Agricultural Chemical Use ［J］. American Journal of Agricultural Economics, 1996, 78（2）: 428 – 438.

［281］Walker S P. Drought, Resettlement and Accounting ［J］. Critical Perspectives on Accounting, 2014, 25（7）: 604 – 619.

［282］Wang Xiaoyi, Zhang Qian. Poverty under Drought: an Agro-pastoral Village in North China ［J］. Journal of Asian Public Policy, 2010, 3（3）: 250 – 262.

［283］Yamauchi, T. Evolution of the Crop Insurance Program in Japan, Crop Insurance for Agricultural Development: Issues and Experience ［M］. Johns Hopkins Univ. Press, 1986.

［284］You J. Risk, Under-investment in Agricultural Assets and Dynamic Asset Poverty in Rural China ［J］. China Economic Review, 2015, 29（3）: 27 – 45.

［285］Yuanfeng Zhao, Zhihui Chai, Michael S Delgado, Paul V Preckel. An Empirical Analysis of the Effect of Crop Insurance on Farmers' Income: Results from Inner Mongolia in China ［J］. China Agricultural Economic Review, 2016, 8（2）: 299 – 313.

［286］Zaura Fadhliani. The Impact of Crop Insurance on Indonesian Rice Production ［Z］. Working Paper, 2016.

［287］Zhang Yuehua, Ying Cao, H. , Holly Wang. Cheating? The Case of Producers' Under-Reporting Behavior in Hog Insurance in China, Canadian ［J］. Journal of Agricultural Economics, 2018, 66（3）: 489 – 510.

［288］Zhang Yuehua, Zhu Xi, Calum Turvey. On the Impact of Agricultural Livestock Micro-insurance on Death-loss and Vaccine Use: Observations from a Quasi-Natural Experiment in China ［J］. Geneva Papers on Risk and Insurance: Issues and Practice, 2016, 41（2）: 225 – 243.